Diego Enrique Osorno

La guerra de Los Zetas

Diego Enrique Osorno nació en Monterrey, México, en 1980. En su carrera como autor ha escrito cinco libros sobre el narcotráfico en México. Como periodista, ha recibido varios premios, entre los que cabe destacar el Premio Latinoamericano de Periodismo sobre Drogas 2011 y el Premio Internacional de Periodismo Proceso 2011. Forma parte del equipo de reporteros de la revista *Gatopardo* y ha sido publicado en revistas y periódicos a nivel internacional como *El Universal, Newsweek, El Diario* de Nueva York y *Vice*. Ha trabajado para diversos proyectos cinematográficos, y es codirector del documental *El Alcalde*.

La guerra de Los Zetas

La guerra de Los Zetas

VIAJE POR LA FRONTERA DE
LA NECROPOLÍTICA

———◆———

Diego Enrique Osorno

Vintage Español
Una división de Random House LLC
Nueva York

PRIMERA EDICIÓN VINTAGE ESPAÑOL, DICIEMBRE 2013

Copyright © 2012 por Diego Enrique Osorno
Copyright del prólogo © 2012 por Juan Villoro

Todos los derechos reservados. Publicado en coedición con
Random House Mondadori, S. A. de C. V., México, D.F., en los
Estados Unidos de América por Vintage Español, una división de
Random House LLC, Nueva York, y en Canadá por Random House
of Canada Limited, Toronto, compañías Penguin Random House.
Originalmente publicado en español en México, D.F. por Random House
Mondadori, S. A. de C. V., México, D.F., en 2012. Copyright de la
presente edición en castellano para todo el mundo © 2012 por
Random House Mondadori, S. A. de C. V.

Vintage es una marca registrada y Vintage Español y su colofón
son marcas de Random House LLC.

Información de catalogación de publicaciones disponible en l
a Biblioteca del Congreso de los Estados Unidos.

Diseño de los mapas por Irionik Rotten

Vintage ISBN: 978-0-8041-6949-3

Para venta exclusiva en EE.UU., Canadá, Puerto Rico y Filipinas.

www.vintageespanol.com

Impreso en los Estados Unidos de América
10 9 8 7 6 5 4 3 2 1

Para Raymundo,
que sigue aquí

Índice

Prólogo. El clan de la última letra, Juan Villoro   11

Algunas recomendaciones antes de iniciar este viaje   24
Antes del viaje. Un joven zeta mexicano   29

1 Generación zeta (Monterrey, Nuevo León)   47
2 El alcalde que no es normal (San Pedro Garza García, Nuevo León)   69
3 ¿Por qué mataron al alcalde? (Santiago, Nuevo León)   99
4 Pinches buitres de mierda (Guadalupe, Nuevo León)   123
5 Hacienda Calderón (Benito Juárez, Nuevo León)   127
6 Los treinta y ocho petroleros que no se han vuelto a ver por aquí (Cadereyta, Nuevo León)   133
7 Rancho de entrenamiento (Sabinas Hidalgo, Nuevo León)   141
8 La batalla de Ciudad Mier (Ciudad Mier, Tamaulipas)   147
9 La carretera de la Santa Muerte (La Ribereña)   179
10 Vida mercenaria (Nuevo Laredo, Tamaulipas)   191
11 Yo fundé el cártel del Golfo (Matamoros, Tamaulipas)   211
12 Comer en un campamento de Los Zetas (Reynosa, Tamaulipas)   239

13 Investigaciones de un paramédico del Distrito Federal
(San Fernando, Tamaulipas)   247
14 *Give me a* cuerno de chivo (Fort Worth, Texas)   261

Epílogo. La frontera de la necropolítica   267

Apéndice
Noticia bibliográfica y complicidades   319
Los treinta y un zetas originales   323
Documentos de Operación Cuerno III   334

Índice onomástico   341

El clan de la última letra

Juan Villoro

En la zona menos documentada de México, Nuevo León y Tamaulipas, el rincón noreste del país, se encienden velas negras para pedir por las "cosas difíciles". ¿Quién responde a esas plegarias? La dama de los desiertos vacíos: la Santa Muerte.

Con excepcional valentía, Diego Enrique Osorno recorrió la región donde la fe depende de una deidad armada de guadaña. En 2010 el ejército siguió la misma ruta a lo largo de 200 kilómetros de terregales para destruir los altares de la Santa Muerte; ya que no se puede acabar con un enemigo incierto, se busca aniquilar sus símbolos. Pero una y otra vez, las flamas vuelven a encenderse.

En un país donde los cadáveres amenazan con transformarse en mera estadística, Osorno busca historias, claves de sentido. Convencido de que la construcción de la esperanza pasa por comprender el tamaño del mal, indaga sus causas.

Con inquietante astucia, el Mefistófeles de Goethe reveló que también el infierno tiene lógica. ¿Hay forma de entender la devastación de los últimos años? La "suave patria" a la que cantó Ramón López Velarde se ha transformado en un sembradío de cuerpos mutilados, y registrar la sangre derramada puede ser peligroso. De acuerdo con Reporteros sin Fronteras, estamos en el sitio más inseguro para ejercer el periodismo. El trabajo de Osorno representa un atrevimiento, pero también, sobre todo, una búsqueda profunda y racional. No estigmatiza ni simplifica a sus informantes. En cada diálogo confirma que sólo el que escucha a los otros puede descifrarlos.

En medio de la barbarie, Osorno toma notas. Estamos ante un cronista que favorece las camisas de inspiración vaquera, habla con la respetuosa voz de un maestro que no quiere dejar de ser alumno y despliega la extraña bondad de las personas corpulentas que no desean ostentar su fuerza. Con este aspecto campechano, un testigo de excepción investiga turbulencias.

El cronista nació en Monterrey y ahí pudo ver la transformación de una metrópoli próspera, donde el crimen era mítico, en una urbe criminal, donde la prosperidad es mítica. Registrar ese proceso representó para él una dolorosa educación: el sueño de su ciudad convertido en pesadilla.

Después de trabajar en medios locales, perfeccionó su oficio en las páginas del periódico *Milenio*. Miles de reportajes lo acreditan como alguien que, sencillamente, no conoce la pausa. Ningún problema grave le es ajeno: de los mineros muertos en Pasta de Conchos a la insurrección en Oaxaca, pasando por el cártel de Sinaloa y los niños calcinados en la Guardería ABC.

Pero no es el tremendismo lo que guía su prosa, sino el deseo de entender con empatía el destino de las víctimas. Sus recursos se han afinado con los años. Sin abandonar las técnicas básicas del reportaje (el conocimiento de los datos, las voces de los testigos, la importancia noticiosa de los hechos), ha ampliado su registro para narrar de manera más intensa y analítica sirviéndose de técnicas literarias y ensayísticas. *La guerra de Los Zetas* confirma a un cronista en plenitud de sus facultades.

Para ser fiel a una realidad despedazada, Osorno ha escrito un libro fragmentario, un caleidoscopio cuya unidad depende de la fuerza articuladora de la reflexión: de manera asombrosa, la disolución del país puede tener explicaciones de conjunto.

En su vertiente más narrativa, *La guerra de Los Zetas* lleva a las guaridas de los capos y a pesquisas de las que se excluye a otros reporteros que posiblemente informan a los criminales; reconstruye las polvosas rutas del narcotráfico, y entrega entrevistas con políticos, testigos protegidos, sociólogos, colegas del periodismo, soldados y una representante de la Asociación del Rifle en Estados Unidos. Un insólito sondeo de lo que ocurre en la impunidad. Pero el libro también ofrece una vertiente reflexiva. El autor desea entender ese incendio que llamamos "realidad". Leer *La guerra de Los Zetas* es un singular acto de conocimiento.

En su retrato de grupo, Osorno ha seguido el precepto del fotógrafo Manuel Álvarez Bravo: "Para descubrir lo invisible hay que prestar atención a lo visible". El cronista no cierra los ojos y levanta el inventario de los daños; luego procede, como hacía Álvarez Bravo, a la revelación de un misterio: lo más extraño del mal es que tiene una razón.

EL SAFARI COMO PSICOANÁLISIS

"No sé cuántos elefantes he tenido que matar para ser yo mismo", comenta Mauricio Fernández Garza, alcalde del municipio más rico de México, San Pedro Garza García, zona residencial de Monterrey.

Para la mayoría de las personas, el inconsciente está en su cabeza. El singular Fernández Garza tuvo que viajar a África y abatir paquidermos para encontrar su mundo interior. Como los niños que cantan "Un elefante se balanceaba…", ha perdido la cuenta de sus presas. Sin embargo, entre la pólvora de sus disparos emerge algo más que el capricho de un millonario. El ávido coleccionista que compra los huesos de un dinosaurio y cuadros de Julio Galán, el carismático hombre de acción que aborda temas delicados con desafiante franqueza norteña, el alcalde más raro del mundo, tiene una misión. Cuando un elefante entra en su mira y jala del gatillo, se llena de energía para volver al país donde su hija estuvo a punto de ser secuestrada y en el cual abandonó las comodidades del plutócrata para circular en una camioneta blindada buscando soluciones para la violencia.

Fernández Garza es tan heterodoxo que incluso inquieta a sus allegados. Sin embargo, Osorno comenta que las contradicciones del alcalde son las de Monterrey mismo. Y no sólo eso: el estrafalario Mauricio Fernández Garza es ya un personaje típico del momento mexicano. En su peculiar mezcla de riqueza, simpatía, audacia, sinceridad suicida e irresponsabilidad resume las contradictorias emociones desatadas por la violencia y por el deseo de combatirla.

"¿En qué momento se había jodido el Perú?", pregunta Mario Vargas Llosa al inicio de *Conversación en la Catedral*; lo mismo podemos decir de México. ¿Qué pasó para llegar a una realidad donde el alcalde que mejor entiende el problema del narcotráfico se encontró a sí mismo en un cementerio de elefantes?

¿Quién quiere sopa Maruchan?

El 1 de diciembre de 2006, el presidente Felipe Calderón se sirvió de un truco de asaltabancos para asumir la presidencia de la república ante el Congreso de la Unión. El recinto estaba tomado por diputados de la oposición y las puertas se habían cerrado. El mandatario entró por un acceso trasero y tomó un pasillo que semejaba un túnel. En un santiamén llegó al podio, juró respeto a la Constitución, recibió la banda tricolor y desapareció como había llegado.

Sus posibilidades de gobernar eran exiguas. El propio Tribunal Federal Electoral había criticado la desigual contienda en la que la presidencia y el Consejo Coordinador Empresarial tuvieron una participación indebida. En forma curiosa, los jueces electorales actuaron como sociólogos: cuestionaron la realidad sin impartir sanciones. Aun así quedó claro que incluso las instituciones más formales cuestionaban la elección que había dividido a México.

Calderón tenía dos salidas para la crisis de gobernabilidad: promover alianzas que cicatrizaran heridas y crearan consenso, o correr una espesa niebla sobre el asunto. La segunda alternativa requería de una acción dramática

A diferencia del alcalde de San Pedro, el mandatario michoacano no es un hombre expresivo que confiese que mata elefantes para conocerse mejor. Resulta difícil saber lo que pasa por su mente. Lo cierto es que a once días de haber asumido la presidencia se puso uniforme militar y anunció la guerra contra el narcotráfico. ¿Fue un impulso cuyas consecuencias ignoraba o un frío cálculo para reforzar su legitimidad a través de un despliegue armado?

El observador dispone de ciertos datos incontrovertibles. Antes de ese momento no hubo indicios de que la estrategia militar estuviera en el imaginario de Calderón. Durante su campaña a la presidencia, el tema de la seguridad nacional apenas formó parte de su agenda, y cuando resolvió sacar el ejército a las calles no buscó el respaldo de su partido ni el consenso de la sociedad. Planeada o impulsiva, la estrategia fue, claramente, una iniciativa personal. A partir de entonces, y durante seis años, la guerra de Calderón ha arrojado el siguiente saldo rojo: una muerte violenta por hora.

Según señala Mauricio Fernández Garza, es muy posible que el número de muertos en el sexenio aumente a medida que se descubran más narcofosas y se confirme el deceso de desaparecidos. Todo parece indicar que el legado del *Presidente de la Sangre* rebasará los cien mil cadáveres.

Como al destino le gusta ser irónico, la mayor narcofosa del estado de Nuevo León apareció en un sitio de nombre emblemático: la Hacienda Calderón.

Para justificar seis años de obsesión militar, el Poder Ejecutivo se ha servido de una propaganda desmesurada. En vísperas de su penúltimo informe de gobierno, Calderón dijo en un *spot*: "Al llegar a la presidencia me encontré con un problema de seguridad…". La crucial decisión de movilizar a las fuerzas armadas se justificaba a partir de esa sorpresa: el mandatario tenía previsto actuar de otro modo, pero en su escritorio lo aguardaba una caja de Pandora.

Como han probado Luis Astorga, Rossana Reguillo y otros estudiosos, las redes del narcotráfico son muy anteriores al gobierno de Calderón. Ningún político informado podía asombrarse del asunto. Lo que estaba en juego era la forma de enfrentarlo. ¿Bastan once días para trazar una estrategia ante un enemigo que se encuentra infiltrado en el gobierno y borra las nociones tradicionales de frente y retaguardia? "Para saber si había pólvora, Calderón encendió un cerillo", comenta el economista David Konzevik. Ahora sabemos que el arsenal era más explosivo de lo previsto. Con las cejas chamuscadas, el mandatario siguió de frente, sin modificar su estrategia.

El narcotráfico es un problema con numerosas aristas. El catálogo de temas a discutir incluye el lavado de dinero; la corrupción de mandos políticos, policiales y militares; la despenalización de ciertas drogas; el tráfico de armas; la relación bilateral con Estados Unidos y, sobre todo, la recomposición del tejido social. Sólo a través de la educación y la cultura se puede comprender que toda bala es una bala perdida. Por desgracia, durante seis años el gobierno no ha brindado otra respuesta que las armas.

Calderón ha reconocido que el país tiene siete millones de *ninis*, jóvenes que "ni estudian ni trabajan". Se trata de un perfecto caldo de cultivo para el narcotráfico. Esos mexicanos sin rumbo carecen de alternativas laborales, educativas, deportivas, sociales, religiosas o culturales superiores a la de convertirse en sicarios. Sólo cuando se creen alternativas podremos hablar de una verdadera política de seguridad nacional.

En los últimos seis años, México se ha llenado de narcomantas que despliegan el terror con faltas de ortografía. Según relata Osorno, una de las más curiosas incluía una oferta de empleo. Los Zetas invitaban a los soldados a abandonar la asquerosa sopa Maruchan que les dan en los cuarteles para disfrutar de mejores viandas en el próspero mundo de la última letra.

No hay duda de que los criminales tienen una política de empleo superior a la del gobierno. A este dato incontrovertible se agrega otro, igualmente decisivo: también tienen una política de comunicación superior. Durante seis años las noticias han ido a remolque del crimen organizado. La agenda ha sido marcada por los victimarios, no por las víctimas. Esto ha brindado una caja de resonancia a quienes propagan el espanto.

Osorno señala que *El blog del narco*, iniciado por estudiantes de Monterrey, cuenta ahora con participación de los propios criminales, quienes envían ahí testimonios de sus delitos.

El periodismo no puede silenciar las noticias violentas, pero tampoco puede fomentar el morbo y la paranoia. La solución no consiste en censurar, sino en entender que la foto de una atrocidad no es, en sí misma, información. El dato aislado requiere de articulación para ser comprendido. Sólo forma parte de un proceso informativo cuando se inserta en un contexto que lo explique. *La guerra de Los Zetas* contribuye a un viraje esencial en el manejo de la información: transforma los dispersos saldos del horror en un relato capaz de ser entendido.

Mientras el crimen organizado propone ofertas de trabajo y crea noticias de fuego, el gobierno reitera la militarización del país. Sin embargo, no por especializada esa política está libre de errores. Su falta de eficacia se mide en la repetición de un hecho trágico: en dos ocasiones el secretario de Gobernación, máximo responsable del control interno del país, se ha desplomado en un avión. Esas dos muertes representaron una atroz metáfora del desgobierno.

MÁQUINAS DE GUERRA

¿Cómo explicar seis años de muertes infructuosas? Osorno se sirve del concepto de "máquina de guerra" para explicar la fuerza autónoma que han adquirido tanto los cárteles como distintos grupos al interior del gobierno.

En una democracia funcional, el Estado ejerce el monopolio legítimo de la violencia. Desde hace décadas ese control fue desafiado por bandas criminales. De acuerdo con ellas, señalados gobernadores del Partido Revolucionario Institucional (PRI) permitieron que el virus destruyera la soberanía. Lo que comenzó como un problema regional alcanzó la dimensión de una alerta nacional.

Calderón no inventó el problema, pero su precipitada manera de enfrentarlo produjo una fragmentación de la violencia. Al afectar los territorios que contaban con una demarcación tácita y debilitar selectivamente a algunas bandas, los cárteles buscaron nuevas rutas y combatieron entre sí. Tampoco el poder judicial ofreció un frente unido. Infiltrados por el crimen organizado, los mandos militares y policiales desconfiaron unos de otros.

Por los informes de WikiLeaks sabemos que Carlos Pascual, Embajador de Estados Unidos en México, criticó la falta de coordinación y los niveles de credibilidad y confianza de las distintas corporaciones armadas. Su diagnóstico era certero y solidario, pues pretendía mejorar el combate bilateral al crimen organizado. Sin embargo, desató la ira de Calderón y el Embajador fue removido.

¿Se puede ir a la guerra con un ejército desconfiable? De acuerdo con Osorno, la respuesta fue crear "máquinas" de combate, grupos especializados, dinámicos, polimorfos, capaces de adaptarse a la situación al margen de trabas e inercias tradicionales. Estos cuerpos necesitan autonomía para operar, lo cual significa que, a la larga, también pueden apartarse de un mando centralizado. Los Zetas surgieron como un grupo especializado en la protección que progresivamente adquirió independencia. Lo mismo ha ocurrido con las máquinas de guerra gubernamentales.

La guerra de Los Zetas narra la participación, cada vez más amplia, de la Marina en el combate al narcotráfico. Al abatir a Arturo Beltrán Leyva y retratar su cuerpo semidesnudo cubierto de dólares, la Marina quiso mandar un mensaje inequívoco: "los combatiremos con su propio método". No fue un acto de justicia sino de venganza, ajeno a una lógica de Estado.

Ese momento muestra la autarquía de un grupo especializado en la violencia. Su dinámica es la de un videojuego donde lo único que importa es ganar puntaje aniquilando adversarios. Obviamente esto no soluciona un arraigado problema social. Cada vez que cae un capo, es sustituido por otro. Ni el consumo de drogas ni el tráfico de armas han disminuido. En todo caso, se han encarecido los productos, beneficiando a los intermediarios.

Charles Bowden ofrece en este libro un diagnóstico revelador: "No hay una guerra contra el narcotráfico. Hay una guerra por el control del narco". Cárteles versus Máquinas de Guerra. Un darwinismo armado donde las víctimas son "daños colaterales" y sobreviven los más hábiles. Esto explica que en el último sexenio *el Chapo* Guzmán se haya convertido en uno de los hombres más ricos del mundo, según la revista *Forbes*.

La lucha desatada por el gobierno ha dado fuertes golpes a los adversarios del *Chapo* sin perjudicar mayor cosa al hombre fuerte de Sinaloa. ¿Una casualidad? ¿Una táctica para afectar primero a grupos débiles y luego ir por el capo de capos? ¿Un acuerdo pactado? Es mucho lo que ignoramos. Con todo, una verdad palmaria se abre paso en estas páginas: el Estado no recuperó el monopolio de la violencia, sino que se sirvió de ella como instrumento de legitimidad. Durante seis años no se ha hablado de otra cosa.

La guerra de Los Zetas arroja luz sobre uno de los grupos más enigmáticos que se han aprovechado del conflicto. En 1999, miembros de las fuerzas armadas se convirtieron en escoltas de criminales. Formados para el enfrentamiento, encontraron en ese nuevo giro de trabajo una mejoría económica. En su origen, no estaban relacionados con el tráfico de drogas; pertenecían a la amplia franja de los profesionales de la protección en un país sin ley, y brindaron apoyo armado a Osiel Cárdenas Guillén. En 2003, cuando este capo fue detenido y extraditado a Estados Unidos, Los Zetas ganaron autonomía. Cinco años más tarde, Arturo Beltrán Leyva buscó su apoyo al separarse del *Chapo* Guzmán (en la mitología regional de

Los Zetas, esta etapa se conoce como "la expansión"). A partir de entonces han impuesto la normatividad del fuego y el espanto en una franja que va del noreste de México a Chiapas, pasando por el Golfo y buena parte del centro. Casi la mitad del territorio ha padecido el influjo de la última letra.

"El negocio de Los Zetas no es la droga, sino el control territorial para traficar allí", explica Osorno. No estamos ante una compleja red de contrabandistas, sino ante pistoleros que cobran derecho de suelo a empresarios, políticos y delincuentes menores. No hay una filiación precisa ni un control centralizado. Algunos criminales se hacen pasar por Zetas para realzar su importancia y pagan el tributo correspondiente. Con la complicidad de los gobernadores de Tamaulipas y Nuevo León se creó un Estado dentro del Estado: el gobierno del miedo, la economía que paga diezmo a las metralletas. "La letra con sangre entra", decía un cruel lema educativo de mi infancia. Los Zetas actualizaron en forma literal esa pedagogía, creando una subcultura del horror que fomenta todas las variantes del ilícito: el secuestro, la trata de blancas, la piratería, los giros negros, el narcotráfico. La ilegalidad prospera al amparo de un clan armado cuyas complicidades se extienden a los empresarios que lavan dinero, los presidentes municipales que aceptan extorsiones, los periodistas que entregan información al crimen organizado.

Para mantener su influencia, Los Zetas no tienen que administrar las redes del tráfico. Su único requisito operativo es la violencia.

Esta forma de operar coexiste en tiempo y territorio con otras tácticas criminales, como las del cártel del Golfo. En forma inaudita, Osorno ofrece las confesiones escritas de Óscar López Olivares, contrabandista reconvertido en narcotraficante, hombre que entendió la frontera como un tercer país donde las leyes de Estados Unidos y de México carecen de vigencia. Aunque delictiva, su conducta es muy diferente a la de Los Zetas. Por contraste, sirve para entender mejor a los sembradores del miedo.

Todo intercambio requiere de intereses complementarios. En la economía delictiva, Los Zetas son los permisionarios del delito. El control territorial que ejercen y el ambiente de terror que generan permiten la acción de otros delincuentes que les pagan cuota. Como es de suponerse, una ley tributaria basada en la sangre no está exenta de conflictos. De manera alterna, Los Zetas pueden ser el problema o la solución para otras bandas.

QUIEN RESULTE RESPONSABLE

A propósito de los 49 niños muertos en el incendio en la Guardería ABC de Hermosillo, el secretario de Gobernación Fernando Gómez-Mont señaló que responsabilizar a las autoridades podría llevar a una peligrosa escalada en la cacería de culpables, una espiral persecutoria equivalente a responsabilizar al presidente de cada víctima civil en el combate al narcotráfico. En otras palabras: si el gobierno se investiga a fondo a sí mismo, sus oficinas pueden quedar desiertas.

No hay un solo responsable de la situación que padecemos y la salida no pasa por el linchamiento. Sin embargo, resulta claro que el crimen ha contado con numerosas complicidades y que la estrategia para combatirlo ha sido errónea.

La guerra de Los Zetas contribuye en forma excepcional a entender esta tragedia. Honra al periodismo en un momento en que es muy difícil ejercerlo; no apela a la desesperanza sino a cambiar de rumbo. Su dramática travesía mejora el horizonte. "Reconocer el horror es el primer paso para superarlo", escribió Heiner Müller.

Ningún drama ocurre en secreto. Tarde o temprano, alguien habrá de contar la historia. "¿Por qué uno sobrevivió al naufragio?", se pregunta Ismael en la última página de *Moby Dick* mientras flota en el agua después de que la ballena blanca destazara la embarcación. La respuesta es la misma que Job ofrece en la Biblia: "escapé yo para daros la noticia".

En la turbulenta hora mexicana, narrar los hechos y explicarlos es un acto de supervivencia. Diego Enrique Osorno pertenece a la estirpe de los grandes testigos que relatan la aniquilación para que no vuelva a suceder.

Algún día la trama de este libro pertenecerá al pasado. Cuando nos encontremos en ese venturoso porvenir, sabremos que el final de la violencia comenzó con quienes tuvieron la entereza de narrarla.

México, D. F., a 6 de junio de 2012

Al lado de los ejércitos ha surgido lo que podríamos llamar máquinas de guerra. Máquinas de guerra que se conforman por segmentos de hombres armados que se dividen o se suman entre ellos, dependiendo de la tareas por realizarse y las circunstancias. Organizaciones polimorfas y difusas, las máquinas de guerra se caracterizan por su capacidad de metamorfosis. Su relación con el espacio es móvil. A veces, gozan de vínculos complejos con estructuras del Estado (desde la autonomía hasta la incorporación). El Estado puede, por su propia mano, transformarse en una máquina de guerra. También puede apropiarse de una máquina de guerra existente o ayudar a crear una. Las máquinas de guerra funcionan tomando prestado de ejércitos regulares e incorporando nuevos elementos bien adaptados al principio de segmentación y desterritorialización. Los ejércitos regulares, en cambio, pueden fácilmente apropiarse de algunas de las características de las máquinas de guerra. Una máquina de guerra combina una pluralidad de funciones. Tiene las características de una organización política y una empresa mercantil.

Achille Mbembe, Necropolítica

Mexicanos perdidos en México.
Roberto Bolaño, Los detectives salvajes

Algunas recomendaciones
antes de iniciar este viaje

1. Hay posadas humildes con letreros que dan la bienvenida a sus huéspedes advirtiendo: "Aquí el viajero encuentra lo que trae". Por esa razón no es imprescindible leer *Un joven zeta mexicano* antes de este viaje. Se trata de la presentación personal de quien lo acompañará a usted a lo largo del siguiente recorrido fronterizo; una especie de justificación de la capacitación —idónea o no— que ha recibido esa persona para llevarlo por pueblos y ciudades del noreste donde le contará acerca de *La guerra de Los Zetas.*

2. Como toda vivencia, los viajes penden, en parte, del hilo del azar. En este viaje hay estancias casi efímeras y otras que se prolongan. Usted deberá estar alerta, porque tal vez en una ciudad permanecerá varias páginas y en el pueblo siguiente, apenas unos párrafos.

3. Viajar es huir o buscar. No hay más. Este viaje es una búsqueda. Lo que sucede en la frontera de Nuevo León y Tamaulipas con Estados Unidos es la situación de violencia más grave y dramática de los últimos años en México. Aún más que lo que acontece en otras regiones fronterizas extremas, como la que comprende Tijuana o la de Ciudad Juárez, donde existen voces periodísticas y literarias que hablan fuerte y claro sobre lo que ahí sucede. Uno de los objetivos de este viaje por el noreste mexicano es tratar de encontrar una voz propia que narre lo que está pasando aquí en el noreste. Es por ello que en cada parada del viaje hay una manera de narrar cambiante. Esa desigualdad narrativa también es parte de la búsqueda que se hace en esta expedición.

4. Al final hay una reflexión presentada como "La frontera de la necropolítica". Visite ese epílogo sólo si usted desea conocer una interpretación del recorrido por el noreste de México; como si, ya de regreso en casa, quisiera discutir con alguien más los recuerdos del viaje apenas hecho. También puede ser al revés: usted puede leer el epílogo antes de iniciar el viaje y tener así una mirada más amplia sobre lo que descubrirá. En todo caso, si se anima a conocer "La frontera de la necropolítica", de manera especial se le recomienda NO leer las notas a pie de página que vienen ahí. Contienen historias todavía más subterráneas acerca de *La guerra de Los Zetas*.

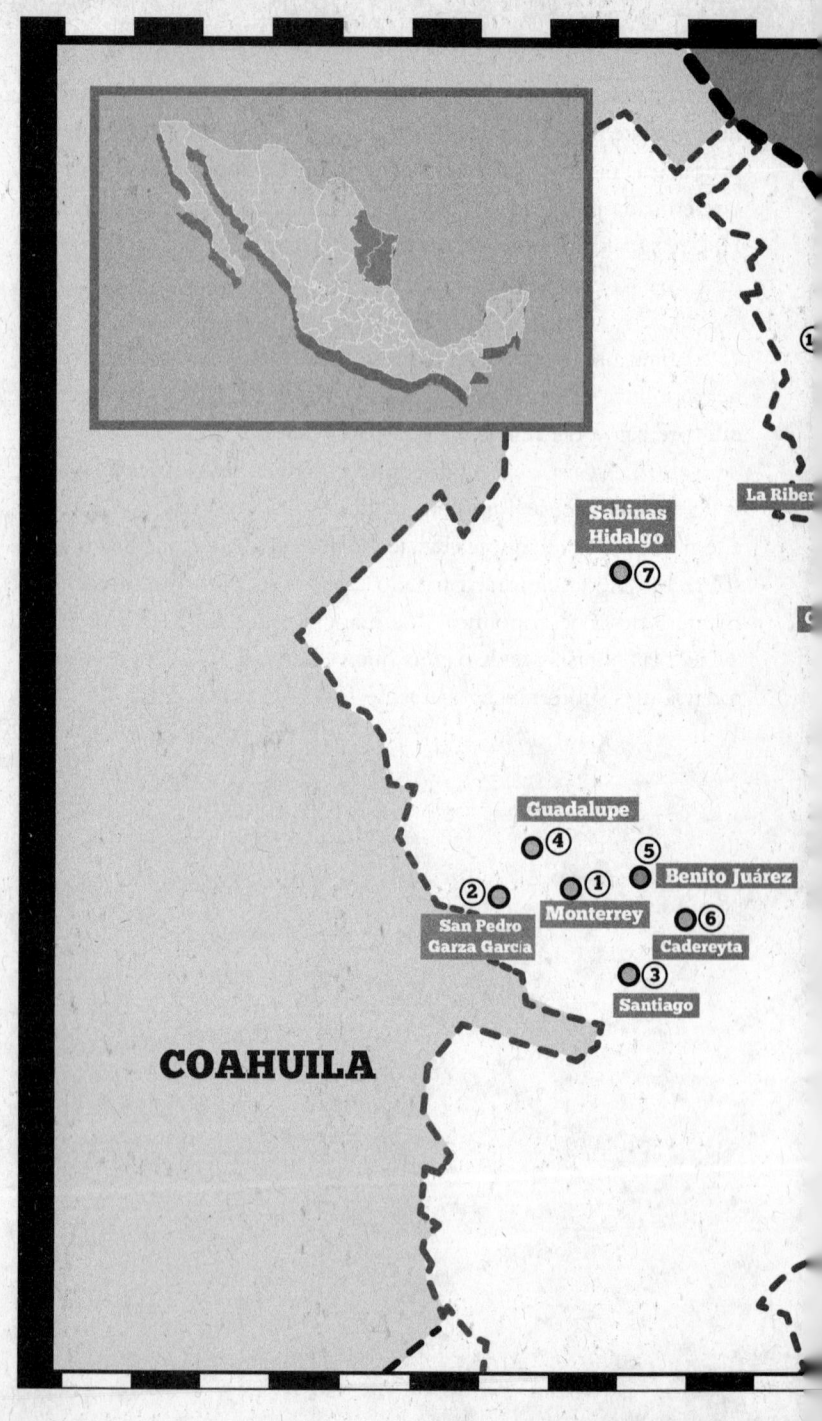

Sabinas
Hidalgo

La Riber

Guadalupe

Benito Juárez

Monterrey

San Pedro
Garza Garcia

Cadereyta

Santiago

COAHUILA

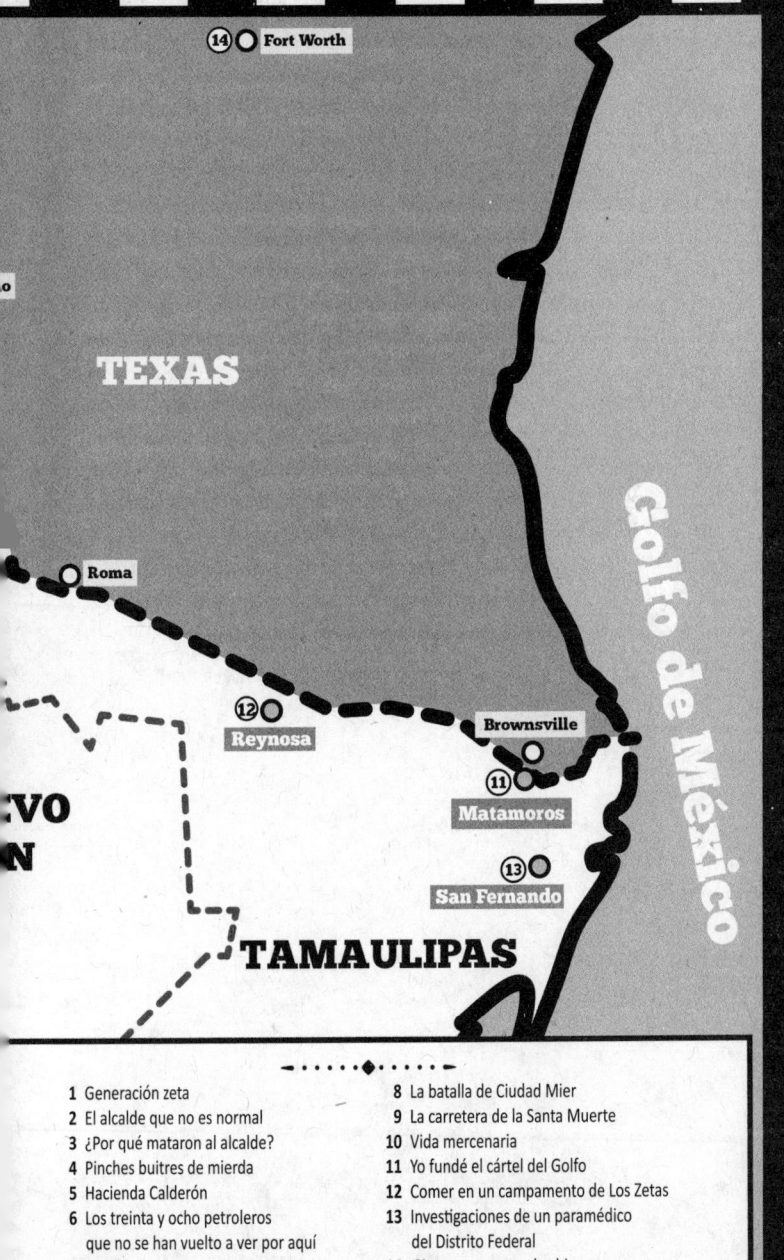

TEXAS

Golfo de México

Fort Worth ⑭

Roma

⑫ Reynosa

Brownsville

⑪ Matamoros

⑬ San Fernando

TAMAULIPAS

VO N

1 Generación zeta
2 El alcalde que no es normal
3 ¿Por qué mataron al alcalde?
4 Pinches buitres de mierda
5 Hacienda Calderón
6 Los treinta y ocho petroleros
  que no se han vuelto a ver por aquí
7 Rancho de entrenamiento

8 La batalla de Ciudad Mier
9 La carretera de la Santa Muerte
10 Vida mercenaria
11 Yo fundé el cártel del Golfo
12 Comer en un campamento de Los Zetas
13 Investigaciones de un paramédico
   del Distrito Federal
14 *Give me a* cuerno de chivo

Antes del viaje

En el año en que comencé a trabajar como reportero no hubo ningún colapso informático por el efecto 2000 pero nacieron Los Zetas. En el noreste de México escuchabas comentarios acerca de la gente de la última letra sin prestar demasiado interés. La derrota del Partido Revolucionario Institucional (PRI) y el inicio de la supuesta transición eran temas mejor valorados en las redacciones de los periódicos.

Como había furor democrático me la pasé reporteando sobre las nuevas y viejas mafias de políticos que practicaban el robo sistemático del dinero público. Cada nota que redactaba sobre bonos millonarios cobrados en secreto por diputados o de contratos otorgados por presidentes municipales corruptos a sus socios o familiares me hacían sentir parte de algo vibrante como el *watergate*. En el México norteño, durante los inicios del siglo XXI, antes de que los editores se resignaran a trabajar sus titulares con un vocabulario medieval que incluía palabras como *guerra, torturados, decapitación, fosas* y *masacre*, las notas principales solían incluir términos como *bonogate, parquegate, amigogate, asesorgate* y *gobernadorgate*.

Parece que en el Distrito Federal hasta hubo un *toallagate*.

Manadas de periodistas entreabríamos emocionados la caja de Pandora tras la caída del régimen priista y aparecían excreciones fla-

mantes o acumuladas durante largo tiempo que sacábamos y envol-
víamos con términos anglosajones como papel regalo, antes de sa-
carlas a la luz.

Escribí mi primera nota sobre Los Zetas en abril de 2001, a los
veinte años de edad. Trataba sobre un operativo que marcó un antes
y después en el mundo del narcotráfico de la Frontera Chica, como
llamamos nosotros a la pequeña zona de Tamaulipas colindante con
Texas. Soldados de fuerzas especiales descendieron de madrugada del
cielo, en paracaídas camuflados, en Guardados de Abajo, ranchería de
Ciudad Miguel Alemán, donde operaba Gilberto García Mena, un
traficante veterano no muy conocido, quien hasta el día de su captura
fue un regulador entre los intereses económicos de empresarios narcos del noreste y de los comerciantes sinaloenses pioneros que ex-
portaban la mercancía requerida por consumidores estadounidenses.

Esa vez hice mi primer enlace como corresponsal a un noticiero
de la televisión de Monterrey, desde una casa de dos pisos de apariencia exterior normal, pero que por dentro tenía las habitaciones,
el comedor, la cocina y los baños retacados de toneladas de mariguana envuelta en cajas de cartón plastificadas. En aquel pueblo sitiado
por el Ejército entrevisté, entre el aroma de hierba verde, al fiscal a
cargo del operativo, entonces un desconocido: José Luis Santiago
Vasconcelos, quien años después sería el zar antidrogas y fallecería
en noviembre de 2008 cuando el avión en el que volaba se estrelló a
causa de un accidente —sí, por increíble que parezca— en la principal avenida de la Ciudad de México a la hora pico del tráfico.

El aparatoso operativo que ocurrió en la Frontera Chica ese año
—que incluyó la detención de algunos mandos de los cuarteles de
la zona militar— se olvidó pronto. La región desapareció de nuevo
del mapa. Los reporteros del noreste regresamos a escribir de las
letras más longevas del abecedario mexicano: PRI.

Como era de esperarse, la derrota electoral y las incontenibles
ambiciones de poder desataron un cisma en el estómago del *dinosaurio*, lo que derivó en la excreción de varios priistas connotados
como la cacique sindical Elba Esther Gordillo. Después el país se

enfrascó en un escandaloso y torpe proceso de desafuero promovido por el gobierno de Vicente Fox contra el jefe de gobierno del Distrito Federal, Andrés Manuel López Obrador, no por la corrupción del acomodaticio séquito perredista —bien disimulada con un Tsuru—, sino por una absurda obra vial.

Así llegamos al 2006 con unas ríspidas elecciones presidenciales ganadas por un margen de apenas 0.56 por ciento en un país escéptico aún de las urnas, tras la tradición de celebrar setenta años los comicios más ficticios del mundo.

Ese año, el presidente que tomó protesta, Felipe Calderón Hinojosa, lo hizo en medio de una crisis que, en lugar de atenderse políticamente (el candidato perdedor nunca lo reconoció y ni siquiera se reunió con él), decidió encubrir con una vieja estrategia recomendada a los gobiernos débiles y que ha sido usada por presidentes cobardes de otras épocas y lugares del mundo: declarando una guerra.

¿Contra quién? Aunque cambió muy seguido el discurso, a veces parecía que él, y sólo él, supo la respuesta.

Siete años después del emocionante año 2000, cuando vimos vestido de militar al presidente, invocando ese 3 de enero de 2007 al Ejército para legitimar su naciente gobierno, algunos pensamos que nuestro México rocambolesco no se había convertido de forma necesaria en un país más democrático. Además, la corrupción institucional, quizá la causa principal por la que perdió el priismo, se mantuvo intacta, o en algunos casos cobró proporciones inhumanas (basta revisar el siniestro de la Guardería ABC en Hermosillo, Sonora, para probarlo).

En ese tiempo, en el noreste mexicano presenciamos también cómo legiones de alcaldes, en pos de conseguir financiamiento lícito o ilícito para la siguiente campaña electoral y algo más, renunciaban a gobernar sus ciudades y se dedicaban a administrar la destrucción de éstas. Con ese ánimo político los cuerpos policiales municipales no sólo dejaron de combatir al crimen: se convirtieron en una fuerza criminal en sí mismos.

El fiasco de nuestra incipiente democracia no surgió una mañana de forma repentina. Se gestó con lentitud y una indiferencia general. La *realpolitik* es cínica, ya se sabe, pero vivir con esta resignación fue veneno para eso a lo que se le dice *ciudadanía*, la cual, en México, parece que acabó creyendo que lo mejor que podía hacer ante la devastación que ocurría frente a sus ojos, era evadir la política y la realidad.

Lo que sí empezó a notarse con algo más de claridad por esos días fue que el escrutinio minucioso del ejercicio cotidiano del gobierno pasó, ante la "guerra", a un segundo plano en los medios de comunicación. Si usted es mexicano, ¿recuerda algún caso de corrupción gubernamental documentado a fondo en algún diario mediante una investigación periodística propia en los años recientes? Hay unos cuantos, pero sobran dedos de una mano para enumerarlos.

De contar hasta la cantidad y el precio de las toallas compradas en la residencia presidencial de Los Pinos, se pasó a cuantificar el número de cadáveres que entraban a diario a la morgue más cercana a tu redacción.

Cuando desaparecieron del radar de interés los asuntos sociales que me había tocado reportear antes de 2007, una suerte de curso intensivo de realidades nacionales que incluyó "La otra campaña" del Ejército Zapatista de Liberación Nacional (EZLN); el siniestro de Pasta de Conchos; las huelgas mineras en Lázaro Cárdenas, Michoacán, y Cananea, Sonora; la represión en Atenco y la insurrección de Oaxaca; hubo un momento en el que también, en lo personal, me sentí fuera de todo radar. La inercia que había ese año en el país me llevó un día a montar un camión de asalto del Ejército, usando chaleco antibalas y casco militar acompañando a decenas de soldados a buscar zetas en Apatzingán, Michoacán, hasta donde se supone que ya había llegado la plaga proveniente de mi tierra natal. La experiencia resultó algo así como ir con una caña de pescar a un acuario. No tardé mucho en darme cuenta de que detestaba ser un *rambo-periodista* que contaba muertes en lugar de intentar relatar las historias que había detrás de ellas.

Aunque de 2000 a 2010 redacté y publiqué más o menos siete mil notas (la respectiva carpeta de mi computadora indica increíblemente eso), mi anhelo suele ser el de involucrarme y contar lo que veo y escucho en los lugares a los que voy, sobre todo cuando viajo a los que casi nadie puede o tiene a que ir. A partir de 2007 la necesidad de narrar, más que de registrar lo que pasaba de acuerdo con un preformato se volvió imperante; peor todavía: deber moral, debido a que veía cómo iba gestándose un esperpento que luego adquirió el tétrico y aún cambiante rostro de sesenta mil personas muertas.

Quizás es prematuro afirmarlo con todas sus letras, pero es probable que la lógica seguida por los medios de comunicación de aproximarse con vocación estadística, cuasi deportiva, a la violencia desatada en varios lugares del país —una lógica que yo también seguí— en algo ha de ser cómplice de la tragedia nacional. Ya se verá después, cuando otros analicen con suficiente distancia este periodo tan triste que además, por razones paramilitares, es complicado de documentar al momento y de forma frontal en ciertos lugares del país.

Para expresarse ante la devastación, cada quien reacciona con los recursos que tiene a la mano. Suelen buscarse respuestas en ciertos aprendizajes íntimos. Una vieja lección de periodismo de Alma Guillermoprieto parece hoy más valiosa que nunca. En ella aconsejaba algo que en el grueso de las escuelas de comunicación te prohíben: que los reporteros mezclemos la información recopilada con observación, análisis y nuestras reacciones personales. Alma resaltaba el poder del periodismo narrativo frente a la información dura. Es éste superior por una cosa: las historias permiten que el lector pueda pensar sin reservas, entender realmente algo, mientras que con una nota breve (o siete mil) se alimenta en los lectores una tramposa sensación consoladora de que el mundo gira demasiado rápido y no tenemos tiempo de detenernos a hacer algo a lo que sí te obliga una historia bien narrada: pensar.

Otra lectura reciente y ficcional, *2666*, del espiritifláutico Roberto Bolaño, acabó por hacerle captar al reportero que soy el valor de cierta narración exhaustiva, hasta maratónica, cuando se hace lo que en apariencia es imposible: hablar del narcotráfico sin mostrar narcotraficantes. Hoy entiendo que la violencia mexicana exige una implicación personal total y algo bizarra para tratar de entenderla. Cuando comprendí esto debí asumir un pacto con el periodismo narrativo, al que me refiero a veces como *periodismo infrarrealista* no sé bien por qué, aunque seguro influye el hecho de que fui un pésimo poeta precoz y, por supuesto, el haber estado más de una vez caminando de noche por las calles de Santa Teresa, Sonora.

A los que comentaba esta decisión les preocupaba mi forma de pensar. Lo veían como una especie de claudicación, de rendición frente al diarismo, la única forma posible que ellos conciben de hacer el periodismo; de hecho es así, en términos formales.

Ellos me decían con palabras cariñosas que al dejar de trabajar en un periódico estaba dando un salto al vacío.

Pero el pacto estaba firmado. La conciencia te mueve y tienes que caminar junto a ella, no sin una sensación interior, bien oculta, de vértigo y desamparo tras haber militado desde los quince años en redacciones informativas protectoras, narcisistas, alocadas y entrañables.

"Para vivir mejor" —como nombraron a uno de esos demagógicos programas gubernamentales— quizá lo que cualquiera debe hacer es no asumir la conciencia histórica y burlarse de la tentación de hacerle caso, equiparándola con una voz de ultratumba. La *conciencia histórica* no es *cool*: es acúfena, anacrónica y antipatriótica; aunque el término algunas veces es usado por los peores patrioteros para su verborrea. Espacios como NuestraAparenteRendición.com, enhorabuena, le dan un lugar digno en internet para que recorra sus páginas, sin *brassier*, todos los días.

Sin embargo la batalla me sigue pareciendo difusa porque me he ido dando cuenta de que se trata a la vez de una guerra contra la generación a la que pertenezco. He ahí la motivación principal para presentar este libro en forma de un viaje intermitente que empezó hace varios años por la región donde nací y crecí. Aunque el alfabeto del idioma español está compuesto por veintisiete signos, soy parte de un grupo generacional de mexicanos que será recordado, entre unas pocas cosas más, por la última letra del abecedario. No puedo escaparme: soy parte de esta generación zeta. La guerra de Los Zetas nos marca.

Acepto (y reniego) dicha condición creyendo que mi oficio de reportero se vuelve más necesario. Pese a que circulan decenas de miles de notas sobre Los Zetas (Google dice que cuatro millones y medio) todavía no está claro para muchos lo que significa esa letra que siempre estuvo olvidada y por la que ahora hay días en que parece que comienza el alfabeto de México: ¿son Los Zetas la sofisticada organización de *misólogos* que, según el gobierno, se convirtió aquel grupo de militares élite entrenados en Estados Unidos, de los cuales oímos acá en la orilla del río Bravo desde 2000?, ¿un zeta es el nombre con el que se camufla todo objetivo de la limpieza social promovida por entes que, con diversos intereses, aprovechan esta crisis política encubierta desde 2007 con una guerra presidencial necropolítica?, ¿se trata de una utopía social posmoderna o de una saudade colectiva derivada de la Guerra Fría?, ¿son Los Zetas un grupo como cualquier otro del narcotráfico nacional que sólo por casualidad tiene la joven edad de la democracia mexicana?

Ni siquiera puede establecerse un consenso al respecto del nombre de la banda: ¿por qué usar la última letra del abecedario?, ¿porque después de la *z* no hay más allá —como me dijo un día el escritor Marco Lagunas en la Ciudad de México— o, como se cree en el noreste, por las claves de radio que identificaban a los militares en Tamaulipas tiempo atrás?

En 2009, después de conocer con detalle el caso de un antiguo vecino de treinta años de edad, detenido y presentado en forma pública como líder zeta aunque en realidad se trataba de un vendedor de discos pirata de poca monta que trabajaba en eso al mismo tiempo en que yo empecé a reportear, le pedí a un alto oficial del

Ejército su definición de lo que era un zeta. La respuesta fue: un infractor perteneciente a Los Zetas. ¿Y qué son Los Zetas? Me puse a buscar en documentos oficiales y me topé con que no existe una versión objetiva ni unánime sobre su definición. No hay rigor de datos ni de fechas en informes de la Procuraduría General de la República (PGR), el Centro de Investigación y Seguridad Nacional (Cisen) y el Ejército en torno a la existencia de algo con lo que nuestro pensamiento convive casi todos los días, a través de la lectura de los periódicos, en las pláticas de los cafés o, si tenemos mala suerte, en circunstancias trágicas. Carecemos de una versión clara de lo que son Los Zetas. Ante ello existe una resonancia carnavalesca de dicha letra. Esta confusión debe tener felices a quienes les importa un bledo la convivencia democrática, a quienes les gusta vivir en la tenebra.

"Más que progresista, soy de izquierda", se autodefinió Héctor Hugo Olivares, autodescrito también como uno de los pilares de la doctrina priista; "el PRI es así porque así es México", explicó alguna vez el ex presidente Carlos Salinas de Gortari. Estos eufemismos del lenguaje político representan algo de lo que quiso dejarse atrás en el 2000: lo revolucionario institucional es a todas luces contradictorio, no puede existir, pero en el siglo pasado fue inventado en México un partido que asumía ese rimbombante postulado; y en el comienzo de este siglo se fue produciendo una especie de alzamiento de la letra más inútil del abecedario, a la que suelen adjudicársele la causa de los padecimientos más graves de nuestra realidad.

Un amigo me dijo que exageraba al decir que ésta es la generación zeta y diagnosticó mi caso como "culpa del sobreviviente". Me puse a revisar mi censo personal de muertes ocurridas en el contexto actual y la cifra llegó a quince personas. Se trata de cuatro mujeres y once hombres con los que conviví poco, en situaciones de trabajo rutinarias (una rueda de prensa, una visita a un barrio, un recorrido oficial), pero que un día murieron en medio de esta neblina roja. Otros cuatro vecinos del barrio donde crecí, en San Nicolás de los Garza, fueron desaparecidos de manera forzada por alguno de los bandos, oficiales y extraoficiales, que alimentan esta guerra.

Tal vez mi amigo tenga razón. Este medio ambiente sangriento es crítico, claro que te altera. Después de enterarme de los asesinatos de gente que alguna vez vi, había un momento en el que me preguntaba: ¿por qué están muriendo ellos y yo no?, ¿me tocará un día?, ¿acabaré con uno de esos epitafios de daño colateral que ahora no son extraños en los panteones mexicanos? A otros reporteros, carpinteros, amas de casa o comerciantes del noreste que conozco (y que también deben llevar un censo personal mortuorio de la época), se les aparece ciertos días la misma culpa y el mismo miedo.

Cabe aclarar que hay días con más desasosiego que otros. Ataques comanches como el del 25 de agosto de 2011 al casino Royale logran sacarte de la monotonía del miedo para provocarte terror. Este último socava primero la moralidad, luego la razón. Monterrey, la ciudad (o el campo de tiro) en la que nací, alberga una sociedad a un balazo de perder la razón.

La moralidad para combatir al crimen ya se le olvidó.

Tengo esperanza en el futuro norestense porque sé que el miedo y el terror no son enfermedades incurables. Algún día van a desempolvarse viejos sueños como el de que este país sea menos desigual, o que haya democracia efectiva, justicia… Se va a cerrar este libro de cuentos de terror con el que nos acostamos a dormir por la noche.

Algún día.

El lunes 15 de agosto de 2011 estuve en Nuevo Laredo, Tamaulipas, uno de los lugares donde es probable que hayan nacido Los Zetas. Antes había ido allí unas quince veces. Una de las primeras en que lo hice como reportero fue a finales de 2003, para registrar un enfrentamiento de varias horas con granadas y bazucas, en una de las avenidas principales y el cual había ocurrido porque Los Zetas estuvieron a punto de capturar —o asesinar— a Joaquín *el Chapo* Guzmán. Yo acababa de regresar a México. Recién bajado del avión procedente de Madrid, con la misma maleta del largo periplo europeo, me fui a Nuevo Laredo con un fotógrafo del periódico que pasó por mí al aeropuerto de Monterrey. Estuvimos varios días. En hospitales y en sus casas entrevisté a transeúntes heridos por el combate, platiqué con policías y funcionarios, y visité una agencia de automóviles y un taller mecánico que tenían en sus paredes incontables impactos de bala a causa de la refriega. La batalla acabó reconstruida en uno de los capítulos de mi libro *El cártel de Sinaloa. Una historia del uso político del narco.*

Pero en el viaje que hice en agosto no vi nada de aquello. Estuve intrigado con la historia de Juan Antonio Rosas, a quien un día antes de mi llegada le había dado un infarto cuando arbitraba un partido de beisbol en uno de los campos llaneros del ejido El Bayito. Juan Antonio esperaba una ambulancia en el centro del diamante, protegido del caliente sol del verano norteño con una sombrilla que algún beisbolista le colocó encima a su cadáver. Mientras los paramédicos encontraban la perdida cancha de Nuevo Laredo, los veteranos jugadores se quitaron los guantes y las gorras, e improvisaron una guardia de honor para despedir al árbitro que falleció en la frontera sin derramar una sola gota de sangre. Entre la hermandad de esos obreros de lunes a viernes y beisbolistas de domingo había unos cuantos jóvenes con el semblante serio: jóvenes zetas mexicanos.

• • •

Pedí a los escritores mexicanos Eduardo Antonio Parra, Martín Solares y Yuri Herrera, reconocidos narradores del mundo fronterizo, que me recomendaran una novela sobre Nuevo Laredo o Reynosa. No se les vino ninguna a la mente. Crucé a Estados Unidos e hice la misma pregunta a escritores como Francisco Goldman, John Gibler y Sergio Troncoso pero obtuve la misma respuesta.

Quizá sí haya alguna novela por ahí, pero por ahora no ha sido descubierta. A diferencia de la abundante cantidad de novelas sobre Tijuana, Sinaloa, Sonora y Ciudad Juárez, todavía no se ha oído la voz de esa incógnita frontera noreste de México, donde nacieron Los Zetas, y donde los periódicos locales, tras una masacre de setenta y dos migrantes en agosto de 2010, amenazados por alguna de las máquinas de guerra existentes, minimizaron la cobertura de uno de los mayores crímenes masivos en la historia reciente del país. Por lo menos de los que hoy se sabe.

¿Por qué hay aquí tanto silencio?

Hablé por teléfono con Jon Lee Anderson, corresponsal de guerra de la revista *New Yorker*, un día antes de que partiera de Londres a África para atestiguar el nacimiento de un nuevo país, Sudán del Sur, y le pregunté lo mismo. Me dijo:

> En Estados Unidos, y quizás en buena parte de Europa, si tú dices Tijuana, Sonora, Sinaloa o Ciudad Juárez, es muy probable que la gente tenga una idea de dónde están esos lugares, e incluso sabrán más o menos lo difícil que se le pasa ahí. Pero si tú dices Tamaulipas, lo más probable es que nadie sepa de qué estás hablando.

¿Por qué?

Alma Guillermoprieto fue bailarina de ballet en los años setenta, primero en Nueva York y luego en La Habana. Después se fue a las guerras de los ochenta en Centroamérica para empezar una carrera como periodista. En esa época escribió crónicas con títulos trágicos interminables como: "Los cuerpos arrojados en el mar de lava salvadoreño ponen de manifiesto la violencia contra civiles"; narró El Mozote, la masacre más grande del siglo XX en Occidente: soldados salvadoreños que habían sido entrenados por asesores militares estadounidenses quemaron vivos y cortaron a machetazos a ochocientos hombres, mujeres y niños. *The Washington Post* publicó su historia en primera plana y después no hubo seguimiento alguno. Ningún editorial, cobertura en la televisión o nota en los demás periódicos. Algunos medios liberales y activistas mantuvieron la insistencia en esclarecer lo que había sucedido.

Doce años después un equipo de antropólogos forenses argentinos fue a excavar al sitio de la matanza y documentaron las muertes, hueso por hueso.

En el siglo siguiente, septiembre de 2010, Alma, periodista consagrada que traduce América Latina para los lectores de Estados Unidos, convocó a escritores, reporteros, fotógrafos, músicos y cineastas a colaborar en un altar virtual como recuerdo del asesinato de los setenta y dos migrantes de San Fernando. Los hombres y las mujeres camino al sueño americano que fueron hallados con un tiro en la cabeza el 23 de agosto de 2010, gracias a la iniciativa de Alma, tuvieron quiénes contaran sus historias en medio del páramo de silencio tamaulipeco.

Cuando lanzó el proyecto del altar al público a través de la página www.72migrantes.com, Alma dijo en un comunicado que esto se hacía a sabiendas de que no han sido sólo setenta y dos los viajeros que han perdido la vida en su travesía rumbo a la frontera con Estados Unidos. Dijo que quizá sumen miles las víctimas cuyos huesos yacen en algún desierto o galpón sin que se vaya a saber jamás de su muerte. La idea del altar, en el cual un escritor, o bien un periodista, cuenta la historia de uno de los migrantes víctimas de la masacre, es "abrir un pequeño espacio para su voz".

Le escribí a la antigua bailarina para pedirle que me relatara cómo se había enterado de la masacre y la forma en que había decidido tomar la iniciativa del proyecto que luego cobró forma de cápsulas de radio, libro y un altar levantado el 2 de noviembre en el patio de la Comisión de Derechos Humanos del Distrito Federal.

Alma me contestó:

Fue de esas ocasiones en que a uno se le fija para siempre qué es lo que estaba haciendo en el momento de.

Me acababa de sentar a desayunar, que es un tiempo que disfruto, vi el encabezado y no entendí nada. Aun para los horrores a los que estamos acostumbrados, lo que nos estaba describiendo la nota, muy a grandes rasgos, era insólitamente horrendo, arbitrario, cruel; no tanto por las torturas a las que se hubiera sometido a las víctimas, pues parece que no hubo, sino por la frialdad con la que se asesinó a gente (¡seis docenas de seres humanos!) que, por decirlo así, no tenía vela en este entierro.

••••

En una línea recta con horizonte hermoso aceleran los coches al máximo. A los lados la acompaña pradera verdiazul, a ratos incluso color oro. No bordea a la carretera ninguna curva peligrosa. Cero acantilados de vértigo o barrancos del diablo a la vista.

Sin embargo, en el llano de las orillas, mientras los automóviles avanzan, sobresalen cruces cristianas de pequeños altares. No es una o dos, son varias, levantadas en memoria de los muchos muertos del camino. Muertos viejos porque las cruces cristianas están oxidadas y la pintura de los basamentos descarapeló.

Tantas cruces no pasan desapercibidas. Más en una carretera de apariencia benévola, en la que los riesgos no se ven. El nombre correcto de los pequeños monumentos fúnebres es el de *cenotafios*. Los cenotafios nos recuerdan un México que, en el inicio de su transición democrática, conseguirá pueblos que tienen bajo su tierra una población de habitantes muertos tan vasta como la de sus habitantes vivos. Es ese México-panteón que ciertas vías nos recuerdan, nos piden tenerlo presente.

Esta carretera en la que aparece el desierto de lo real va de Torreón a Durango, a la altura del tramo de Cuencamé, donde se acaba el noreste mexicano. O donde se empieza, según se quiera ver.

¿Por qué una autopista recta y bien pavimentada se convirtió en una ruta asesina?

La historia de los muertos incesantes de la carretera de Cuencamé comenzó en los ochenta. Algunas vacas pastaban en llanos aledaños y entraban al camino cuando se les daba la gana. Los traileros que no alcanzaban a esquivarlas o a frenar impactaban sus moles en movimiento y podían morir *ipso facto*. Con más de un camionero sucedió así.

Los traileros suelen ser una manada nómada muy unida cuando lo requieren. En los paradores a la redonda —cuevas ruidosas con cerveza y café en las que para entrar no hay tanto problema, aunque salir ileso o incluso vivo implica conocer la contraseña adecuada— un grupo de aquéllos acordó hacer algo en torno al problema de las vacas de Cuencamé. Porque pese a los accidentes, nadie impedía que esas reses anduvieran por la carretera como por su llano, provocando la lenta masacre de camioneros.

Había que ser prácticos (en el norte mexicano, se constatará más adelante aquí, el pragmatismo es arte). Lo que se decidió fue que todos ellos deberían armarse de ahora en adelante. Cuando vieran vacas de Cuencamé pastando, incluso a cinco metros de la carretera, les dispararían de inmediato desde el volante. La doctrina del ataque preventivo no la inventó Rumsfeld para invadir Irak sino aquel grupo de conductores en pie de guerra.

La medida hizo que disminuyera el índice de mortalidad trailera en esa zona. Vacas perforadas a tiros y rodeadas por nubes de moscos amanecían en los llanos entre Torreón y Durango.

El problema fue que los dueños de esos animales reaccionaron. Decidieron armarse y turnar a sus mejores capataces, o ellos mismos, para esperar, atrincherados, en la orilla del camino a traileros que disparaban contra sus reses.

Repuntó de nuevo el índice de mortalidad trailera en Cuencamé. Y se tuvo que crear un índice de mortalidad para ganaderos locales.

Los Zetas todavía no existían y Felipe Calderón apenas acababa de hacer la primera comunión en Morelia. No había a quién echarle la culpa, más que a la carretera, del moridero.

Aquella estúpida matazón en Cuencamé duró semanas.

Luego la Policía Federal de Caminos, con ayuda de una reforma legislativa exprés, consiguió el armisticio de los bandos: de ahora en adelante los ganaderos no debían permitir que ninguna vaca pastara asfalto y, en caso de que hubiere una haciéndolo, los mismos policías poseían la facultad legal para disparar y matarla.

De aquella carretera ahora sólo quedan cruces de traileros y ganaderos muertos absurdamente.

• • •

En abril de 2012 realicé un viaje geométrico por ciudades y pueblos del norte mexicano acompañado por una canción de rock hecho en Coahuila. Se llama "Huracán", y la toca el grupo Madrastras, cuyo vocalista es el escritor Julián Herbert, autor de la novela *Canción de tumba* (Mondadori, 2012). "Huracán" es un terco zumbido musical que me persigue día y noche, como el que quizá persiga ciertas conciencias por la matazón en el norte mexicano.

Desde que oí la canción de Madrastras, no sé bien por qué, me puse a pensar en la carretera de Cuencamé: si un pequeño tramo carretero de México pudo volverse un sitio tan criminal y asesino de un momento a otro a causa de unas vacas, ¿cómo hacer un análisis preciso e iluminador sobre las razones detrás de la muerte incesante hoy en día, en Nuevo León y Tamaulipas, donde, haya cenotafios o no, ha ocurrido la mayor parte de la matazón nacional de los tiempos de la democracia?

De lo que sucede en el noreste mexicano y todavía no se sabe habrá que empezar por las cruces. Miles de cruces.

Es hora de arrancar.

Es hora de irnos a aquellas tierras.

1

Generación zeta

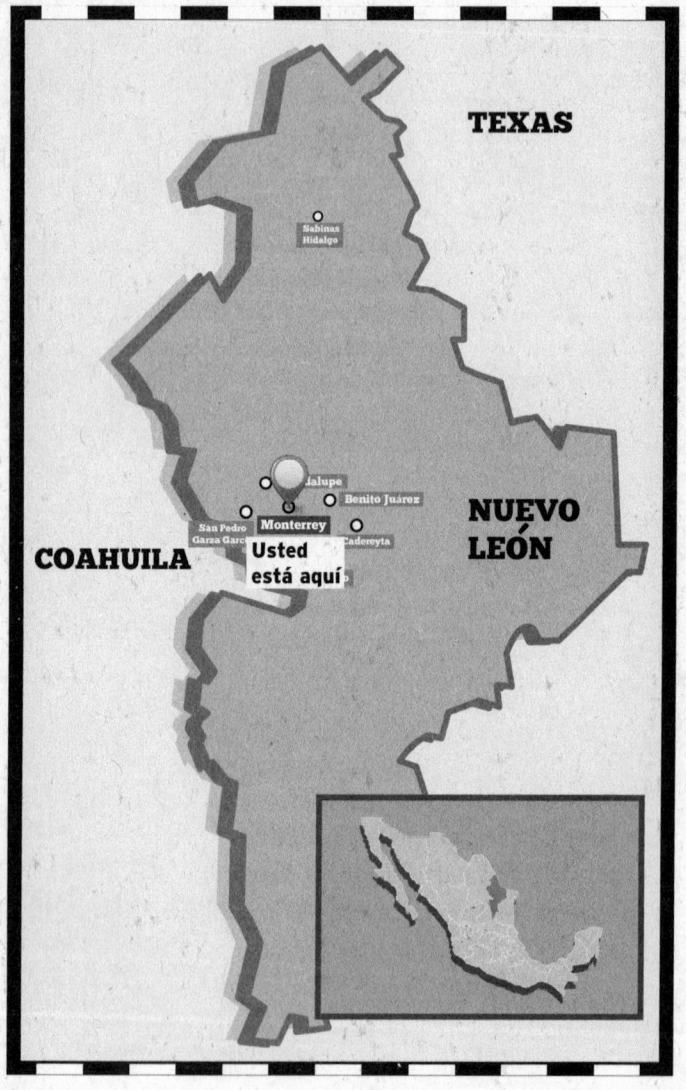

TEXAS

Sabinas
Hidalgo

COAHUILA

Jalupe
Benito Juárez
San Pedro
Garza Garc
Monterrey
Cadereyta

**Usted
está aquí**

NUEVO
LEÓN

I

Nada los impresiona, sólo el dinero. Quieren la Hummer porque la Hummer da vieja. Son *batos* que no todos son buenos y no todos son malos. Tienen un caló con términos como *dar piso*, que significa "matar a alguien", u otros como *florecitas*, para referirse a las mujeres de su banda. Cuando acaba un noviazgo, a la tragedia amorosa le dicen "aquí murió la flor".

Platico con ellos, son diez. Algunos casi no hablan, dos son tan enigmáticos que podrían sacar la pistola en un momento y tararear un vallenato cursi el otro. El líder, un quinceañero de bigote, me dice que las balaceras en este cerro de la colonia Independencia, una de las más antiguas de Monterrey, han sido frecuentes desde Semana Santa, aunque allá abajo nadie las oiga. Cuando trascienden a la prensa la policía dice que son guerras de pandillas. Y lo son, pero también del narco. El problema con la realidad es que a veces no tiene nada que ver con lo que dicen los periódicos.

Casi todas las bandas de la Independencia han sido reclutadas por los cárteles, sobre todo por Los Zetas. A los mejores chicos los alquilan por doscientos dólares semanales para que hagan de todo, no sólo matar.

Aquí el negocio de la droga se convirtió en un medio lucrativo para sobrevivir ante la falta de lo demás. "Se vive mucho mejor ahora", se jacta uno de los chicos con los que platico. La influencia de las pandillas estadounidenses es evidente y simpática. Hace un calorón y ellos visten sudaderas como las de los raperos de la Denver invernal. Hace frío en Monterrey y llevan camisas sin mangas, como los reguetoneros de Puerto Rico. "Esa vez fuimos a partirle la madre a ese del West Side", dice uno en algún momento de su *choro*, como le llaman ellos al acto de narrar. *Chorema* le dicen al intento de poetizar algo.

Se depilan parte de la ceja, se cortan el pelo como si estuviera marcado por una cazuela y usan aretes de estrella. Otra de las pocas personas que admiran es a Celso Piña, el cantante de cumbias colombianas que nació y creció aquí, y luego bajó del cerro, atravesó el río Santa Catarina, entró al Museo de Arte Contemporáneo y puso a bailar vallenato a Gabriel García Márquez.

Ellos están contentos con Los Zetas, dice el líder. Sin embargo es evidente que la ganancia y la oportunidad hacen que el negocio sea competido y, por ende, que las disputas entre pandillas se vuelvan aún más peligrosas. Los valores activan a las bandas y éstas se arman para afianzarse en el mercado. La mariguana se vende cada vez menos, la cocaína cada vez más, y aquí lo que se consume es el *crystal* que, dicen los médicos, te hace ver más torcida la torcida realidad.

La ciudad donde sucede esto es la sede de la rectoría general del Instituto Tecnológico de Estudios Superiores de Monterrey (ITESM), la universidad privada más importante de Latinoamérica. Monterrey también encabeza el *ranking* de ciudades del mundo con mayor consumo de Coca-Cola por habitante; fue la primera ciudad de México con gas natural doméstico entubado y la revista *Fortune* la ha considerado varias veces como el sitio número uno de Latinoamérica para hacer negocios. Monterrey enseña el oro pero no se lo da a todos. Algunos barrios, como la Independencia, donde hay casas parchadas de madera vieja, alambre de gallinero y porches que crujen, no tienen cobertura total de agua potable pese a estar a menos de cinco kilómetros del palacio municipal.

La orografía montañosa de la ciudad recuerda a la de Medellín o la de Río de Janeiro, lugares donde hace ya tiempo las favelas dejaron de ser un problema social y se convirtieron en un problema de seguridad. A la chabola de la Independencia los policías tratan de no entrar, saben que no son bienvenidos y que no están entrenados para ganar una guerra en territorios como éste, donde la necesidad y las poderosas armas suministradas por el narco forman ejércitos casi invencibles por su temeridad y fuerza.

Hace ya tiempo que en la Independencia se gesta un resentimiento que las bandas de narcotraficantes han sabido capitalizar, según me contaron varios hombres y mujeres que trabajan en la zona atendiendo necesidades sociales con el debido permiso de las pandillas. El mundo oculto se asomó cuando Los Zetas imitaron exitosamente el acarreo que practican los partidos políticos y llevaron a centenares de vecinos de la Independencia y de otras colonias a bloquear las principales avenidas de la ciudad pidiendo la salida del Ejército. Precisamente el Día del Ejército.

Para ser los Tapados, como los apodó el periódico *El Norte* por llevar el rostro cubierto, da la impresión de que están a la vista de todos.

Pero nadie los quería ver.

II

Sobre este cerro de la Independencia te puedes encontrar algunas buenas casas, construidas con techos altos y paredes firmes, o también restos de automóviles carcomidos por la herrumbre, acomodados con esmero en patios amarillentos o techos cuarteados, rutas de polvo que doblan de imprevisto para cualquier lado, calles sin banqueta que eran senderos de chivos cuando el hombre pisó por primera vez la Luna. Lorenzo Zambrano, un empresario global, vive a escasos diez kilómetros, en San Pedro Garza García. Ahí, en la ciudad más rica del país en ingreso *per cápita*, también vive Guillermo Martínez Berlanga, reconocido ecologista.

Una urbe que vende sus espacios públicos y deja a sus jóvenes abandonados y en la miseria, sin oportunidades de estudiar y educarse, y que además les quita sus canchas gratuitas de futbol y los arrincona en guetos, es una sociedad que tarde o temprano va al fracaso. ¡No me jodan! Imagínate: nos faltan más de siete mil hectáreas de espacios públicos gratuitos en la zona metropolitana de Monterrey. ¿A poco estos chavos no están viviendo en el infierno?

Un chico de estos con los que platico hace más felices a sus padres cuando está en la calle —y él también es más feliz— que cuando está en casa. La casa, aquí, suele significar una construcción con habitaciones tamaño celda. Ya afuera, en especial en las esquinas de las calles, si llega alguien con un balón y les dice "vamos a jugar futbol", se van. Si llega alguien con una caguama de cerveza, y dice "vamos a *pistear*", se van. Si llegan con piedras y dicen "vamos a *risquear*", se van.

Por eso Los Zetas no batallaron nada. Las mejores opciones de la vida casi no pasan por estas esquinas.

III

Al narco en México se le analiza de manera limitada en los diarios. Se cuentan sus muertes, los cuernos de chivo decomisados, los kilos de mariguana incinerados, sus policías detenidos… Casi no existen otras miradas sobre este problema que la mera estadística. Pero otra forma de mirar el narco podría ser la económica. Narcotráfico, su nombre lo indica, es un problema de comercio ilegal. ¿Qué tipo de andamiaje financiero se requiere para importar cocaína de un país de Sudamérica a México?, ¿cuánto dinero es necesario para enviar a Ibiza las tachas fabricadas en Tierra Caliente, Michoacán?, ¿qué tipo de logística implica trasladar la mariguana sembrada en la sierra de Oaxaca a la Ciudad de México?, ¿en qué gastan sus salarios los zetas?, ¿cuánto cuesta tener una sucursal de venta de *crystal* en Monterrey?

El narco, se sospecha, tiene algo que ver lo mismo con el origen de grandes fortunas de empresarios que con carreras legislativas, con el desarrollo económico de algún poblado o de tal o cual serranía. Si mañana el Ejército detiene a un empresario reconocido, a un gobernador o a un senador por nexos con el narco, o a un famoso presentador de televisión, la sorpresa no sería tan grande como debería. Después de las detenciones masivas de alcaldes y funcionarios de Michoacán en 2009 comenzaron a mencionarse nombres y más nombres de gobernadores sospechosos que deberían ser detenidos.

La excelente idea de Milenio Televisión de preguntar sobre cuál debería ser la siguiente entidad en la ruta de los operativos de narcopolítica, exhibió no sólo pormenorizados informes sobre complicidades oficiales proporcionados por ciudadanos televidentes, sino que permitió darnos cuenta de que la sombra de duda sobre la relación del narco y la política cubre desde Mérida hasta Tijuana.

IV

En Monterrey se sabía que si querías conseguir música dedicada a Los Zetas tenías que ir a Reforma, la calle del antiguo centro de la ciudad alrededor de la cual se entrecruzaban lonas de plástico y tubos arqueados de mil maneras por donde se asomaban tienditas. En días de treinta y ocho grados de temperatura, sudorosos cuerpos caminaban con lentitud, rozándose por pasillos angostos donde los himnos a la banda del narco fundada por desertores élite del Ejército mexicano se ofrecían al igual que camisetas Versace chinas, ediciones ochenteras del *Penthouse* y *Playboy* o tenis Converse ingresados de contrabando por la cercana frontera.

Acompañé a un fotógrafo y a un amigo, asiduo visitante de la Reforma, a recorrer este rincón de Monterrey, antes de que fuera demolido. Apenas acomodamos el coche en un estacionamiento público de los alrededores, vimos a diez metros de nosotros a un hombre que se bajaba de su camioneta, llevando una pistola escuadra ajustada al cinturón a la vista de todos. "Ha de ser policía", dijo mi amigo y empezó a caminar, ignorando. No teníamos de otra que conformarnos con su presunción. Hace tiempo que aquí —me dijo con tristeza un viejo columnista local— el mejor periodismo que se puede hacer es aquel que no se hace tres metros bajo tierra a causa de indagar demasiado sobre los asuntos de "los de la letra".

Algo que también se sabe en Monterrey es que Los Zetas llegaron y desplazaron a la Confederación de Trabajadores de México (CTM) y la Confederación Revolucionaria de Obreros y Campesinos (CROC), los sindicatos que antes representaban a más de mil vendedores ambulantes instalados desde Reforma hasta la calle Colegio Civil. Un ex guerrillero regiomontano de los setenta me explicaba que lo que no había podido hacer la Liga Comunista 23 de Septiembre, fundada por un estudiante del Tec de Monterrey, ni las Fuerzas de Liberación Nacional, que aquí nacieron y son el antecedente del Ejército Zapatista (EZLN), lo vinieron a hacer Los Zetas: derrumbar la dura roca del corporativismo priista. O quizá fue al revés: el corrupto corporativismo priista asumió al fin su rostro de siempre.

Todo fue de una forma tan rápida y silenciosa que los comerciantes que lo vivieron lo recuerdan sin estridencias, como algo inevitable. Uno de ellos, pagador del tributo, me contó una escena que parece sacada de la película *Goodfellas*, de Martin Scorsese: una veintena de zetas reunieron a los locatarios en una vieja bodega y les anunció que a partir de ese momento todos les darían "la cuota sindical" a ellos. Los que llevaron la peor parte al tener que abonar un extra fueron los que se dedicaban diariamente a copiar miles de películas y éxitos musicales en discos compactos que se venden a montones por aquí. Otro locatario, éste contento con la nueva situación de la calle Reforma, me dijo que gracias a "la gente —otra de las formas que se usan para hablar de Los Zetas— ahora ya no nos están chingando los federales ni los de Hacienda".

Un policía al que quise entrevistar sobre el narco me recomendó que mejor consiguiera un disco de narcocorridos y me pusiera a escucharlo, ya que así me enteraría de "cómo está el negocio". A eso fui a la calle Reforma. El disco se llama *Corridos del Golfo* y sólo se distribuía ahí: en él se compilan algunas de las canciones más escuchadas de la vida mafiosa en el noreste del país.

Algunos de los títulos son: "La santísima muerte", "Gatilleros de alta escuela" (en honor de la escolta de Ezequiel Cárdenas Guillén), "El corrido del Metro", "El corrido del señor de la O" (de Osiel Cárdenas), o "El corrido de Los Zetas", cuya letra dice: "Soy del grupo de Los Zetas / que cuidamos al patrón, / somos veinte la escolta, / pura lealtad y valor, / dispuestos a dar la vida, / para servir al señor".

Aunque estos versos del narco son cantados por varios grupos musicales como Los Tucanes de Tijuana y Los Cadetes de Linares, la oda por excelencia a Los Zetas la entona Beto Quintanilla, un cantante nacido en General Terán, Nuevo León, quien, antes de morir en 2007 a causa de un infarto, se retrataba disparando cuernos de chivo.

A ritmo de un melódico acordeón, la canción de Beto Quintanilla sobre Los Zetas acaba diciendo: "Desde que era muy pequeño / quise ser lo que ahora soy, / siempre me dijo mi padre: / no hay nada como el honor, / el hombre con esta idea / es natural de valor".

V

¿Cómo son, físicamente, "Los de la letra"?, pregunto todo el tiempo a cualquier persona con la que me topo. Todos ríen con nerviosismo, la mayoría se asusta y prefiere no ampliar el tema. Los que me responden, cuentan que Los Zetas son tipos mal encarados que visten de negro con mezclilla; viajan en autos blindados —casi siempre camionetas—; nunca traen el pelo a rape (ya que así lo traen sus rivales); escuchan música de Broncos de Reynosa, Intenso e Intocable; saben manejar desde una nueve milímetros hasta misiles tierra-aire, pasando por granadas y fusiles de asalto MP-5.

El estereotipo parece ser el de que son gente que ve a la muerte como forma de vida. Son sinónimo de una violencia enloquecida en el imaginario nacional. En Monterrey se han vuelto tan famosos como el cabrito y los Garza Sada. Todo mundo sabe que existen, que están ahí o aquí, que pueden ser cualquiera. Quizás el vecino recién llegado a la colonia, quizá los que van a bordo de esa Hummer que recorre la avenida Constitución a toda velocidad, quizás él, quizás el otro, quizá tú. Siempre tienen que ser estridentes, nunca discretos. Parece difícil que alguno de mis interlocutores se imagine a un zeta vestido con traje, amable y a bordo de un auto de lujo, pero no demasiado llamativo. Ser zeta es ser estridente.

A Los Zetas pocas veces se les llama por su nombre. Ni el gobernador, los policías, los periódicos o las televisoras suelen decirlo. "Entonces llegaron… los de la letra… y dispararon", cuenta el testigo de una ejecución a los reporteros recién llegados. "Pues mira, lo que pasa es que desde que detuvieron a su líder y lo deportaron a Estados Unidos, pues los… los de la última letra se pusieron peor", explica un mesero.

Tan son un mito que, así como del famoso Pepito, también hay chistes sobre ellos. Muchos. Uno es sobre el primer día de clase en una escuela. La maestra acomoda a sus alumnos por orden alfabético. "Los de la A aquí, los de la B, acá…" Luego de unos minutos acaba de organizar el salón, pero cuatro niños se miran desconcertados entre sí:

—¿Y nosotros los de la Z? —preguntan.

—Ustedes donde quieran —responde la maestra.

VI

En los meses posteriores al 31 de enero de 1979, cuando Juan Pablo II visitó Monterrey, el nombre del jerarca religioso se convirtió en uno de los más tecleados sobre las actas de nacimiento por las viejas máquinas de escribir del Registro Civil. Cada día aparecía por lo menos un nuevo Juan Pablo en las salas de maternidad de los hospitales locales. Tal fue la fiebre por nombrarlo todo como él que en la ciudad hay puentes y hasta mercados que llevan el nombre del antecesor de Joseph Ratzinger.

Algo parecido ha sucedido últimamente con las más de dos mil pandillas de la ciudad contabilizadas por las autoridades. Muchas de ellas han tomado el nombre de Los Zetas, aunque no tengan relación orgánica con la banda del crimen organizado. Sólo por imitación, jovencitos de secundaria que se juntan a la salida de la escuela deciden en algún momento ponerse el nombre de Zetas. Navegué por espacios de internet como Myspace y Hi5, y encontré chicos de barrios como la Independencia o Valle Verde que publicaban sus fotografías asumiéndose como zetas.

Durante ese recorrido por los barrios bajos del ciberespacio supe que el 25 de noviembre de 2007 una bala calibre nueve milímetros mató a Juan Carlos Armendáriz, *el Topo*, y a Jorge Alberto Castillo López, *el Caballo*. Ambos eran unos chicos que pertenecían a una pandilla llamada Los Zetas. La policía detuvo días después a otros pandilleros miembros de la banda Los Pachucos. Los jóvenes alegaron que fue un menor de edad —hijo de un comandante de la policía ministerial— el que sacó una pistola cromada y disparó. Ellos sólo acompañaban con bates de metal y piedras en las manos.

Según consta en el expediente 217/07 de la Procuraduría de Justicia estatal, la muerte del *Topo* y *el Caballo* se debió a que un día antes ambos habían robado una gorra a uno de los integrantes de la banda de Los Pachucos.

VII

Aún no queda claro por qué aumentó la violencia en Monterrey de manera tan vertiginosa. El escritor Eduardo Antonio Parra —quien en los noventa fue editor de un periódico local vespertino especializado en nota roja— en la novela *Nostalgia de la sombra*, recoge el malestar y la envidia de los reporteros policiacos de antes por "la falta de acción" en comparación con los pueblos infernales de los colindantes Tamaulipas y Coahuila.

En uno de esos mapitas que suelen difundir cada cierto tiempo la DEA o el FBI sobre la geografía del narco, Monterrey si acaso aparecía. Era lugar de descanso para los capos y eventualmente centro de lavado de dinero. Reportes de inteligencia confirman que en Monterrey vivieron capos como Juan José Esparragoza, *el Azul*, Juan García Ábrego, Benjamín Arellano Félix, Osiel Cárdenas Guillén, Arturo Beltrán Leyva y Amado Carrillo Fuentes.

En 2008 se empezó a hablar en los círculos políticos —sobre todo en los opositores del Partido Acción Nacional (PAN) y algunos disidentes del propio Partido Revolucionario Institucional (PRI)— de que el gobernador Natividad González Parás hizo "algo mal" en cuanto a la relación histórica que habían mantenido los gobiernos con el narco. También se especulaba que este último explotó la incapacidad de muchos regiomontanos, comerciantes de fama legendaria, de resistirse a un buen negocio, ese que los criminales pueden ofrecer gracias a su enorme poder adquisitivo.

La mejor explicación de la situación desbordada en Monterrey es lo que dicen en corto algunos asesores del propio presidente Felipe Calderón: que dos grupos, el cártel de Sinaloa y el del Golfo, empezaron a disputarse a sangre y plomo la ciudad y que en medio de esa batalla quedaron desde pequeños vendedores de droga hasta políticos que habían sido alcanzados por el tentador manto del narcotráfico.

Las recientes detenciones realizadas por el Ejército de lugartenientes de Los Zetas y de los Beltrán Leyva dejaron al descubierto que la relativa calma de los últimos meses había sido acordada por los cárteles que antes estuvieron en disputa. Para devolverle la paz a la ciudad ambos grupos acordaron dividirse el territorio: San Pedro Garza García, la joya de la corona, para los de Sinaloa y el resto de los ocho municipios metropolitanos para los del Golfo.

"Las ejecuciones eran muy graves, pero lo peor es que cuando éstas bajaron no fue porque hubiéramos ganado la batalla al narco, sino porque les entregamos la plaza. Ahí están Los Tapados como muestra. Se nos metieron hasta la cocina", me compartió su análisis un viejo policía de la ciudad, que sigue preocupado pero ahora por lo que sucederá una vez que han sido detenidos operadores importantes de los dos cárteles.

"O ya estaba arreglado eso y los propios grupos los entregaron y se calma la cosa, o vamos a empezar a ver cosas que nunca antes habíamos visto."

Lo que sucedió fue lo segundo, por supuesto.

VIII

—Lo que está pasando en algunos barrios es una insurrección del crimen organizado utilizando a las masas populares golpeadas por la política macroeconómica neoliberal —me dice Lorenzo Encinas, alias *Nicho Colombia*, uno de los pocos expertos locales en el tema de pandillas.

—Considero que es exagerado —le respondo.

—Bueno, quizás aún no está organizado pero siembra la semilla de una insurrección o de un levantamiento popular patrocinado por el crimen organizado. Y si te fijas bien, si les quitas el asunto del crimen organizando a estos barrios, ellos tienen razones de sobra para protestar porque nunca han sido tomados en cuenta. Lo que siempre les ha faltado es proyecto político.

Nadie sabe aún qué pasará con Los Tapados. En Monterrey hay preocupación de que la violencia no pare nunca. No es para menos.

Acontecimientos insólitos se sucedieron uno tras otro, sobre todo a partir de 2007: el secretario de Gobierno amenazado de muerte con oraciones llenas de errores ortográficos y escritas en cartelones sobrepuestos a cadáveres decapitados; un diputado local del PRI ejecutado en la Macroplaza cinco minutos después de dar una conferencia de prensa; dos reporteros de TV Azteca, uno de ellos muy famoso en la ciudad, desaparecidos repentinamente; regidores amenazados de muerte un día y al día siguiente asesinados; bombazos contra el consulado de Estados Unidos, cuarteles policiales y las instalaciones de Televisa; doce soldados de inteligencia ejecutados y varios de ellos degollados; y altos jefes policiales liquidados a sangre fría, uno de ellos director de la Agencia Estatal de Investigaciones, Marcelo Garza y Garza, miembro de una reconocida familia local.

La violencia del narcotráfico, cara habitual de Reynosa, Nuevo Laredo o Matamoros, poblaciones fronterizas a algo más de cien kilómetros de Monterrey, llegó de manera contundente y con el paso de los años provocó que la ciudad perdiera el asombro ante la brutalidad que les gusta imprimir en sus actos a los sicarios. "Mañana martes van a matar a alguien entre las siete y las diez de la noche. Lo único que falta saber es dónde lo van a tirar", me dijo un reportero de nota roja. Cuando pregunté a qué se debía su seguridad, si acaso ésta tenía que ver con la detención reciente de algún capo o el decomiso de algún importante cargamento de droga, tranquilamente me dijo que no. "Los mañosos matan en martes porque es el día en que le gustan las ofrendas a la Santa Muerte."

—¿Y por qué entre las siete y las diez?

—Porque a esa hora están los noticieros estelares de la televisión.

Al día siguiente, en efecto, un hombre de entre veinte y treinta años —la edad promedio de los ejecutados locales— había muerto asesinado en una colonia popular; y esas cintas amarillas de plástico que suelen colocarse alrededor de las escenas del crimen estaban siendo exhibidas por los noticieros televisivos.

IX

He ido en diversas ocasiones y con distintas personas a la Independencia y sus alrededores, no necesariamente como reportero en busca de información reveladora, sino como alguien que quiere asomarse a la vida en los cerros. Éstas son trece anotaciones sueltas, informales y quizás inútiles, que he hecho estando ahí:

1. *El Cono* es un *bato* al que se lo llevó la Policía Federal, una de esas veces en las que suben hasta acá arriba, dizque para poner orden. *El Cono* regresó una semana después al cerro. No estaba tan angustiado por la paliza que le pusieron mientras lo interrogaban, sino por lo que había visto en las calles de allá abajo. *El Cono* tenía diez años de no bajar del cerro a la ciudad.

2. Acá, en el cerro, películas como *Sangre por sangre*, *Santana americano yo*, *Calles de Boluevard* y *Mi familia* son las que se ven, los referentes, las que gustan. El cineclub debería pasar esas películas, así como también un filme sobre *dickies* en el que actúa Edward James Olmos. Pero ¿a quién diablos se le ocurriría poner uno aquí? La palabra *cineclub* suena estúpida estando aquí.

3. Teresa Celestino, una maestra de la Universidad Regiomontana que fue despedida de la Universidad de Monterrey por hablar de lesbianismo en sus clases, es una de las expertas en el barrio. No tengo idea de quién es, nunca había oído de ella allá en la ciudad, pero van dos o tres personas de aquí que me dicen que ella sí camina en estos rumbos, no como otros (incluido yo) que venimos tres o cuatro veces al año, como si fuéramos Indiana Jones buscando el tesoro perdido en medio de la ciudad.

4. Las canciones rebajadas de la música colombiana no son así para que acompañen el devaneo del alucine de la mota, tampoco porque los chavos no entendían el hablado rápido colombiano de las cumbias, sino porque cuando a las grabadoras de antaño se les acababan las baterías, los casetes se reproducían lentamente, generando un sonido especialmente amodorrado. De ahí el rebaje, producto de la escasez de baterías y no de alguna de esas teorías desarrolladas en las tesis sobre "el colombianismo en Monterrey" y vainas así.

5. El tribal guarachero, un falso documental hecho por Ángel Sánchez Borges, plantea ideas provocadoras acerca de la gente del cerro y de la ciudad con Macroplaza. Sobre todo lo del ridículo papel que juegan los coleccionistas de curiosidades culturales en la urbe, que de vez en cuando vienen acá como si visitaran un bazar de arte y después bajan a presumir sus hallazgos en la sala de su casa o, peor aún, en un museo.

6. Acá el narco y el paramilitarismo tienen carne de cañón.

7. El zeta nos evidencia a todos: "Para conseguir el dinero se hace lo que sea". Ellos son la llaga, el síntoma de una enfermedad que recorre todo el cuerpo social.

8. Me gusta "La ciriguaya", una cumbia colombiana dedicada a los intelectuales de la Indepe. La había oído de niño en la pesera, pero hasta ahora la "escucho".

9. Los políticos de allá abajo no saben qué hacer con la ciudad del cerro. No pueden gobernarla. Eso queda claro desde acá.

10. Qué imaginación política tan pobre. Ni siquiera tuvieron la intención de usar el marco del bicentenario de la Independencia de México para iniciar el rescate de la colonia Independencia, cuya salvación sería, ante una situación como la actual, el inicio de la recuperación de la ciudad.

11. Me contaron la historia de un chico que hacía narcomantas. Nunca había escrito tantas palabras como ahora.

12. El supuesto discurso de Marcola, el narco de los cerros de Brasil, dice cosas como ésta:

Nosotros somos una empresa moderna. Si un miembro flaquea, es despedido y puesto en el microondas. Ustedes tienen un Estado en quiebra, dominado por incompetentes. Nosotros tenemos métodos ágiles de gestión. Ustedes son lentos y burocráticos. Nosotros luchamos en terreno propio. Ustedes, en territorio ajeno. Nosotros no le tememos a la muerte. Ustedes están en pánico. Nosotros vamos al ataque. Ustedes están a la defensiva. Nosotros no tenemos reparos en ser crueles. Ustedes tienen la manía del humanismo. Ustedes nos transformaron en *super stars* del crimen. Nosotros los tenemos a ustedes de payasos. A ustedes la gente los odia. A nosotros, sea por miedo o por amor, nos ayuda. Nosotros no nos olvidamos de ustedes, son nuestros "clientes". Ustedes nos olvidan cuando pasa el susto de la violencia que provocamos

13. Veo en casa de unos chavos de acá *La vida loca*, el documental de Chistian Poveda que conseguí pirata en Tepito. A lo largo del filme hay un montón de muertes violentas y actos terribles, pero todos nos quedamos callados en la escena en la que una pandillera tuerta de San Salvador se pone a llorar.

X

"¿Qué pasó en Monterrey?", le pregunté al empresario Mauricio Fernández, alcalde del próspero municipio vecino San Pedro Garza García, mientras conversábamos en su mansión de La Milarca, donde las enormes paredes exhiben una de las aficiones por las cuales es famoso en la metrópoli: el coleccionismo de fósiles y dinosaurios. Mientras platicamos nos miraba un triceratops:

Mira, obviamente no soy experto en el tema, pero aquí fundamentalmente es un conflicto de dos cárteles: el del Pacífico y el del Golfo, y ha habido si quieres dos o tres problemas. Primero era mercado de cocaína y demás drogas, luego había un mercado institucional sobre ellas; el caso es que ahora hay un montonal de drogas adicionales a las que antes tenías. Esto te lleva a que el precio de la cocaína en Estados Unidos se haya bajado una barbaridad y en Europa haya subido otro tanto, ¿por qué? Porque siempre tienes una relación demanda-producto y ahora se consumen muchos productos. ¿Qué ha pasado con eso? Que ahora te quedas con mucha que ya no pasó. Se te queda acá. ¿Cuál es la reacción natural? Pues colocar en la ciudad lo que antes estabas mandando. Entonces hay una sobreoferta y la empiezas a colocar; y como te digo, además, penetraste la sociedad con las narcotienditas.

Segundo factor, yo así pienso: de alguna forma los anteriores gobiernos platicaban o tenían alguna relación con ellos, con la mafia, o se hacían güeyes y como el producto iba a Estados Unidos, pues te decían "no es tema tuyo, gobernador, es tema federal". Yo creo que eso siempre ha existido en México. Es muy difícil que tengas gobernadores exentos de por lo menos un contacto con ellos; yo lo veo difícil, o el secretario de gobierno o alguien los tiene.

En esa visión de rutas que tiene el narco, la nuestra, que es Nuevo León, básicamente la manejaba el cártel del Golfo y, bueno, dejaban pasar al cártel de Sinaloa. Lo que a mí me comenta gente que supuestamente sabe del tema es que le cobraban al *Chapo* por el tránsito en Nuevo León y que simplemente por el problema de oferta y demanda, pues había una sobreoferta, le dijeron yo mando mi producto y el tuyo dale pa'llá, y esto se complicó en un pleito entre las dos bandas de Nuevo León, por un posicionamiento de la plaza que es de tránsito.

XI

Dos camionetas recorrían Pino Suárez y Ocampo una madrugada de octubre de 2010. Iban a bordo veinteañeros equipados con AK-47, AR-15, G-3 y pistolas escuadra. También Jaqueline Castro y Aracely Martínez, unas chicas de dieciséis años. El convoy de los jóvenes armados se topó con otro de militares que también realizaba un recorrido por el centro de Monterrey. El enfrentamiento estaba anunciado. Los militares marcaron el alto y recibieron como respuesta una ráfaga. La persecución comenzó. Los pocos automovilistas que circulaban por la avenida Ocampo a esas horas se hicieron a un lado de los vehículos que pasaban por ahí tiroteándose y a toda velocidad. Según el parte oficial, tres taxis interfirieron el avance de las patrullas que iban en la retaguardia de la comitiva militar. La persecución siguió hasta las faldas del cerro en el que se encuentra la colonia Independencia, donde fueron a refugiarse las camionetas. Una de ellas de plano desapareció de la vista de los militares apenas entró en la barriada, pero la otra —marca Acadia y reportada como robada— chocó en la calle Lago de Pátzcuaro. Los muchachos que iban en ella bajaron disparando y caminaron cerro adentro, perdiéndose en la oscuridad de la colonia popular. La Acadia recibió cerca de cien balazos y cuando los soldados se acercaron a ella sólo hallaron los cuerpos de Jaqueline Castro y Aracely Martínez. Ambas iban sujetadas de los pies con cinta.

El día en que ocurrió todo esto —el mismo en que horas después fue asesinada la estudiante de arte Lucila Quintanilla— se reiteró una realidad cada vez más difícil de ocultar: lo que se conoce como Monterrey no es una sola ciudad, sino varias de ellas. Una es la del cerro con casitas amontonadas y alejadas de la gran infraestructura local, y otra la de la planicie urbanizada y moderna, que hasta tiene su Macroplaza. Este viejo trazo de segregación urbanística no es el causante de la violencia actual, pero es una de las realidades que la explican. Monterrey no está articulada como ciudad, no sólo urbanísticamente, sino también de manera cultural. El miedo —y por ende desprecio— a los "regios" que viven en el cerro data de hace tiempo. Decenas de comentarios aparecieron en la página web de la revista *Milenio Semanal* a partir de la publicación de un reportaje de Lorenzo Encinas sobre la carrera armamentista de las pandillas locales. Al texto lo acompañaban fotografías de jovencitos de los cerros posando con pistolas hechizas y cocaína. Uno de los anónimos comentaristas planteó: "¿Alguien quiere a un tipejo de estos de vecino? No, ¿verdad? Si antes eran peligrosos, ahora son peores".

Medellín es una ciudad de Colombia que tiene las mismas condiciones topográficas que Monterrey, y al igual que la capital de

Nuevo León, padeció en los noventa un severo fenómeno de violencia. Los jóvenes medellinenses de esos años —llevados a la literatura y el cine en *La Virgen de los sicarios*— aprendieron a asesinar y mataron al por mayor antes de que los liquidaran. En su libro *No nacimos pa semilla*, Alonso Salazar presenta testimonios de estos ángeles exterminadores. El periodista llamó a lo que estaba sucediendo "una revolución sin filósofos", término arriesgado que, sin embargo, no es tan desproporcionado a la hora de analizar lo que pasa en Monterrey, donde, a diferencia de Medellín, los jóvenes del cerro han llevado a cabo acciones tan insólitas como la de sitio al centro de la ciudad durante un informe del gobernador Rodrigo Medina.

Alonso Salazar publicó su libro sobre la cultura de las bandas juveniles al calor de los trepidantes sucesos de esos años, y explicaba así la lógica que él veía detrás de los muchachos armados:

> Han encontrado en la violencia, el sicariato y el narcotráfico una posibilidad de realizar sus anhelos y de ser protagonistas en una sociedad que les ha cerrado las puertas. Los sicarios suicidas, si así se les puede llamar, no son un producto exótico. Son el resultado de una realidad social y cultural que se ha desarrollado frente a los ojos impávidos del país.

Diez años después de la publicación de su obra, Alonso Salazar ocupó el cargo de secretario de Gobierno y luego el de alcalde de Medellín. Una de las primeras cosas que él y su equipo hicieron fue buscar integrar las distintas ciudades a las que se les llamaba Medellín. Entre otras acciones construyeron transporte público de calidad y accesible (red de metro y teleférico) para que la Medellín semirrural y pobre del cerro y la Medellín urbanizada se conocieran y pudieran integrarse. Edificaron en los rincones más recónditos del cerro la mejor guardería infantil pública de toda Colombia, el mejor estudio de grabación musical, la mejor biblioteca y el mejor parque público: articularon una ciudad.

Esto no resolvió por completo la violencia, pero vaya que aminoró: allá en Medellín ya no se dice que en las alturas de sus cerros la única ley que se aplica es la de gravedad.

XII

Tomado de uno de los *fotologs* en honor del *Caballo* y *el Topo*, chicos asesinados de la pandilla de Los Zetas:

q dificil caballo y topoz como decirles adios como acerme a la idea q jamas los podre ir a buscar a ti caballo como antes cuando iva i me decias estoi comiendo cris esperame en la eskina en 10 minutos hahahah…cuando te tardas 2 horas en arreglarte….cuando decias ppch chale…uuu q pues...caballo kien me va decir wachikolita y panfilita i la cris y las pandillas y doña zeta y todos sos apodos q me decias…akien voi a ir a decirle caballo te pago media en el ciber…i luego nos sentabamos a lado y nos poniamos a platicar por el msn hahahah …con kien voi a pistear si eras el uniko q me daba guerra…no caballo no io no puedo imaginarme sin ti we al chile no puedo te quiero siempre te voi a querer amigo. hasta luego!! ;') topoz we q onda contigo inche gacho we no te kisiste ir solo hahahaha pero no ay pedo te llevaste a mi caballito pero io se q roio con ustedes 2 we i tu q dime aora con kien voi a correr por la casa de ilse a las 3 de la mañana…i kien me va a poner la cancion de mas alla de los sueños i la de ello i ellas…akien le voi a kitar cigarro…akien le voi a tomar fotos…a kien topoz? te quiero tu siempre me demostraste q contaba contigo i gracias por dejarme ser tu amiga…se q algun dia te volvere a ver si :')… ****CABA LLO*****TOPOZ*****DESCANZEN EN PAZ****AKI SE LES RECORDARA SIEMPRE****… EL POST QUE SUBI EL DIA Q PASO TODO ACE UN AÑO… QUE PENA TENER QUE AGREGAR UN CAMRADA MAS COMO EL LENGUAS =(… PUDRANSE LOS PINCHES JOTOS QUE ICIERON ESTO PINCHES MARICONES DE MIERDA VAYANSE A LA VERGA…

2

El alcalde que no es normal

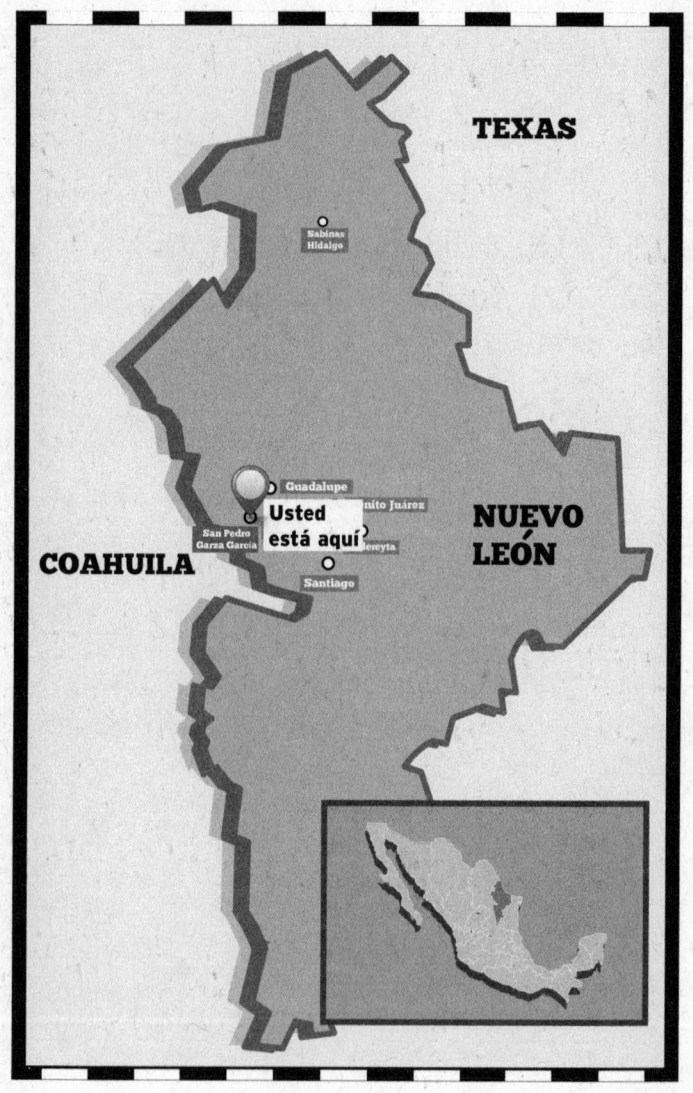

I

Mauricio Fernández Garza recibió un estruendoso aplauso que se prolongó poco más de tres minutos. Acababa de anunciar la muerte de un líder zeta antes de que la policía encontrara su cadáver en la Ciudad de México y dijo que pasaría por encima de la ley para combatir al crimen en el municipio de San Pedro Garza García. Estaban presentes dos ex gobernadores, un general del Ejército, varios empresarios y los representantes oficiales de los tres poderes del Estado mexicano.

Luego de la ovación, Mauricio improvisó una conferencia de prensa en los camerinos para después dejarse querer en el *lobby* de un foro donde lo mismo se dan conciertos de cámara que espectáculos picarescos del comediante Polo-Polo. Cuando al fin apareció en el vestíbulo principal, algunos de los más de trescientos invitados a la ceremonia, aún emocionados, probaban canapés y bebían vino blanco. "Ésos son huevos", le dijo al oído un líder de empresarios locales mientras lo abrazaba y le arrugaba la solapa del traje negro. "Eres un valiente, Mauricio", siguió Gilberto Marcos, ex conductor de televisión y presidente de la Federación de Colonos de San Pedro, uno de los principales grupos civiles de la localidad asentada al norte de México.

"Estuviste maravilloso", exclamó mientras abría los brazos el priista Jorge Treviño, ex mandatario de Nuevo León. "Cómo nos hacías falta", "Tú sí los tienes donde deben estar", "Te la van a pe-lar", continuó el coro de voces excitadas que oía el alcalde mientras se abría paso con su jefe de escoltas detrás, vigilante de cualquier situación inesperada: un ex policía Swatt llamado Carlos Reyes, bajo de estatura, de cuerpo atlético y ojos amenazantes.

"Ya te renunciaron quince policías después de que escucharon tu discurso", bromeó un cónsul. "No vas a cambiar nunca", le dijo con cariño una anciana que traía el pelo relamido, un vestido azul chillante y lustrosos brazaletes en las muñecas. Ella le pidió que posaran juntos para una foto.

Diez minutos después Mauricio salió del auditorio dejando atrás un público aún emocionado con su nuevo alcalde.

—El anuncio de la muerte de Héctor *el Negro* Saldaña fue algo muy fuerte —le dije mientras se subía a su camioneta, que iba escoltada por otras cuatro llenas de hombres armados.

—Pues sí, porque nadie sabía.

—¿Es un mensaje para los otros criminales?

—Sí, cómo no, sin duda; porque si partes de la base de que era bastante obvio que él me quería matar, y bueno, pues resultó muerto el día en que yo me siento en la alcaldía. Es un buen mensaje.

—Fue como advertirle a los tres poderes del Estado y a la sociedad de que ibas a hacer muchas cosas...

—Bueno, de hecho; si tú quieres fue una presentación un poco violenta porque dije públicamente: "Me voy a tomar atribuciones que no me corresponden". Yo siento que como está el país no lo vamos a arreglar y de aquí pa'que las cosas cambien, pues yo no me voy a poner a esperar.

II

Un avión Hawker 125-1A aterrizó la noche del 16 de mayo de 2001 en el Aeropuerto del Norte, en Escobedo, Nuevo León. El destacamento de soldados de la comandancia de zona llegó minutos después. El piloto y el copiloto de la aeronave procedente de Acapulco, Guerrero, fueron detenidos junto con dos hombres nacidos en Sinaloa. Otras tres personas que también formaban parte de la tripulación habían logrado evitar el cerco militar, escapando misteriosamente con la ayuda de empleados de la terminal aérea usada exclusivamente para aterrizaje de aeronaves de carga y privadas. Uno de los sujetos que había logrado escapar en esa ocasión, de acuerdo con informes de la inteligencia castrense, era el operador del cártel de Juárez en Nuevo León, en ese entonces poco conocido en el ámbito local y nacional: Arturo Beltrán Leyva.

Tres días antes, el 13 de mayo, un comando de hombres armados con AK-47 había incursionado de madrugada con tácticas militares a las instalaciones del palenque de la Exposición Ganadera de Guadalupe, buscando a Edelio López Falcón, *el Yeyo*, quien era considerado el operador de los traficantes de Sinaloa en la región. Ahí se empezó a hablar de una entidad llamada Los Zetas. Los ataques aparatosos entre las bandas del narcotráfico empezaron ese día en Nuevo León, donde ocurrieron asesinatos impactantes como el del comandante Francisco Hernández en el bar Chagoyos, o el intento fallido el 31 de agosto de 2000 en contra de la abogada Raquenel Villanueva, pero nunca se habían registrado atentados en lugares públicos, algo que una década después, peligrosamente, se volvería normal en la mente de la mayoría.

Por ese entonces, Beltrán Leyva encabezaba la célula del cártel de Juárez, el grupo dominante en Nuevo León. El cártel del Golfo, a través de su entonces recién creado brazo armado Los Zetas, rompió una alianza tácita que mantenía con la organización juarense para permitir el trasiego de drogas por la zona. La decisión, motivada por factores como el del reforzamiento de la seguridad en la frontera estadounidense, había desatado un conflicto armado de baja intensidad entre ambas organizaciones delictivas. Nuevo León era uno de los frentes.

III

Cuando uno viaja en el mismo vehículo que los hombres encargados de cuidar la vida de Mauricio Fernández el cuerpo se pone alerta. Voy en una Suburban que está a la vanguardia del convoy del alcalde. Acabamos de salir del auditorio donde rindió protesta. El llavero del conductor tiene la imagen de un pequeño cristo que a veces, con el vaivén, choca con la AR-15 que tiene a un lado, cargada y lista para ser usada en cualquier instante.

La caravana avanza. Rebasa de manera espectacular, con rechinido y todo, a un Camaro amarillo. Después el convoy se pasa un semáforo en rojo para llevar al palacio municipal al alcalde recién asumido. En la camioneta en la que viajo, los escoltas llevan una maleta con cambios de ropa, latas de comida, cepillos de dientes y varias metralletas. La rutina de estos hombres será tan incierta a partir de hoy como la de su jefe Mauricio.

Cuando llegamos al palacio municipal fui el último en bajarse del vehículo protegido con blindaje nivel V, capaz de resistir hasta mil disparos de rifles militares a corta distancia. Tanto acero hace que abrir una simple puerta sea un acontecimiento en cámara lenta.

Mientras se desarrolla la sesión protocolaria de cabildo, algunos miembros del equipo del alcalde me confiesan en voz baja que tienen miedo. Dicen que quisieran tener la certeza de que no es demasiado peligroso lo que está haciendo su jefe, de que lo que dijo hace unos minutos en la toma de protesta no iba terminar provocando que un día entre al palacio un comando armado echando bala, o bien, que algún sicario lance una bomba contra el viejo edificio.

Al terminar el acto oficial entre bostezos generalizados, Mauricio va a comer a la Barra Antigua, un restaurante con los mejores tacos de ternera de la ciudad, donde ya lo esperan tres de sus hijos, quienes han venido del extranjero sólo para verlo en este día especial. Me invita a acompañarlos y una vez sentados en la mesa, uno de ellos le platica de sus mejoras para disparar el rifle. Otra hija es la que escapó de ser secuestrada hace un par de años y en este momento habla cariñosamente con su padre, mientras lo abraza una y otra vez. Luego aparece un asesor israelí que ayuda a Mauricio en temas de seguridad. El hombre apenas habla durante la comida. Sólo escucha, mira y come silenciosamente una orden de suculentos tacos de ternera.

Al cabo de una hora, y sin probar postre, Mauricio anuncia que iremos a la casa de Márgara, su madre, la cual, se dice en la ciudad, lo adora. Mauricio es el segundo de los hijos de la mujer que con más de ochenta años de edad es una de las grandes personalidades locales. Los otros hermanos de Mauricio son Alberto, el primogénito, ex presidente de la Confederación Patronal Mexicana (Coparmex); Balbina, quien hace poca vida pública; Alejandra, que pertenece a una corriente distinta a la de Mauricio dentro del Partido Acción Nacional (PAN), y Álvaro, el más joven, quien lo sustituyó como representante de la familia ante el consejo directivo del poderoso Grupo Alfa.

—¿Eres el consentido de tu mamá? —pregunto mientras vamos a las camionetas.

—Mi madre no es de consentimientos —contesta de tajo.

A los pocos minutos llegamos a la mansión de Márgara Garza Sada. Mauricio entra y los escoltas y yo esperamos afuera cerca de veinte minutos. Al salir, el alcalde recién asumido se ha quitado ya el saco negro y la corbata a rayas para andar sólo con una camiseta blanca y el pantalón negro del traje. Nos dice que iremos al Club Deportivo Cazadores a que su hijo dispare un rato. Tras llegar al lugar, los otros tiradores ponen cara de inquietud ante el imponente convoy, pero una vez que miran a Mauricio bajar de una de las camionetas todo vuelve a la calma. Uno de los hombres que está en el sitio, vestido con pantalón Wrangler, camisa colorida y botas vaqueras de piel de avestruz, le grita: "¡Ese mi alcalde, es usted un chingón!" Mauricio responde con una sonrisa y sigue caminando hasta una palapa, donde se pone orejeras para que no le lastime el sonido de las detonaciones. Ahí, su hijo saca de su estuche un rifle del tamaño de una boa y se alista para enseñarle a su padre la mejoría que ha tenido con el arma, durante sus prácticas en el extranjero. Pero un empleado del club llega a avisar que la máquina que lanza los blancos móviles se ha estropeado hace apenas un instante y que será imposible que el alcalde y su hijo la utilicen para practicar. "Chingado, hombre", se lamenta Mauricio y anuncia la retirada a su equipo de seguridad, el cual ya había montado un discreto perímetro de vigilancia alrededor de la palapa.

Atardece y Mauricio me invita a su mansión para que platiquemos con calma. Recorremos la colonia El Rosario, donde las casas tienen el tamaño de una manzana y se estima que en cada cochera hay un promedio de seis automóviles. Subimos por una calle sinuosa las laderas del cerro Chipinque, donde también hay viviendas pero en realidad habitan más ardillas que seres humanos. En la parte más alta queda La Milarca, la residencia del nuevo alcalde, quien tiene una fortuna valuada en ochocientos millones de dólares, según algunas revistas de negocios. Su hogar es una especie de castillo que se construyó hace veinte años a partir de unos hermosos techos mudéjar de los siglos XIII y XVI que habían pertenecido al estadounidense William Randolph Hearst, recordado contra su voluntad como *el Ciudadano Kane* de la película de Orson Welles. Jorge Loyzaga, arquitecto preferido de familias ricas de la ciudad, como los Junco de la Vega, dueños de los diarios *Reforma* y *El Norte*, se encargó del proyecto. Dentro de la mansión, llamada La Milarca en honor a un personaje de la literatura medieval, las colecciones de arte popular mexicano se entremezclan con el cráneo de un triceratops en la sala; una escultura de Rufino Tamayo, en el jardín, con cabezas humanas reducidas por jíbaros; una espada de Hernán Cortés; una pintura de Julio Galán con aerolitos que cayeron en Argentina, y una colección de mapas antiguos con la piel de un oso cazado por el propio Mauricio. El arquitecto japonés Tadao Ando, quien visitó este sitio hace unos años, le escribió semanas después a Mauricio una carta en la que le dijo que La Milarca es "una obra de arte".

—¿Cómo te ves a ti mismo? Muchos te perciben como el rico excéntrico —le digo, mientras nos sentamos a conversar.

—Yo me veo como yo soy. Cada vez he aprendido más a verme como a mí mismo, ya sin confrontarme.

—¿Por qué te gusta transgredir?

—No es que me guste eso.

—Hoy lo hiciste…

—Mira, yo por un rato batallé mucho para entenderme a mí mismo. No sé cómo decírtelo. Sentía que iba muy cruzado a las cosas, no en el camino. Pero luego también me empecé a dar cuenta de que tenía capacidad de cambiar cosas y que en realidad los que iban en la corriente eran una masa que nunca cambiaría nada.

La plática tiene lugar en la cocina de La Milarca. Entre los dos hay una botella de tequila reposado que conforme pasa el tiempo y las palabras se va quedando vacía. No hay nadie más en casa, salvo Frida, una mapache que hace un año llegó y se hizo la mascota preferida de Mauricio. De vez en cuando uno de los escoltas del alcalde, cargando su AR-15 como guitarra, se asoma por la ventana con discreción.

Mauricio habla con orgullo de sus hijos y de su paso por la vida. En algún momento le pregunto sobre sus experiencias como cazador en África, donde dice que una vez perdonó la vida a un león, ya que le pareció demasiado inocente. En cambio, cuenta a detalle cómo mató a un leopardo, a un hipopótamo, a una cebra y a un elefante. Me aconseja que si algún día trato de matar uno, además de valentía y buen tino, procure cargar con suerte.

"Fue maravillosa la primera vez que yo maté uno", dijo. Eran los sesenta y el Parque Nacional Tsavo, de Kenia, una de las congregaciones de elefantes más grandes que hay en el planeta, autorizó la cacería de estos tiernos mamíferos gigantes, a causa de una sobrepoblación que ponía en riesgo a las demás especies. Mauricio viajó para allá en cuanto supo. Acompañado por un asistente africano que le cargaba las municiones y el resto del equipo, anduvo de safari varios días hasta que dio con un paquidermo. Tras esconderse entre la vegetación durante varios minutos, Mauricio apuntó con su rifle .458 a los codillos del enorme animal y jaló el gatillo. El mamífero trastabilló herido, pero otros elefantes de la manada corrieron en estampida, cerca de donde él se escondía, y tirando ya el segundo y tercero y cuarto disparos.

"Si matas a un elefante puedes hacer muchas cosas en la vida. Yo, no tienes idea de cuántos elefantes he tenido que matar para poder ser yo mismo", filosofó.

Minutos después voy a la sala y veo los enormes colmillos de marfil del elefante keniano que Mauricio cazó.

IV

La tarde del 16 de agosto de 2001 San Pedro Garza García fue sede de una balacera que conmocionó a la metrópoli. Felipe de Jesús Mendívil, su esposa Olga Patricia y sus hijos menores de edad, Felipe Carlos y Felipe de Jesús, una familia de Sinaloa que vivía frente a la residencia de la hermana del entonces gobernador Fernando Canales Clariond, era perseguida a balazos por policías hasta ser capturada en el estacionamiento del hotel.

El jardinero de la familia, molesto con sus patrones porque no le pagaban, llamó ese día por la tarde a la policía local para denunciar que en la residencia de la familia sinaloense se registraban movimientos sospechosos. Los agentes fueron recibidos a balazos cuando llegaron, de acuerdo con lo que consta en expedientes oficiales. Tras la fuga y posterior detención, la policía local encontraría una montaña de billetes que en suma daban doce millones de dólares, así como un lote de joyas valuado en más de cincuenta millones de pesos. Las investigaciones que emprendió la Procuraduría General de la República (PGR) en los días siguientes determinaron que el dinero encontrado en la mansión sampetrina era del cártel de Juárez, la organización del narco que dominaba esos años "la plaza Nuevo León". La captura de Mendívil Ibarra, según esta indagatoria, había ayudado a conseguir más información de un narcotraficante de Sinaloa poco conocido entonces, pero con fuerte presencia en Nuevo León: Arturo Beltrán Leyva, quien trabajaba para el cártel de Juárez. Beltrán Leyva había llamado la atención de las autoridades unas semanas antes, luego de su increíble fuga de un operativo militar en el Aeropuerto del Norte, en Escobedo, Nuevo León, tras el aterrizaje de su avión particular procedente de Acapulco, Guerrero.

La otra referencia de Beltrán Leyva provenía de la Operación Marquís, iniciada en Estados Unidos en junio de 2001, en la cual se le señalaba como miembro del cártel de Juárez con presencia en Nuevo León, al igual que Eduardo Reséndez Muñoz, un doctor en economía del Tec de Monterrey, con estudios incluso en La Sorbona de París, que puso su mente brillante al servicio de la industria del narco y acabó años después muerto por un disparo en la frente en un automóvil Chevy encontrado en una colonia perdida de Monterrey.

En los meses siguientes, un testigo protegido de sobrenombre *César* revelaría los datos que faltaban para encuadrar la historia del misterioso Beltrán Leyva. De acuerdo con los testimonios hechos por el declarante, este personaje se había convertido en el principal representante de Joaquín *el Chapo* Guzmán mientras cumplía su condena en el penal de Puente Grande, de donde se fugó en enero de 2001, recién iniciado el gobierno de Vicente Fox Quesada.

Entre muchas otras actividades hechas poco antes del escape del *Chapo* Guzmán, Arturo Beltrán Leyva había realizado una importante operación de tráfico de drogas ilegales. Según *César*, logró transportar trece toneladas de cocaína en pipas de gas LP que pasaron por Nuevo León y fueron estacionadas un tiempo en San Fernando, Tamaulipas. A dichas declaraciones contenidas en el expediente penal 82/2001 se suman las de otro testigo protegido identificado como *Julio*, un ex mensajero entre Beltrán Leyva y *el Chapo Guzmán*, cuando este último aún se encontraba en la prisión de máxima seguridad de

Jalisco. "Arturo Beltrán es primo lejano de Joaquín Guzmán. Beltrán es quien inició en el negocio de la cocaína al *Chapo*. Él me lo dijo una vez que fui a pedir dinero de parte del *Chapo* a Querétaro, entre 1995 y 1996". En ese entonces, Beltrán Leyva vivía en la colonia Cimatorio de Querétaro. Un par de años después escogería San Pedro Garza García como su nuevo lugar de residencia.

V

Mauricio Fernández Garza estaba por cumplir sesenta años el 13 de abril de 2010. Es hijo de Alberto Fernández Ruiloba, quien falleció en 2005. Su padre fue un industrial que consolidó una empresa de pigmentos y óxidos. También fue miembro fundador del PAN en Nuevo León, pero carecía de un apellido con el mismo abolengo que el de la rama materna de Mauricio.

El abuelo del alcalde fue Roberto Garza Sada. Junto con su hermano Eugenio era el capitán de la industria de Nuevo León. El abuelo Roberto también fue uno de los primeros ricos que abandonó la vieja colonia Obispado, ubicada en un cerro del corazón regio donde vivieron las familias más prósperas desde el siglo XIX, para luego trasladarse a San Pedro Garza García, un sitio al pie de la imponente Sierra Madre Occidental. Ahí los millonarios locales compraron enormes extensiones de tierra y construyeron su utópica ciudad durante los últimos cuarenta años.

En los años sesenta Mauricio acompañaba a su abuelo Roberto a excursiones al cerro boscoso de Chipinque, lo mismo que viajaba con él a la Ciudad de México para visitar la tienda de antigüedades La Granja, donde a los doce años compró unas licoreras alemanas rojas del siglo XIX con animales grabados. Éstas fueron las primeras manifestaciones de una afición de coleccionista que mantiene hasta la fecha y que lo ha llevado a fundar tres museos donde exhibe algunos de sus objetos. Su madre, Márgara Garza Sada, también ha tenido una relación intensa con el mundo del arte; fue mecenas del Museo Franz Mayer y del Rufino Tamayo.

De su padre, en cambio, aprendió el gusto por la política. Cada vez que se llevaban a cabo elecciones en Nuevo León, durante la era del Partido Revolucionario Institucional (PRI), Alberto Fernández Ruiloba era el único panista que podía vigilar aquellos comicios ficticios gracias a una acreditación expedida por la Secretaría de Gobernación. En una ocasión, cuando Mauricio tenía trece años y acompañaba a su padre a supervisar la instalación de una casilla en San Pedro Garza García, ambos notaron que, aunque apenas pasaban de las ocho de la mañana, dos urnas ya estaban llenas de votos. Mientras su papá discutía con los funcionarios electorales sobre el improbable suceso, Mauricio tomaba fotos a la paquetería electoral, evidentemente manipulada. La discusión en la casilla acabó a golpes y Mauricio salió volando de un aventón que le dieron los porros priistas, luego de destruir su cámara fotográfica. "Yo me inicié en la política así, volando y entre aventones. Y así sigo", se jacta.

Otra de las aficiones inculcadas por su padre fue la de disparar armas de fuego. Durante las cacerías de animales organizadas por su familia en los linderos del cerro de Chipinque aprendió a tirar con una increíble precisión. Quienes lo conocieron en la década de los sesenta recuerdan que Rodrigo Bremer, su mejor amigo de la infancia, sostenía con su cabeza botellas de vidrio o ampolletas medicinales que volaban con los balazos que salían del revólver calibre .38, favorito de Mauricio a los diez años de edad.

Mauricio cuenta que en los días de adolescencia, sin que sus padres lo supieran, llevó más lejos su gusto por las armas y comenzó a revender pistolas entre los agentes de San Pedro Garza García. "Creo que a los doce años yo era el abastecedor de armas de la policía de aquí", dice. Cuando los uniformados terminaban sus rondas en lo que antes era un tranquilo poblado donde sólo había dos cantinas y un prostíbulo, pasaban por él para irse a cazar liebres a parajes silvestres que hoy son predios en los que el metro cuadrado cuesta hasta ochocientos dólares.

Durante aquellos años Mauricio se recuerda a sí mismo como "un guerrillero que salía a escondidas por la ventana de la casa, con escopeta y pistolas", para sentarse en el cofre delantero de un *Jeep* de la familia a esperar a que llegaran sus amigos policías. Adolescente precoz, casi estaba preparado para ir a una guerra: sabía usar ballestas, cuchillos, hachas, rifles y las ametralladoras de la época.

Ya desde entonces, Mauricio causaba controversia. "Había amigos míos a los que sus mamás no dejaban salir conmigo porque decían que yo estaba loco", recuerda entre risas.

Tras estudiar ingeniería industrial en la Universidad de Purdue, en Indiana, Estados Unidos, Mauricio Fernández Garza volvió a México y se casó con Norma Zambrano, integrante de otra de las familias adineradas de la ciudad. Para muchos en San Pedro Garza García eran la pareja ideal. A principios de los años setenta ambos se fueron a vivir a la Ciudad de México. En la capital del país, a Mauricio le gustaba ir a la Lagunilla a buscar objetos curiosos; también visitaba regularmente Morelia, Michoacán, donde conoció a un artista llamado Juan Torres, quien tenía una especie de casamuseo en Capula, la cual lo inspiró en parte para construir, años después, La Milarca.

Durante esa época, Mauricio se fogueó en el mundo empresarial para asumir en los años ochenta la dirección general del proyecto Casolar del Grupo Alfa, el cual se encargó del desarrollo de varias zonas del país, como Las Hadas, en Manzanillo, Colima. Aunque algunos empresarios afirman que Casolar fue un fracaso, Mauricio sostiene que en su momento "fue calificado como uno de los mejores proyectos inmobiliarios del mundo, aunque ahorita otra vez no vale nada". Lo cierto es que, en 1994, Mauricio tuvo posibilidades de ser el presidente del Grupo Alfa, el consorcio del que proviene la mayor parte de la fortuna familiar, junto con Cemex, compañía en la cual también tienen acciones. Ese año su primo Dionisio Garza

Medina y él fueron los candidatos que se manejaban para asumir la presidencia y la dirección general del corporativo, pero —según Mauricio— decidió declinar.

—¿Por qué renunciaste a esa posibilidad?

—Porque yo pensé que Alfa necesitaba una sola cabeza, que lo mejor era que se conjuntara la dirección en una sola presidencia. Entonces yo hice una propuesta, y bueno, toda la familia me la compró.

Durante aquel periodo Mauricio ya había ingresado a la política como alcalde de San Pedro. Sus tres años de gobierno aún son recordados por amigos y enemigos, como los mejores en la historia de la ciudad. Abrió calles y las convirtió en amplias calzadas arboladas que son un orgullo local. Llevó servicios públicos a las desordenadas colonias de posesionarios y redujo los indicadores de pobreza; pero sobre todo, consolidó las condiciones para que San Pedro Garza García se convirtiera no sólo en el lugar de residencia de los ricos del norte del país, sino también en la sede de una veintena de corporativos financieros.

En lugar de la presidencia del poderoso Grupo Alfa, tres años después Mauricio buscó la candidatura del PAN al gobierno de Nuevo León, pero la perdió frente a Fernando Canales Clariond, el primer mandatario neoleonés panista en la historia. Como no fue el candidato de su partido a la gubernatura, ese mismo año se postuló para senador y ocupó una curul entre 1997 y 2003. Allí presidió la Comisión de Cultura y se hizo famoso por sus corbatas de Mickey Mouse. También protagonizó una pelea pública con Felipe Calderón, entonces líder nacional del PAN, quien había emprendido una campaña para buscar, por supuesta ineficiencia, la destitución del gobernador del Banco de México, Guillermo Ortiz, a la fecha amigo de Mauricio Fernández. A finales de los años noventa firmó y pagó para su publicación un desplegado de apoyo a Ortiz, además de que encaró a Calderón, diciéndole: "Estoy dispuesto hasta renunciar al partido si no se me permite discrepar".

En general, no parecen ser buenos los recuerdos que tiene Mauricio de su experiencia legislativa y de las decisiones cupulares que, dice, ahí se dieron.

En el Senado sí veías unas cargadas, para mí, muy cuesta arriba. Son grupos colegiados que, de veras, para como se toman las decisiones, mejor que dejen a dos o tres senadores nada más y a dos o tres diputados de cada partido, y ya. Así nos ahorraremos bastantes millones que mucha falta le hacen a la patria.

En 2003 volvió a buscar la gubernatura de Nuevo León. Esta vez sí consiguió ser el candidato de su partido, pero perdió en la contienda frente a su amigo el priista Natividad González Parás. Días antes de que iniciaran esos comicios, un grupo de emisarios del cártel de Sinaloa se presentaron ante él, en su oficina de Los Soles, para ofrecerle velices llenos de dinero para su campaña a cambio de que, si ganaba las elecciones, ignorara el tráfico de drogas en el estado. Años después, en una entrevista que me concedió para *Milenio Diario de Monterrey*, me relataría este suceso y provocaría con ello uno de sus habituales escándalos en los medios de comunicación locales.

Tras la derrota en la contienda electoral de 2003, Mauricio se fue de pesca a Alaska y al volver anunció que se retiraría de la política para dedicarse a sus museos, patronatos culturales, así como a administrar sus empresas, una de ellas de puros, que le granjeó buenas relaciones en Cuba, incluso con Fidel Castro. Se convirtió también en uno de los activos promotores del Fórum de las Culturas que se celebró en 2007 en la ciudad, para el cual convenció a su amigo el pintor oaxaqueño Francisco Toledo de que hiciera una escultura urbana de *La lagartera*, una de sus piezas más famosas.

Durante ese tiempo, además de separarse de su esposa Norma, dos hechos familiares causaron un gran impacto en su vida. El primero ocurrió el 15 de septiembre de 2006, cuando se desplomó en Toluca la avioneta en la cual viajaba Martel, su hijo de dieciocho años junto con otros cuatro jóvenes. El segundo fue el intento de secuestro de su hija Milarca, en 2008, quien logró escapar de manera sorprendente gracias a las lecciones antisecuestro que había recibido años atrás por asesores israelíes. Este último suceso, según me dijo, fue definitivo para que volviera a la política y quedara en el ojo del huracán del narcotráfico que vive la región.

VI

A Arturo Beltrán Leyva le gustaba decirle *Richie* a Ricardo Tamez Alanís, cuando se citaban en San Pedro Garza García para decidir la forma en la que ingresarían toneladas y toneladas de cocaína a Estados Unidos durante los meses siguientes. *Richie* era un regiomontano que a los cuarenta años de edad se convirtió en uno de los principales enlaces del cártel de Sinaloa con los cárteles de la droga de Colombia.

Pero, como suele suceder en el mundo del narco, cuando los ascensos son tan rápidos, las bajas suelen ser aún más veloces.

Hasta junio de 2004, tras ser detenido en el Distrito Federal por un grupo especial de agentes de la Procuraduría General de la República (PGR), *Richie* dirigió para los Beltrán Leyva el envío de cargamentos de cocaína trabajada en el Putumayo colombiano, con destino final las calles de Mahathan, en Nueva York, vía Nuevo León y el estado de Texas. Dos hermanos que sucedieron a Pablo Escobar en el reinado de las drogas, Víctor Manuel y Miguel Ángel Mejía Munera, conocidos como *los Mellizos*, eran los proveedores que *Richie* tenía en el sur del continente.

Dentro del expediente PGR/SIEDO/UEIDCS/041/2004, del Juzgado Noveno de Distrito de Procesos Penales Federales en el Distrito Federal, se encuentra un reporte confidencial sobre los movimientos de este hombre con familia en Santiago, Nuevo León, y que contaba con treinta y nueve años al momento de su detención. Revela que fue detectado por primera vez en mayo de 2003 cuando viajó a Panamá junto con Juan Pablo López Rojas, un operador colombiano apodado *el Halcón*. En esa ocasión, de acuerdo con el documento consultado, ambos acudieron a una fiesta privada en el *penthouse* de un lujoso hotel de Panamá City, en la cual debían establecer contacto con Mauricio Jaramillo, representante del cártel colombiano de *los Mellizos*. Tras encontrarse esa noche, al día siguiente los tres se reunieron y empezaron a establecer una nueva red internacional de tráfico de estupefacientes.

La ruta trasnacional comenzaba en el puerto colombiano de San Buenaventura (sobre el cual canta un vallenato el gran Celso Piña), donde desembarcaba la nave con la mercancía. El barco y el cargamento atracaban días después en Guerrero, donde era recibido y enviado vía terrestre a la Ciudad de México en primera instancia. Ahí, *el Halcón* revisaba la mercancía y la remitía a Monterrey, en donde *Richie* tenía la misión de camuflarla en tráileres, camiones y remolques, con el fin de poderla cruzar por Nuevo Laredo, Tamaulipas, y de ahí hasta Nueva York.

La detención de *Richie* fue determinante para Titán, el nombre que recibió una operación secreta realizada por agencias de Estados Unidos, México y Colombia para minar la fuerza de los Beltrán Leyva y la de *los Mellizos* en Colombia. En 2009, luego de ser detenidos en el país sudamericano Víctor y su hermano Miguel Ángel Mejía Munera, comenzaron a conocerse más detalles de su forma de operación. Según el testimonio de uno de sus principales operadores, *los Mellizos* en asociación con los Beltrán Leyva querían un ejército propio, instruido por oficiales rusos, y andaban buscando comprar un avión Antonov para transportar la droga a países tan remotos en el mapa como Albania.

VII

Héctor *el Negro* Saldaña era un testaferro de los Beltrán Leyva y Los Zetas, grupos que en 2008 se aliaron para enfrentar al cártel de Sinaloa. Quienes lo vieron entrar a restaurantes y discotecas lo describen como un hombre con cuerpo de jugador de futbol americano, que parecía medir casi dos metros y se desplazaba en un Lamborghini Murciélago amarillo, que ni siquiera para los parámetros de una ciudad rica como San Pedro pasaba desapercibido. El aviso "Nos reservamos el derecho de admisión" solía cumplirse a carta cabal hasta la aparición de Saldaña y su banda, la cual, además de armar escándalos, cobraba cuotas periódicas para "garantizar" la seguridad de los exclusivos lugares.

La carrera delictiva de Saldaña había sido meteórica en los últimos dos años. Tras comenzar en la década de los noventa como ladrón de automóviles con la protección de la policía judicial estatal, donde fue *madrina*, se había consolidado como uno de los tantos jefes a nivel medio del crimen organizado en el área metropolitana de Monterrey. El 9 de enero de 2007 fue capturado por la desaparecida Agencia Federal de Investigación (AFI), acusado de distribuir cocaína en los bares del centro de Monterrey, pero una polémica decisión de un juez lo dejó en libertad al poco tiempo. Como en 1997 y 2004, cuando sobrevivió a sendos atentados en su contra, la suerte había estado de su lado.

Sin embargo, la buena racha se le acabó el 29 de octubre de 2009. Ese día murió según la autopsia practicada por el Servicio Médico Forense (Semefo), aunque fue dos días después cuando su cadáver, el de su hermano Alan y el de otras dos personas, aparecieron en una camioneta Equinox estacionada en la calle Sóstenes Rocha, de la delegación Miguel Hidalgo del Distrito Federal. Sobre los cuerpos, encontrados tiesos como el cuero por un comandante de la policía judicial capitalina, habían sido colocadas dos cartulinas. Una decía: "Job 38:15", y la otra: "Por secuestradores, atte el jefe de jefes". Según reportes de la Secretaría de Seguridad Pública Federal, *el Jefe de Jefes* es el alias de Arturo Beltrán Leyva, el capo para el que supuestamente trabajaba Héctor *el Negro* Saldaña antes de ser ejecutado.

Arturo Beltrán Leyva y sus hermanos son oriundos de Sinaloa, y en 2007 se separaron de la organización dirigida por Joaquín *el Chapo* Guzmán para montar su propio cártel. Según reportes de inteligencia federal, la familia Beltrán Leyva ha conseguido un pacto de convivencia con Los Zetas, a fin de operar en San Pedro Garza García y dejarle al brazo armado del cártel del Golfo el control del resto de las ciudades del noreste del país, lo cual incluye Nuevo León, Tamaulipas y Coahuila.

A Mauricio se le ha señalado públicamente por una supuesta relación con Arturo Beltrán Leyva. Un ex jefe de policía local me dijo que si esto fuera cierto, el alcalde estaría jugando con fuego. Según él, los narcos, después de hacer pactos, son tan silenciosos como buitres. Esperan su momento. Son siluetas con voz, un gobierno en la sombra. Todo indica, en las historias de mafia, que una vez dentro es imposible retirarse a tiempo.

Mauricio rechaza que él sea un mafioso. Afirma que Tatiana Clouthier, su antigua aliada política y amiga personal, buscó a diversos magnates de la ciudad, los del mítico nombre de El Grupo de los Diez, para acusarlo de narco. "Ella [Tatiana] pensó que yo estaba coludido y fue con los empresarios de aquí a decírselos. Le dijo a gente de la IP [iniciativa privada] que yo era el brazo político de los Beltrán Leyva, y ellos le dijeron que si alguien no está coludido con el narco soy yo, que me dejara trabajar, porque yo era el único que los podía sacar de donde estamos en San Pedro."

VIII

No es la primera vez que se especula que empresarios de San Pedro Garza García tienen escuadrones de la muerte a su servicio. El 17 de septiembre de 1973 fue asesinado Eugenio Garza Sada, tío abuelo de Mauricio Fernández y uno de los empresarios más importantes del país. Un grupo de jóvenes guerrilleros de la Liga Comunista 23 de Septiembre trataba de secuestrarlo, pero Garza Sada, su escolta y chofer iban armados y respondieron a la agresión. Al final de la balacera habían muerto un guerrillero, los dos empleados y el empresario, presidente de la Cervecería Cuauhtémoc.

El asesinato conmocionó a la ciudad. Los industriales locales insultaron al presidente Luis Echeverría cuando se hizo presente en los funerales del magnate. Aunque el entonces Ejecutivo federal emprendió como ningún otro mandatario moderno una cacería contra la guerrilla de los años setenta, en su discurso pseudorrevolucionario solía insinuar diversas críticas contra los burgueses de Nuevo León, quienes a su vez lo cuestionaban por el manejo populista de la economía nacional.

La muerte de Garza Sada endureció el sentimiento antigobiernista que circulaba en el empresariado local y pronto empezaron a aparecer cadáveres de jóvenes guerrilleros que no necesariamente eran asesinados por la Dirección Federal de Seguridad (DFS).

Para tratar de documentar la existencia de estos grupos, conseguí hace unos años que Manuel Saldaña, un hombre clave de entonces, me diera una entrevista. Tras muchos intentos nos vimos en el Nuevo Brasil, entre canciones de Joaquín Sabina y el sonido de las rotativas del periódico *El Norte*, que se encuentra a un lado de la céntrica cafetería. Saldaña había sido en esos años agente infiltrado de la DFS en la Liga Comunista 23 de Septiembre, aunque al final terminó ayudando a los guerrilleros. De acuerdo con él, sus reportes confidenciales eran entregados por igual a la DFS, la policía judicial del estado y a un departamento de inteligencia creado por los empresarios locales que operaba en las instalaciones de la Cervecería Cuauhtémoc. Quienes se encargaban de estas tareas, según Saldaña, eran Fernando Garza Guzmán, por la policía judicial; Ricardo Mundell, por la DFS; y Adrián Santos, por parte de los empresarios neoleoneses. "Los empresarios tenían su cuerpo de inteligencia y poseían una red igual a la de la DFS", dijo Saldaña.

Tras la muerte de Garza Sada, llegó a la ciudad Salvador del Toro Rosales, a quien se le conoció como el *Fiscal de Hierro* por la feroz persecución de guerrilleros. Antes de morir, este hombre me concedió una entrevista en la cual estuvo presente Héctor Benavides, uno de los periodistas más respetados de Nuevo León. En esa ocasión, Del Toro Rosales me confirmó la creación de los escuadrones de la muerte. La génesis de éstos, según él, fue la siguiente:

> Dos o tres años antes del secuestro del señor Eugenio Garza Sada, se tenía conocimiento de la existencia de diversos grupos subversivos que operaban en distintas partes del país; se sabía también que esos grupos cometían "expropiaciones", como ellos le llamaban a los asaltos bancarios y secuestros de personas, con la finalidad de tener recursos con los cuales financiar su movimiento y la compra de armas. Entonces, toda aquella gente adinerada, como es el caso de don Eugenio [Garza Sada], eran candidatos a ser secuestrados sin necesidad de que el gobierno les avisara de esa situación. Muchos acaudalados hombres de empresa tomaron sus precauciones y fue cuando empezaron a nacer esos grupos de guardias personales.

La investigadora Ángeles Magdaleno me compartió un gran hallazgo que hizo en el Archivo General de la Nación (AGN). Se trata de un documento oficial desclasificado que contiene la declaración hecha por el cubano Juan Carlos Corbea ante la Dirección de Seguridad Pública de Veracruz, en febrero de 1963, la cual se acompaña de una nota para el secretario de Gobernación, Gustavo Díaz Ordaz, en la que se le informa que un grupo de empresarios de Monterrey financiaba un pequeño ejército que tenía como fin volver a Cuba y derrocar al naciente gobierno de Fidel Castro.

La declaración, escrita en papel membretado, dice:

> Respecto a sus actividades en el país y de los campos de entrenamiento para cubanos anticastristas […] que en el estado de Tabasco se encuentra ubicado el campo de entrenamiento en el lugar denominado MAL PASO al que se llega entrando por Cárdenas, a donde se encontraban como 400 cubanos a quienes cada mes les llevaba medicinas, zapatos y ropa que donaban en Monterrey algunas personas por conducto del Lic. Ricardo Margáin SUSAYA [sic], de la Asociación de

Padres de Familia y le proporcionaban quinientos mil pesos cada mes, de lo que tomaba para gastos [...] Margaín, edificio del Banco Industrial, ubicado en calle de Juárez en Monterrey, N. L.

Margaín Zozaya es el padre de Fernando Margaín Berlanga, el alcalde que le entregó el gobierno de San Pedro Garza García a Mauricio Fernández Garza el 31 de octubre de 2009.

IX

Conocí a Mauricio Fernández Garza diez años antes de que se convirtiera en un *enfant terrible* de la vida pública nacional. Cuando yo trabajaba en una estación llamada Radio Alegría, a la par que estudiaba periodismo en la Universidad Autónoma de Nuevo León, Mauricio ya era un heterodoxo de la política.

Junto con Tatiana Clouthier me parece que es el político de Nuevo León más interesante que he conocido en persona aunque, a la vez, el más enigmático. Su brutal franqueza, inusual en un mundo donde el lugar común se prodiga y los reporteros lo repetimos como ecos amaestrados, así como su genio desparpajado para emprender proyectos en apariencia imposibles lo convierten en alguien poderosamente atractivo, complejo y riesgoso a la mirada periodística. Quizá por eso pienso en Mauricio como crisol de Monterrey. Relatarlo a él, me parece, es relatar lo que es en parte mi tierra natal y sus peculiares contradicciones.

A finales de agosto de 2009, previendo que su gestión en la alcaldía seguramente daría mucho de qué hablar, le llamé por teléfono para plantearle la posibilidad de escribir un texto sobre él.

—Quiero hacer un perfil tuyo —planteé.

—Pero no tengo mucho dinero ahorita —respondió con desgano.

—Con que no nos cobres está bien —le dije riendo.

—¿Cuándo quieres que nos veamos? —preguntó seco.

Cuando tuvimos la primera entrevista en su despacho privado del edificio Los Soles, un laberinto de oficinas inmobiliarias, fiscales y de abogados donde se concentra buena parte del poder privado, me dijo que mandaría a su familia fuera del país, ya que su proyecto de "blindaje", además de implicar el brincarse trancas legales, era algo riesgoso.

Durante los últimos seis años las extorsiones de la mafia a negocios y a profesionistas, ya comunes en muchos lugares del país, empezaban a acechar también a San Pedro Garza García. Para nadie es un secreto que en los otros siete municipios que conforman el área metropolitana de Monterrey grupos de hombres armados y protegidos por Los Zetas o la organización de los hermanos Beltrán Leyva cobran cuotas periódicas a empresas, comercios informales y profesionistas.

Ante tal panorama, Mauricio, quien considera que la criminalización de las drogas ha provocado el aumento de otros delitos, me decía que tenía que enviar un mensaje fuerte a los pequeños grupos delictivos para que no aprovecharan el poder de los grandes cárteles del narco y realizaran por su cuenta extorsiones, secuestros y robos. "Siento que San Pedro es el que más o menos la libra en el área metropolitana, pero lo demás sí está muy complicado."

Mauricio aseguraba estar consciente de que un lugar como San Pedro Garza García tiene condiciones únicas gracias a su inmejorable ingreso *per cápita*, pero que estas condiciones "había que resaltarlas", aunque tal cosa provocara que "al ser el municipio más seguro de México, *el Chapo* Guzmán, o cualquiera de ellos, va a querer venirse a vivir aquí. No se van a ir al más inseguro".

"Ante eso, ¿yo como alcalde a qué le debo de tirar? —se preguntaba—. Pues a tener el municipio más seguro, ésa es mi chamba. Si eso provoca que venga esta gente, pues ahí están las instancias federales correspondientes para buscarlos."

Para su cruzada contra las extorsiones y el secuestro, Mauricio me dijo también que contaba con el apoyo de los empresarios más importantes de San Pedro Garza García, así como con el respaldo de un hombre clave en la inteligencia del país: Jorge Tello Peón, ex director del Centro de Investigación y Seguridad Nacional (Cisen), quien vivió varios años en esta ciudad, donde trabajaba como encargado de seguridad del Grupo Cemex antes de convertirse en asesor del presidente Felipe Calderón en asuntos de seguridad nacional.

Mientras charlábamos en su oficina Mauricio interrumpió la conversación un par de veces. La primera para atender a un artesano de San Luis Potosí que lo visitaba para pedirle apoyo económico con el fin de montar una feria de arte popular; la segunda, cuando llegó un alto directivo de TV Azteca con quien se reunió diez minutos en otra oficina del despacho.

—¿Y si te desaforan? —le pregunté cuando volvió.

—¿Quién me va a desaforar?

—Pues la gente que se inconforme con lo que hagas.

—¿Y quién sabe qué estoy haciendo? Yo te voy a decir que voy a hacer cosas, pero no te voy a decir al detalle. Y además, ¿quién me va a acusar si estoy haciendo qué? No creo que el propio crimen organizado diga: "Hey, mira, el alcalde tiene un sistema de inteligencia y me anda espiando".

—Entonces, ¿para qué andar amagando que habrá comandos rudos y limpiezas?

—Cuando hablas de estos temas de blindajes tú confrontas los problemas. Estos temas son tan complejos que yo los confronto con la gente. Así soy. Debo decirle a la ciudadanía: "Miren, así está el huato, y así está el rollo, y ésta es la tarea. Y si queremos arreglar esto, tenemos que hacer un blindaje que requiere esto", y esto es lo que yo haré, y vamos a limpiar esta ciudad. A lo mejor no te digo al detalle cómo, pero de que la vamos a limpiar, la vamos a limpiar, de eso no hay duda.

IX

El anuncio que hizo Mauricio en su toma de protesta sobre la muerte del *Negro* Saldaña generó discusión en el ámbito nacional durante los días siguientes. Raymundo Riva Palacio, en su columna "Eje Central", lo definió como "El llanero solitario" y aseguró que Mauricio, "respaldado en lazos sanguíneos, poder económico y político, se siente lo suficientemente protegido". En un artículo publicado por el diario *Reforma* bajo el título "¿Escuadrones de la muerte?", Miguel Ángel Granados Chapa advirtió que "mediante escuadrones de la muerte parecería que la sociedad se hace justicia a sí misma, al margen del Estado. Es clara la barbarie que eso implica porque los asesinos organizados hoy matan a presuntos delincuentes pero mañana pueden actuar contra usted".

En medio del escándalo desatado me entrevisté con un antiguo amigo de Mauricio que supo que yo elaboraba un perfil sobre él. Quería contarme que Mauricio ya no era el mismo de antes, aquel que había cautivado a la metrópoli por su franqueza para hacer política y por los aires liberales con los que se movía. Según él, Mauricio, aunque no lo reconociera, estaba derrumbado íntimamente a causa de sus tragedias familiares y conducía a un errante fin su paso triunfal por la vida pública de Nuevo León. Durante una cena, me aseguró que le dijo: "Mauricio, cuando ya no nos queda inspiración, es mejor dejar de inspirar". Pero el alcalde ni siquiera se dio por enterado.

Tatiana Clouthier, vecina de San Pedro Garza García e hija del *Maquío*, uno de los iconos del panismo, me recibió un domingo en la mañana en su casa, donde se curaba de una tos. Mientras charlábamos, organizaba también el día de descanso de sus hijos más pequeños. Madre de familia de grandes ojos azules que corre maratones y enarbola causas ciudadanas, me dijo que hasta hace un par de años había sido una "mauricista de hueso colorado".

El desencanto que le provocó Mauricio a Tatiana se hizo evidente a mediados de 2009, cuando, con el Partido Nueva Alianza (Panal), Tatiana compitió con él por la alcaldía de San Pedro Garza García y llegó a denunciarlo ante las autoridades por unas grabaciones reveladas por la revista electrónica *Reporte Índigo*, en las cuales Mauricio hablaba sobre la presencia del cártel de los Beltrán Leyva en la ciudad.

De acuerdo con Tatiana, meses antes de los comicios, fue a avisarle a Mauricio que buscaría la alcaldía. En su oficina de Los Soles, éste le respondió que él también lo haría porque ya no tenía nada que hacer en la vida, porque se había querido regresar a su casa, "y se dio cuenta de que no tenía familia", le dijo, según Tatiana.

Cuando le pregunté sobre la supuesta visita a los empresarios para advertirles que Mauricio estaba ligado con los narcos, Tatiana me contestó que tal cosa era falsa, que realmente no tenía acceso a la mayoría de los principales empresarios conocidos como El Grupo de los Diez y que sus denuncias contra Mauricio siempre fueron públicas. Ese día que hablamos Tatiana estaba preocupada por la euforia que provocó el discurso de Mauricio.

Mucha gente es cortoplacista. Celebra lo que dijo Mauricio pero no vemos lo que está pasando ahorita. El procurador debería actuar porque si el Estado permite la violación a los derechos, entonces la ley se cumple al antojo del gobernante. Y al rato, si hay un litigio con el gobernante, ponle Mauricio o ponle el que sea, él va a resolver las cosas como quiera.

Para Tatiana, más que la inseguridad, lo que ha aumentado en San Pedro Garza García durante los últimos meses ha sido la psicosis, gracias a mensajes electrónicos y llamadas telefónicas de extorsionadores. "Hace poco hablaron a la casa de un vecino y contestó su hijo; le dijeron que tenían secuestrados a sus hijos. El niño les respondió: "Yo no tengo hijos, soy niño", cuenta. Sin embargo, también reconoce estar enterada de algunos secuestros recientes, como el de un yerno de Gustavo Valdés Madero, uno de los santones del panismo local.

Felipe Calderón debería impedir que sigan sucediendo cosas extrañas en San Pedro Garza García, considera esta mujer que renunció al PAN en 2005. Sin embargo, ve complicado que tal cosa ocurra, ya que cuando el actual presidente renunció a la Secretaría de Energía en 2004, Alejandra Fernández Garza, hermana de Mauricio y consejera panista local, se encargó de pasar la charola entre los empresarios locales para seguirle dando un sueldo a Calderón, quien tras su renuncia se había quedado sin ingresos y tenía pendiente el pago de la mensualidad de su casa.

Durante las casi dos horas en las que charlamos, Tatiana estuvo recordando su participación en diversas campañas políticas, siempre al lado de Mauricio, a quien veía como uno de los políticos más visionarios. "Pero Mauricio ya no es el mismo de antes. Desde la segunda campaña por la gubernatura, comenzó a tener una descomposición y ahora nada más mira quiénes son sus amigos", insistió para luego revelarme los nombres de esos amigos: los ex gobernadores del PRI Natividad González Parás y Jorge Treviño, así como Rogelio Cerda, un antiguo secretario de Gobierno, luego diputado federal, que fue señalado públicamente por supuestas ligas con el narco. "Mauricio está mal en muchos sentidos. Hace unos días vino un periodista y me comentó que le pidió la entrevista y le dijo: 'No te la puedo dar porque ando ahogado'. Yo había sido mauricista y la verdad es que me duele… Creo que ahora Mauricio quiere ser inmolado."

La campaña que lanzó al llegar a la alcaldía para realizar justicia por las buenas o por las malas en contra de secuestradores y extorsionadores puede acabar en tragedia, considera Tatiana, quien asegura que hace unos meses un grupo de vecinos contrató a un matón para que acabara con un asiduo ladrón de su barrio. "Todo esto que está pasando es consecuencia de que con el gobierno de Natividad González Parás quedó la sensación de que la justicia no se impartía en los tribunales, sino en algunos influyentes despachos de abogados."

X

El sábado 7 de noviembre de 2009, exactamente una semana después de su toma de protesta, volví a La Milarca. El alcalde estaba contento, satisfecho con lo que había provocado. No parecían importarle demasiado las críticas de los analistas nacionales y resaltaba el apoyo recibido en *blogs*, Facebook, Twitter y cartas que le llegaron en los días recientes. Parecía un chico divertido que entre pose y pose, frente al fotógrafo de *Gatopardo*, llamaba en su jardín a Frida, su inseparable mapacha, que había desaparecido repentinamente. Ya luego, en la sala de la casa, justo cuando se colocaban junto a unas catrinas tamaño natural, uno de sus escoltas apareció detrás de Frida, la cual había atorado su cola en una puerta y ahora entraba de manera triunfal a la residencia.

—Dicen que estás loco —le comenté de repente.

—Pues normal, normal, no soy —respondió con una ligera sonrisa.

Mauricio me explicó que todo lo que había sucedido en la semana estaba calculado. "Mira, ya lancé el granadazo para dar una sacudida a esto y para que nos pongamos a repensar el tema de la seguridad."

Sin embargo, dos días después de que nos vimos, durante una gira del presidente Felipe Calderón por la ciudad, vi de lejos cómo cambiaba el semblante de Mauricio cuando el mandatario, sin nombrarlo, lanzaba un claro mensaje contra él: nadie podía estar por encima de la ley. Mauricio estaba sentado a un lado del general Cuauhtémoc Antúnez, comandante de la Séptima Zona Militar, quien antes de que hablara el presidente Calderón se acercaría a externarle: "Qué bueno que hizo lo que hizo, porque despertó conciencias", pero después, durante una reunión privada con alcaldes, disparó un dardo contra Mauricio al asegurar que los soldados no eran matones, sino una instancia indicada con capacidad jurídica para enfrentar los problemas de delincuencia, "algo que no se resuelve con un grupo que actúa fuera de la ley".

Al siguiente día supe que Mauricio había sido citado a declarar ante la Procuraduría General de la República (PGR) por la muerte de Héctor *el Negro* Saldaña, mientras yo revisaba unas fotografías de distintas ocasiones de su vida en su despacho ubicado en el edificio de Los Soles. En algún momento de la mañana, la secretaria privada del alcalde hizo una mueca de asombro tras atender una llamada telefónica. Una señora se había comunicado para preguntar a qué número de cuenta bancaria podía realizar un depósito para apoyar la creación del comando rudo que Mauricio andaba promoviendo para blindar a San Pedro Garza García de los secuestros y las extorsiones de Los Zetas.

3

¿Por qué mataron al alcalde?

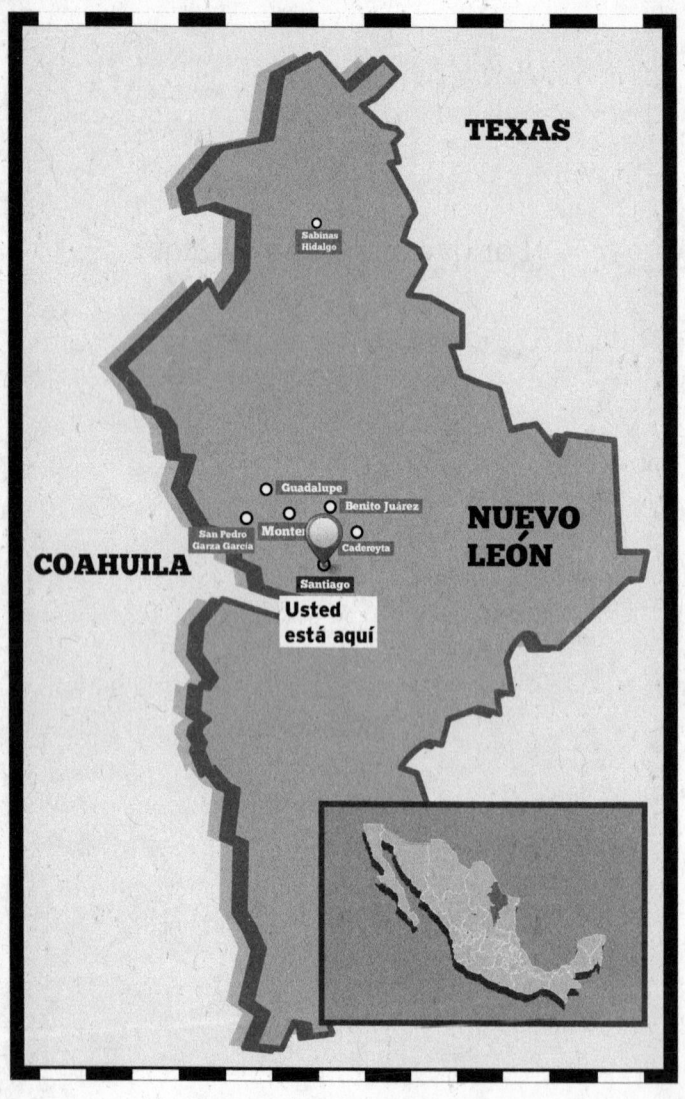

TEXAS

Sabinas
Hidalgo

Guadalupe
Benito Juárez
San Pedro
Garza García
Monterrey
Cadereyta
Santiago

**Usted
está aquí**

COAHUILA

NUEVO
LEÓN

En el otoño de 2008, en un periodo de diez días, aparecieron once integrantes del Ejército asesinados en Monterrey. Uno de ellos fue el soldado de infantería Anastacio Hernández Sánchez, quien adoptó la compostura de cadáver y fue hallado así al amanecer, desolado y quieto entre piedras blancas y hierba de una brecha del municipio de Santiago. Estaba por cumplir veinte años el día en que sus asesinos lo degollaron y apuñalaron trece veces, tras interceptarlo cuando paseaba de civil por las calles de Monterrey, en su día de descanso. Al cabo Claudio Hernández Román, según la necropsia, le dieron dos cuchillazos más que al soldado Anastacio, compañero de armas en el Batallón número 22. Otro cadáver, el de un guardia de la empresa Hercolus, fue acomodado junto al de los militares. Ese mismo día también, pero en Loma Larga, uno de tantos cerros de nombre escueto que forman Monterrey, Óscar Jiménez Ruiz fue tirado con seis puñaladas que le destrozaron el estómago y la vida. El cabo nacido en Chiapas no era un decidido guerrero de la cruzada contra el narco decretada por el presidente Felipe Calderón. Se le conocía entre la tropa por sus hermosos trabajos de carpintería. Al igual que el soldado Anastacio y el cabo Claudio, el cabo Óscar no llevaba su arma de cargo cuando fue asesinado.

A otro soldado de infantería lo degollaron y recargaron en la pared de la cantina Los Generales, sosteniendo una cerveza con la mano derecha. Se llamaba Gerardo Santiago y tenía dos hijos, uno de ellos ni siquiera cumplía el mes de nacido. Dos más del Batallón 22, Juan José Pérez Bautista y David Pérez Aquino, fueron aventados a un parque de las faldas del Cerro de la Silla, acuchillados de pies a cabeza. Al sargento Germán Cruz Lara no le pincharon nada pero lo mataron a golpes, y a Eligio Hernández López, militar retirado de las Fuerzas Especiales, lo esposaron y arrastraron amarrado en un automóvil antes de ponerlo en una avenida principal para que la ambulancia de la Cruz Roja lo recogiera y se lo llevara directo a la morgue.

La matanza inició el miércoles 15 de octubre de 2008. Edder Missael Díaz García y Roberto Hernández Santiago tenían una semana de haber acabado su curso de adiestramiento en la Cuarta Región Militar. Estaban contentos, así que dejaron el cuartel y fueron junto con otro soldado, de nombre David Hernández, al centro de Monterrey para visitar los clubes nocturnos de Villagrán, una calle de voces borrachas alrededor de la cual se formó una zona roja. Entraron al *table dance* Matehuala, pero salieron pronto tras notar que un hombre, radioteléfono en mano, no dejaba de mirarlos ni un instante. Caminaron un par de calles y volvieron a verlo. Sospecharon que se trataba de un *halcón*, como se les dice a los espías que usa el narco mexicano para vigilar movimientos enemigos. Los militares lo encararon. Al momento fueron rodeados por otros ojos y miradas que parecían salidas de una película del viejo oeste, hasta que llegó una patrulla con policías locales, quienes subieron al espía del narco al vehículo diciendo que se harían cargo de la situación. Los tres soldados, vestidos con pantalones de mezclilla y camisas a cuadros, se fueron al Givenchys. De ahí ya no salieron vivos. La mañana siguiente, dos de ellos fueron recogidos en el estacionamiento del *table dance*, por supuesto, acuchillados. El cadáver del otro soldado fue bajado de la pista de baile del centro nocturno, donde sus cazadores lo acomodaron con el cuello rajado y la espalda recargada en el tubo que las bailarinas usan para sus acrobacias delante de los parroquianos.

La mayoría de los militares asesinados en este periodo era de San Luis Potosí. Sólo uno nació en Nuevo León. En promedio, ganaban entre cinco mil y ocho mil pesos al mes. A sus deudos, el Ejército les entregó ciento ochenta mil pesos. El presidente Felipe Calderón los nombró "héroes" y en las instalaciones militares de buena parte del país se pusieron carteles con las fotografías de los once muertos, debajo de la leyenda: "Murieron por México".

Desde un principio, el Ejército no tuvo duda de que detrás de los crímenes estaban Los Zetas, la banda más perseguida por las fuerzas armadas, acaso porque su núcleo principal está conformado por desertores de la institución castrense.

Meses después, dos integrantes de Los Zetas, Sigifredo Nájera Talamantes, *el Canicón*; y Octavio Almanza Morales, *el Gori 4*, fueron detenidos y acusados de ser los responsables de la muerte de los once soldados. Lo que sorprendió fue que el secretario de Seguridad Pública estatal, Aldo Fasci, diera a conocer que ellos no estaban solos, sino que habían sido ayudados por policías locales, algo de lo que en la Secretaría de la Defensa Nacional también tenían certeza.

Cuando amainó la temporada de asesinatos de soldados, un militar de alto rango nos contó a un pequeño grupo de periodistas, fuera de grabadoras, la desgarradora cacería emprendida contra sus compañeros. Al concluir el relato dijo, con las venas del cuello brotándole: "Parece que para combatir a estos tipos hay que usar su mismo veneno".

• • •

Santiago, donde aparecieron la mayoría de los soldados asesinados, es un pueblo de las afueras, al sur de Monterrey, que tiene una serranía verde cruzada por ríos cristalinos. Hay fincas inmensas y cabañas rústicas entre cascadas de agua fría e hileras de pinos que rodean un casco urbano con construcciones antiguas. Algunos de los visitantes que van al sitio los fines de semana lo llaman, medio en serio, medio en broma, "la Suiza del desierto". Cuarenta años atrás, sus características naturales atrajeron a sembradores de mariguana y adormidera quienes desarrollaron pequeñas zonas de cultivo que compitieron con las de Sinaloa, Guerrero y Chihuahua, pero que hoy han desaparecido. En 2006, la Secretaría de Turismo designó a Santiago como uno de los veintitrés "pueblos mágicos" del país. Millonarios como Alfonso Romo han querido emprender negocios agroindustriales en la zona; en cambio, empresarios como el fallecido líder del cártel de Juárez, Amado Carrillo, se conformaban con pasar el verano ahí, disfrutando el peculiar transcurso del tiempo provinciano.

Los habitantes de Santiago podrían caber en un estadio promedio de futbol de la primera división. Son sólo cuarenta mil personas aunque, a diferencia de las demás poblaciones de la región, los pobladores de este lugar aumentan en cada censo. En el resto de Nuevo León la vida rural languidece desde hace dos décadas: cuarenta de los cincuenta y un municipios del estado prácticamente fueron abandonados y los fantasmas se han ido adueñando de ellos. En 2000, el capo que creó a Los Zetas, Osiel Cárdenas Guillén, aprovechó esta soledad y acondicionó en el municipio de China un enorme rancho de adiestramiento al que instructores *kaibiles* venían desde Guatemala a dar dos cursos anuales para los nuevos soldados de la banda. Otros ranchos de Nuevo León, antes orgullosos centros de producción de la mejor carne del país, acabaron como lugares de retención y tortura de migrantes centroamericanos, o de adversarios de las otras bandas que operan en el noreste del país, desplazándose por brechas y fuertemente armados, como en la época de la Revolución, pero en lugar de moverse en caballos ahora lo hacen en camionetas *pick-up*.

Poco después de octubre de 2008, cuando aparecieron los cadáveres de los soldados como si fueran cualquier cosa, las operaciones del Ejército se expandieron a Santiago. Los lugareños debieron hacer alto en los retenes improvisados en caminos sinuosos, y se resignaron a mirar con normalidad los camiones de asalto verde olivo estacionados en los senderos. Pero ningún grupo civil protestó. Quienes lo hicieron fueron los policías locales. A las dos de la tarde del 13 de noviembre de 2008, una veintena de uniformados apareció en el patio de la corporación con cartulinas que cuestionaban la presencia de los soldados en el municipio. El agente Sergio Pérez Beltrán encabezaba la manifestación. Decía que los militares lo habían bajado de su patrulla y golpeado sólo por ser policía. "El Ejército —dijo— anda como en guerra contra nosotros, no nos quiere dejar hacer lo nuestro."

• • •

En medio de la atmósfera de guerra que apareció en Santiago, Edelmiro Cavazos Leal se alistaba para ser el candidato del Partido Acción Nacional (PAN) a la alcaldía. Era un joven del pueblo nacido el 11 de noviembre de 1971. Estaba casado con Verónica de Jesús Valdés, con quien procreó a Edelmiro, Eugenio y Regina, unos pequeñitos rubios y ojiverdes, como su padre, que cada domingo iban a la iglesia de Santiago Apóstol para cantar en el coro de la misa de las diez mañana.

Edelmiro parecía más vaquero que político. De hecho, la única actividad "política" que realizó en su vida fue administrar Las Palmas, una muy conocida pista de campo traviesa en la que se rentan motos para los paseantes. A partir de ahí, fue conocido entre algunos como *el Güero Edy*. Luego estudió derecho en la Universidad Autónoma de Nuevo León y al acabar se dedicó al negocio de bienes raíces, tal y como lo hacía su padre Arturo Cavazos Montalvo desde tiempo atrás, cuando llegó el auge inmobiliario a Santiago y la gente de Monterrey se aparecía con dinero en busca de su pedacito de paraíso. La familia de Edelmiro tenía varias generaciones de vivir ahí y conocía el territorio a la perfección, por lo que, al igual que otros lugareños, dejaron la agricultura y se pusieron a comerciar esa tierra que repentinamente se convirtió en oro.

Quien llevó a la política a Edelmiro fue Arturo, el mayor de sus cuatro hermanos. Arturo ya había logrado hacerse de una carrera en el PAN como diputado y luego como secretario del ayuntamiento de Monterrey. En sus inicios, el propio Arturo buscó ser alcalde de Santiago pero perdió la elección. A finales de 2008, desde su cargo en el ayuntamiento de la capital de Nuevo León, al tiempo que el Ejército reforzaba su presencia en Santiago, Arturo llamó a la gente de su equipo para pedirle que se incorporaran a la campaña de su hermano en Santiago. Al invitarlos, una frase que usaba —por lo menos se la dijo a dos de sus colaboradores— era: "Edelmiro no sabe de política: necesito que le ayudes". Los colaboradores nunca supieron a bien la razón por la cual Arturo no buscó directamente ser el alcalde, en lugar de promover a su hermano, quien ni siquiera era panista y se tuvo que registrar a contracorriente en febrero de 2009, de acuerdo con el padrón oficial del partido.

Pese a su inexperiencia, Edelmiro resultó un gran candidato. El equipo de asesores llegado de Monterrey se encargó de su imagen. Primero le cambiaron el apodo de *Edy* por el de *Miro*. A ellos les parecía que el mote con el que Edelmiro era conocido cuando rentaba cuatrimotos "era demasiado *gay*" para un pueblo como Santiago, y sobre todo en un contexto de guerra como el que había, por lo que decidieron que su nuevo alias serían las últimas cuatro letras de su nombre: *Miro*. La nueva identidad sirvió además para diseñar una publicidad que aprovechara los ojos verdes y brillantes del novel político. Se hicieron carteles de la campaña que contenían un *close up* de la mirada de Edelmiro junto con frases como: "Miro por tu seguridad", "Miro por tu gente"… Nadie recuerda que antes de la campaña de *Miro*, Santiago hubiera tenido un candidato tan de los tiempos de la mercadotecnia electoral. Ésta apareció en el pueblo con *Miro* y dejó atrás la época del volanteo. Incluso una tradicional y pegajosa canción serrana llamada *La mosca en la pared*, interpretada por el grupo Los Montañeses del Álamo, fue adaptada como *jingle* de la campaña. El experimento resultó tan exitoso que el estribillo electoral se toca y se baila como cualquier otra canción en bodas y fiestas de quince años.

Sin demasiados problemas *Miro* obtuvo los votos necesarios y comenzó a prepararse para gobernar Santiago en uno de los momentos de mayor violencia en la historia reciente de Nuevo León.

• • •

En el Ejército se cree que el aumento de la violencia en Nuevo León se debió a que los cárteles de la droga decidieron operar diversos negocios ilegales desde aquí, y ya no solamente usar sus calles para veranear, tal y como había sucedido durante mucho tiempo. Según esta idea, para adueñarse de la plaza, los cárteles corrompieron primero a las autoridades locales, luego convirtieron en cómplices a empresarios quebrados, y finalmente se aprovecharon del "libertinaje" de los tiempos actuales para conseguir respaldo social. El general retirado Guillermo Martínez Nolasco, quien presidió el Supremo Tribunal Militar del Ejército Mexicano, me lo explicó alguna vez así:

Ellos no dan pasos así nada más. No son improvisados, son profesionales. Lo primero que vieron en Nuevo León fue la cercanía con la frontera. Algo ilegal que vale tres mil pesos en Guatemala en Nuevo León cuesta diez mil dólares. Segundo lugar: la de Nuevo León es una de las economías que se han desgastado. Ya no era tan estable económicamente como antes y eso lo vieron ellos. No se crea usted que son improvisados; son profesionales e hicieron sus análisis.

—¿Y qué se puede hacer para combatir esto?

—Usted ve en el Ejército chamacos de trece y catorce años que están en los planteles militares formándose para servir, y al mismo tiempo encuentra que en los estados se inauguran más videobares y cantinas que escuelas, o vemos también programas de televisión con esto de la cuestión sexual, o lo de las drogas. No estoy en contra de internet o del desarrollo, pero debe haber un equilibrio social. ¿O qué?, ¿a la gente sólo le interesa ingresar recursos?, ¿no le interesa la formación de sus familias?, ¿cuál es la conciencia que debemos tener?

En realidad no hay una explicación sencilla y unánime sobre cómo explotó la violencia en Nuevo León. Aquellos que se asombran fácilmente hablan de un atentado que hubo en mayo de 2001 en contra de un capo de nombre Edelio López Falcón, cuando éste presenciaba una pelea de gallos. Otros, en cambio, más escépticos, dicen que el punto de inflexión sucedió en 2008, cuando los olvidados chicos de los cerros, con el respaldo de los cárteles, bajaron a las calles del centro y armaron un caos social para luego ser apodados por la prensa local como Los Tapados. Hay un tercer grupo: el de aquellos que creen que la ciudad aún no ha visto lo peor. Mientras tanto, en los periódicos locales una buena cantidad de hechos son calificados al día siguiente como "sin precedentes", a tal grado que la expresión ya perdió sentido. Tampoco sirve de mucho explicar el asunto como un enfrentamiento entre un cártel y otro, y ya.

Recuerdo que todavía en 2000, en la ciudad se hacían novelas, obras de teatro y programas de televisión alrededor de un homicidio común ocurrido en el lejano 1933. Entre 2000 y 2010 el tipo de hechos violentos registrados sepultaron el recuerdo de lo que sucedió mucho tiempo atrás en una casona de la calle de Aramberri. Si en 2000 había un mítico crimen en el imaginario de la ciudad próspera, en 2010 lo que destacaba era una mítica prosperidad en el imaginario de una ciudad criminal. Monterrey se llenó de crímenes en una década: el crimen del diputado en la Macroplaza, el de la estudiante de arte, el del joven modelo, el de los escoltas de la cervecería FEMSA, el de las cincuenta y un personas enterradas en el predio Hacienda Calderón, el del director de la Agencia de Seguridad Estatal, el de los treinta y ocho trabajadores de la refinería de Pemex, el de los estudiantes del Tec de Monterrey, y el de unos niños del poblado General Treviño. Y a la lista de crímenes de primera plana se añadió un listado más largo aún de "pequeños" delitos, con tremendo impacto en barrios o ciertas zonas donde las pláticas entre vecinos versan sobre el crimen de la mamá del antiguo compañero de la secundaria, el del dueño del taller mecánico de la colonia, el de la muchacha bonita de la preparatoria… Un ambiente así, y la incapacidad de las autoridades para dar una explicación coherente acerca de lo que sucede, generó zozobra en la ciudadanía. De un día a otro todos habían nacido sospechosos y estaban muriendo culpables. ¿De qué? No se sabía, pero de algo. Por las noches el sueño regiomontano se llenó de muertos que no dejaban dormir bien.

• • •

Esta violencia que se metió en la cotidianidad de Nuevo León también encontró un espacio en el lenguaje. La palabra *levantón*, que no existía, se volvió normal, incluso entre los labios de una ama de casa o de un niño. Las policías locales fueron incorporándola también, pero no para combatirla, sino como una más de sus obligaciones laborales. La policía de Santiago, según el Ejército, era la campeona en ello.

Man, un vendedor de automóviles, aprendió en carne propia el significado de esta palabra a mediados de 2009. Una noche, un par de patrullas le marcaron el alto cuando viajaba en su Hummer roja. Los policías lo sometieron y lo llevaron a una casa esposado con las manos por detrás y la cabeza cubierta con una bolsa negra. Ahí otros hombres lo desnudaron y lo hincaron. Con una tabla, en medio de risas, lo golpearon unas treinta veces. Los primeros tablazos eran en las nalgas y los últimos en la espalda. Con su Nextel en la mano, revisando el directorio, nombre por nombre, sus captores preguntaban: "¿Quién es?, ¿a qué se dedica?, ¿qué parentesco tiene contigo?" A la mañana siguiente, su familia ya sospechaba que lo habían *levantado* y no sabía qué hacer. Vieron en la televisión la noticia de dos cuerpos calcinados y fueron a la morgue para constatar que Man no fuera uno de ellos. Tuvieron que esperar dos horas en el Servicio Médico Forense (Semefo) ya que había fila para ver los cadáveres: una decena de personas más quería entrar a la plancha para ver si los hombres calcinados no eran sus familiares desaparecidos.

A la noche siguiente Man fue sacado de la casa junto con otro *levantado*. Los subieron a una camioneta y se dirigieron a la ciudad por calles que caracoleaban un trazado anárquico. Sus captores iban tras un narcomenudista que laboraba de forma independiente o con otra banda. Llegaron a una casa y detuvieron al vendedor y lo golpearon hasta que les dijo quién le surtía la droga. De ahí partieron al domicilio del proveedor. Unos destruían a mazazos la puerta de forja mientras otros trepaban el techo. Era de madrugada y en el barrio se oía el llanto de niños despertados por el imprevisto. Tras el derrumbe de la puerta, a los pocos minutos los hombres salieron con el proveedor y con computadoras, cámaras y otras cosas que habían saqueado de la casa. De ahí se fueron a un rancho, donde los bajaron descalzos y con los ojos vendados. Estaba por amanecer y se escuchó el motor de una sierra eléctrica y después los gritos del proveedor. Tras unos minutos ya no se oyó nada. A Man y al otro *levantado* les quitaron las vendas y les ordenaron acomodar los restos del proveedor en una caja. Después acercaron el teléfono a Man y le dijeron que llamara a su familia para que informara que estaba *levantado* y que sólo iba a sobrevivir a cambio de cierta cantidad de dinero. Man le pidió a su padre que vendiera todos los vehículos del lote y también una casa de campo recién comprada en Santiago. Concluida la conversación, los captores llevaron a Man al interior del rancho, a un cuarto donde lo tiraron al piso y lo patearon hasta quedar inconsciente.

En los siguientes días, mientras la familia reunía el dinero, los hombres llevaban a Man a sus "operativos". Iban por otros narcomenudistas a otros barrios y se repetía la escena. En un par de ocasiones no se trató de vendedores de droga, sino de comerciantes de discos piratas. Al cabo de una semana, un hombre llegó y le ordenó a Man que se preparara porque estaba por irse. Horas después lo dejaron amarrado de las manos y vendado de los ojos en el baldío de una colonia popular. Al momento de arrancar la camioneta, desde la ventanilla, uno de sus captores le ordenó esperar diez minutos antes de hacer cualquier movimiento. Man se quedó media hora petrificado, pensando que recibiría en cualquier instante el balazo que acabaría con su espanto. Cuando logró tranquilizarse, se desamarró con los dientes. No supo cómo pero había ido y vuelto del infierno.

En el noreste, decenas de relatos del estilo de Man se multiplican como la hierba. Son tantos, que se relatan ya sin demasiado asombro en las cafeterías o en los foros de internet.

• • •

La violencia que se desató en Nuevo León derivó en miedo y éste en una atmósfera de violencia aún mayor. Supe que un viejo conocido, tipo tranquilo y padre de dos niñas, compró un rifle para tenerlo a la mano en su ferretería por si se ofreciera. Y si un pequeño comerciante adquirió un rifle, los empresarios más ricos como José Antonio Fernández, distribuidor de Coca-Cola en América Latina, compraron el servicio de más escoltas, y a los que ya tenían los enviaron a entrenarse a Israel.

En general la gente se volvió más prudente. Las camionetas *pick up* de lujo dejaron de transitar con tanta frecuencia en las calles, las charlas en los cafés o restaurantes acerca de los grupos del narco se hacían en voz baja sin mencionar jamás la última letra del abecedario, y la vida nocturna se puso triste y un poco arriesgada. A las redacciones de los periódicos también llegó la cautela: Las investigaciones sobre el narco se extinguieron, y las notas de ejecuciones, tiroteos y detenciones dejaron de firmarse en forma individual, ante la imposibilidad de contar historias en una jaula llena de leones. Los tiempos actuales hicieron también lo que el Partido Revolucionario Institucional (PRI) nunca pudo lograr: quebrar la unidad de la élite empresarial de la ciudad, dividida ahora en por lo menos dos grupos: uno abanderado por Lorenzo Zambrano, presidente de Cemex, y otro por Alejandro Junco de la Vega, dueño del Grupo Reforma.

No pasó mucho tiempo para que el miedo derivara a su vez en paranoia. Una peregrinación católica detonó cohetones cerca de una plaza pública en la que bailaban decenas de parejas. Al escuchar las explosiones, pensando que era una balacera, los bailadores empezaron a correr y a aventarse entre sí. Algunos se lastimaron pero no hubo ninguna muerte. Donde sí fallecieron cinco personas a causa de un espanto parecido fue en una cantina de la exposición ganadera de la ciudad de Guadalupe. Al parecer —a la fecha no está confirmado— un borracho cualquiera disparó al aire y provocó el alarido, la corredera y la moridera en medio de la estampida humana.

• • •

Hasta 2010 la historia de los cárteles de la droga —por lo menos en Nuevo León, Tamaulipas y Coahuila— podía dividirse en dos grandes etapas: la primera en los setenta y ochenta con el surgimiento de una mafia plebeya venida de los estratos sociales más bajos, mientras que la segunda, en los noventa, está protagonizada por hombres de clase media con mayor visión empresarial a la hora de trabajar. Ahora hay políticos, líderes sociales y analistas que creen que ya está en marcha una tercera etapa en la evolución del narco, que gira sobre la fuerza bruta. De la mano de esta idea es que han surgido voces diciendo: "Matemos a todos los narcos, simplifiquemos las cosas".

Coincidencia o no, apareció un tétrico fenómeno: el de los cementerios clandestinos. En 2010 noventa y un cadáveres fueron desenterrados de veintiún fosas hechas en diferentes predios. Hasta noviembre de ese año, ningún otro lugar de México registraba un número mayor de sitios de este tipo que Nuevo León. Quizá por eso cada vez me sorprende menos que a la cuenta de correo electrónico lleguen convocatorias abiertas para solucionar el problema usando armas largas e ideas cortas contra el narcotráfico. El pensamiento paramilitar que recorre Nuevo León se pasea sin pudor alguno por todos lados. Uno de sus espacios preferidos son las áreas de comentarios de internet de los periódicos locales. El 28 de agosto de 2010 el Ejército detuvo a Francisco Zapata y en una noticia del periódico *El Norte* se presentó a este desconocido como "el líder zeta de Monterrey". El primer lector que escribió debajo de la nota puso: "Señores militares: sugiero abrir un centro de tortura y un *pozolero* en el campo militar para tratar a este tipo de ratas, o aplicarles la ley fuga. A grandes males, grandes remedios". Otra opinión, crítica con las fuerzas armadas, fue: "Es una lástima que lo hayan atrapado. ¿Por qué no lo mataron? Lo único que va a pasar es que un juez pedorro lo suelte 'por falta de pruebas'". Uno más de los comentarios que aún pueden ser consultados es: "Hagan una zetafosa y sólo déjenlos caer vivos y échenles tierra con bulldozer ¡y listo!"

El mismo día que apareció esa noticia con sus respectivos comentarios, en el periódico *Milenio Diario de Monterrey*, Jorge Villegas, el columnista político más serio e influyente del estado, fundador de las carreras de comunicación tanto en el Tec de Monterrey como en la Universidad Autónoma de Nuevo León, publicó una columna con el título "Solución paramilitar". Recomendaba abiertamente a las autoridades —o a algún acomedido— la contratación de la empresa estadounidense Blackwater —acusada de ejecuciones sumarias en Irak— o de alguna por el estilo, para solucionar los problemas de la ciudad.

> Así sí sería parejo el combate entre sicarios armados como para la guerra y verdaderos guerreros igualmente pertrechados y sin el riesgo de ser víctimas de venganzas en sus familias. Sería una solución legal, aunque polémica para un problema que nos está estrangulando, que está diezmando la ciudad y que amaga con despojar a Monterrey de su prestigio como centro de trabajo y de inversión. En el consulado de Estados Unidos tienen la información sobre estos contratistas. Si alguien quiere solucionar esto de una buena vez.

• • •

A los pocos días de ganar las elecciones, Edelmiro Cavazos buscó a Mauricio Fernández Garza, el alcalde de San Pedro Garza García, quien había anunciado que su ciudad —la más rica del país— sería blindada del crimen organizado con la ayuda de un comando rudo. Edelmiro se reunió en privado con el empresario y le contó que la policía local de Santiago estaba al servicio de Los Zetas, que no podía remover a los elementos, ya que le advirtieron que si lo hacía su vida estaría en riesgo. Los agentes estaban tan coludidos que no solamente fingían no ver las operaciones de la banda, sino que trabajaban para ésta deteniendo gente y llevándola a ranchos de su propiedad.

"La situación es tan absurda —dijo Edelmiro a Mauricio—, que hay gente *levantada* por equivocación, debido a que su nombre es parecido al de quien buscaban, y luego de que los policías los llevan con Los Zetas, éstos los regañan y les ordenan que los devuelvan a sus casas."

Edelmiro no podía hacer nada contra sus propios policías. Mauricio le sugirió que se coordinara con el Ejército, que en septiembre de 2009 había detenido al secretario de Seguridad Pública de Santiago, Francisco Villarreal, y a otros dos policías locales bajo la acusación de que trabajaban para Los Zetas. El alcalde electo de Santiago lo hizo y a poco más de quince días de haber tomado protesta como presidente municipal, el 18 de noviembre, dejó que un grupo de soldados irrumpiera en las instalaciones de su corporación policiaca para revisar armamento e interrogar a su gusto al personal.

A la par de la preparación del operativo militar desaparecieron dos policías. El primero fue Roberto Rafael Esparza Ordóñez, y el segundo, el agente Luis Omar Aguilar Gaytán. Este último realizaba labores de oficina, nunca salía a patrullar. Un video del circuito cerrado lo exhibe llegando al edificio, pero no cuando lo abandona. Nadie vio nada, nadie supo nada. Además de las desapariciones de los dos agentes, hubo detenciones y renuncias de otros efectivos, por lo que la administración de Edelmiro fue quedándose sin fuerza policial.

• • •

El 22 de marzo de 2010 se desató una cacería más en Nuevo León, pero esta vez no de militares, sino de policías, en especial de Santiago. Ese día el agente Daniel Sepúlveda Maciel, de veinticinco años, fue fusilado en el portón de un rancho. Llevaba una playera de los Rayados del Monterrey, además de un pantalón de mezclilla azul y tenis negros, ya que cuando fue interceptado por el comando se encontraba en su día de descanso. El siguiente fue el policía Gregorio Rodríguez González, quien murió el 16 de abril acribillado a media cuadra de la Secretaría de Seguridad Pública municipal. *Goyo*, como le decían sus compañeros, estacionó su camioneta junto a una ferretería. Como era su día de descanso iba acompañado por su esposa y sus tres pequeños hijos. Repentinamente dos camionetas llegaron, una por delante y otra por detrás. Un grupo de hombres armados mostrando AK-47 y otras armas bajaron, y uno de ellos trató de someterlo, pero *Goyo*, que medía 1.82 metros y pesaba más de cien kilos, opuso resistencia. La escaramuza terminó cuando otro de los agresores le disparó con una nueve milímetros.

Al día siguiente, el mismo grupo de hombres cuyas acciones realizaban portando indumentaria camuflada y con los rostros cubiertos, *levantó* al policía Gustavo Escamilla González, quien también disfrutaba su día de descanso. La familia abrió rápidamente una página en Facebook para denunciar la desaparición y pedir a sus captores clemencia, además de rogarles que le pusieran una inyección de insulina pues el agente era diabético. No existían ni diez comentarios en la convocatoria lanzada en las redes sociales de internet cuando el uniformado fue encontrado con el cráneo destrozado a balazos, en medio de varios arreglos florales, y junto a una cartulina en la que se leía: "Esto es para que sigan ayudando a los jotos de

Los Zetas". En el mismo escrito se hacía un pase de lista de policías que serían asesinados en los días siguientes, no sólo de la corporación de Santiago, sino también de otros municipios de Nuevo León. El mensaje lo firmaban las iniciales CDG, CDM y CDF, y se cumplió: cincuenta policías locales de Nuevo León, la mayoría de Santiago, fueron asesinados en esas fechas.

A la semana siguiente del aviso, el 27 de abril, el policía Diego Aguirre Plata, que tramitaba su renuncia, fue ejecutado dentro de la tienda de sus abuelos, en la que infructuosamente trató de esconderse. En mayo las sombras asesinas dejaron descansar a Santiago y no murió ningún policía, pero el primer día de junio se reanudó el exterminio. Murió precisamente Sergio Pérez Beltrán, el policía aquel que había encabezado la manifestación en contra de la presencia del Ejército, un año atrás. Junto con él fue asesinado el agente Eduardo Leal Campos, de veinte años. Hilda Rodríguez Doria, pasajera de un autobús que circulaba cerca de la carretera donde ocurrió la doble ejecución, fue alcanzada por el rebote de una bala y, tras una semana internada, fue dada de alta y salió por su propio pie del hospital.

El comando no paraba y los efectivos seguían cayendo como víctimas de algo que oficialmente parecía indescifrable. Cinco días después fue cazado Emeterio de la Cruz Ávila Gallardo, un policía de cuarenta y nueve años que apenas tenía un año de haber ingresado a la corporación. El 20 de junio los asesinos de policías entraron en la recámara de la casa del agente Jesús Francisco Siller Torres y le soltaron trece tiros a quemarropa mientras dormía: ocho fueron con un rifle calibre .308, dos con un AK-47, uno con pistola nueve milímetros y el resto con armas que los peritos no pudieron identificar nunca.

Durante el siguiente mes, dos patrullas de la policía de Santiago —una Dodge Charger y un Tsuru Nissan— fueron perseguidas por el comando de las sombras asesinas en la carretera nacional. El primer agente en morir sentado en su unidad fue César Luis Tello

Oyervides. Un kilómetro adelante quedó el cuerpo de José Encinia Luna, acribillado en las escaleras de un consultorio dental ubicado a la orilla del camino, en el cual intentó esconderse de sus cazadores. Esa vez dos policías más resultaron lesionados: Amalia Guadalupe Cavazos González, con heridas en las piernas y el pecho, y José Raúl Torres Martínez, lesionado de la espalda, mientras que el agente Mauricio Morales Sarabia murió veintiocho días después a causa de los impactos que recibió en el pecho y la espalda.

Apretar el gatillo y enfocar contra un uniformado se volvió algo fácil. Durante los primeros meses de la administración de Edelmiro Cavazos, Santiago se convirtió en un campo de tiro. Los policías eran el blanco.

• • •

No hubo homenaje fúnebre para ninguno de los doce policías asesinados en Santiago; ni despedidas especiales o pronunciamientos de condena por parte del presidente municipal Edelmiro Cavazos, quien a la par de la lenta matanza comenzaba a ver crecer su popularidad, incluso en el área metropolitana de Monterrey, donde otros alcaldes se referían a él como un tipo muy simpático que además "era tan entrón como Mauricio Fernández pero menos protagónico". Salvo una ligera acusación de nepotismo por darle a su prima un cargo en la Dirección de Turismo, la gestión de Edelmiro transcurrió sin escándalos, algo poco usual en Nuevo León, donde es raro que haya un gobernante municipal que no sea evidenciado públicamente por realizar burdos actos de corrupción.

Edelmiro se movía con una seguridad discreta. Incluso acudía a discotecas como Woodstock Plaza, donde alguna vez la cantante peruana Tania Libertad ofreció un concierto dedicado a las madres, en el cual aprovechó para felicitarlo por su trabajo como presidente municipal. Dos escoltas —que no formaban parte de la policía de Santiago y que tenían contacto directo con el Ejército— se encargaban de cuidar al alcalde con el apoyo eventual de efectivos locales. Uno era Gilberto Cruz Puente y el otro Valentín Castaño Cepeda, quienes se movían de un lado a otro con él en una Grand Cherokee blindada.

El 12 de agosto ambos guardias salieron del palacio municipal en la camioneta modelo 2003 para ir a cargar gasolina mientras el alcalde concluía una serie de reuniones en su despacho. Al tomar un tramo amplio y bien pavimentado de la carretera Nacional, tuvieron un extraño accidente. Una supuesta falla en el motor, o un bache, provocó que se salieran del camino, dieran algunas volteretas y acabaran estrellándose contra una malla ciclónica y una barda de concreto. Gilberto, que iba de copiloto, murió casi al instante luego de que un pedazo de alambre supuestamente se le enterró por un costado del pecho, pese a que llevaba puesto el chaleco antibalas. Valentín fue llevado al hospital para ser atendido de heridas leves y luego fue detenido, acusado de homicidio imprudencial, por lo que no regresó a cuidar a Edelmiro.

Al día siguiente del percance, se registró un enfrentamiento armado de más de una hora entre soldados y zetas, justamente en los límites de Monterrey y Santiago. Durante la refriega falleció un sicario apodado *el Sonrics*, quien supuestamente dirigía la banda en la región. Un día después, un convoy de cincuenta camionetas procedentes de Tamaulipas fue visto en las afueras de Monterrey. Al mismo tiempo una granada estalló en las instalaciones de Televisa en Monterrey, justo cuando los llamados Tapados, ahora armados con rifles, iniciaban el mayor sitio sucedido en la historia reciente de la ciudad: bloquearon la circulación de más de cuarenta calles. Las obstrucciones tenían el objetivo estratégico de impedir la llegada a la ciudad del convoy de camionetas pertenecientes al cártel del Golfo, grupo con el que Los Zetas se enfrascaron en guerra.

En los días siguientes hubo más bloqueos y tiroteos. La zozobra llegó a las cúpulas económicas, que a través de las cámaras empresariales locales publicaron un desplegado titulado "Basta ya", el cual incluía fuertes reclamos al gobernador Rodrigo Medina.

Pese al ambiente de guerra, Edelmiro no modificó su agenda de labores, aunque acordó con su esposa Verónica de Jesús que ella se fuera con los niños durante unos días a Texas. Una semana después del misterioso accidente de sus escoltas de confianza, la noche del domingo 15 de agosto, el alcalde acudió a la celebración del Día Mundial de la Juventud en la plaza principal del municipio. Iba vestido informalmente, con pantalón de mezclilla, camisa blanca y zapatos cafés. Fue breve al hablar y luego se quedó a escuchar otras intervenciones, en su mayoría de muchachos cristianos. Alrededor de las diez de la noche se dirigió a su casa ubicada en un fraccionamiento privado de nombre La Cieneguilla.

Pasados los primeros minutos del 16 de agosto, varias camionetas con focos parpadeantes, conocidos como *estrobos* en el norte de México, se acomodaron afuera de la casa de Edelmiro. Tras la muerte de uno de sus escoltas y la detención del otro, lo cuidaba el policía José Alberto Rodríguez.

La casa de Edelmiro contaba con cámaras de videograbación ocultas, por lo que quedó registro de lo que luego sucedió. El agente que supuestamente lo cuidaba abordó tranquilamente a uno de los vehículos como uno más del comando. En las imágenes se podía ver también a Edelmiro recibiendo a sus agresores y dirigiéndose pocos minutos después hasta una camioneta Yukon, mientras le apuntaban con diversas armas. Los captores eran policías de Santiago que formaban parte de una célula de Los Zetas dirigida por un hombre apodado *el Caballo*. Catorce hombres en total llevaron a cabo la operación.

Santiago amaneció un lunes con la noticia del *levantón* de Edelmiro y algunos diputados de su partido equipararon el suceso con el secuestro de Diego Fernández de Cevallos; sin embargo, la principal hipótesis que poseían los cuerpos de seguridad era la del crimen organizado y no la de la guerrilla como en el caso del ex candidato presidencial.

Dos días después, cerca de las ocho de la mañana, un campesino vio de lejos a una persona acostada en una meseta cercana a la Cola de Caballo, una enorme caída de agua considerada como la principal belleza natural de Nuevo León. El jornalero no se quiso acercar y siguió su camino por la sierra hasta toparse con uno de los hombres encargados de cuidar la cascada, a quien le avisó lo que acababa de ver. El campesino continuó su marcha entre la neblina de la mañana y el empleado turístico se dirigió junto con otro compañero a ver de qué se trataba. Los hombres encontraron el cadáver de Edelmiro semicubierto por una lona azul que fue confundida después con la bandera del PAN y provocó algunas suspicacias.

Esa misma mañana, el helicóptero del gobierno estatal aterrizó en los alrededores del paraje ubicado a unos cincuenta kilómetros del Palacio de Gobierno. De la aeronave descendió el gobernador Rodrigo Medina, uno de los primeros en saber que el alcalde de Santiago presentaba dos disparos en la cabeza y uno más en el tórax.

• • •

Un día después de que apareció el cuerpo del alcalde, uno de los periódicos locales tituló la noticia: "Pone orden Edelmiro y lo matan". Se hacía referencia —como en los otros diarios— a que los policías de Santiago asesinaron a Edelmiro Cavazos supuestamente porque les había descontado un bono de ochocientos pesos y los reprendió por infraccionar a ciclistas de las montañas. La Procuraduría de Justicia compartió a los medios de comunicación parte de las declaraciones ministeriales de los efectivos detenidos, aunque no ahondó en la versión principal que dieron para explicar su ataque contra el alcalde. Según los efectivos, Edelmiro permitía que operara el comando matapolicías, por lo que ellos habían decidido cobrar venganza. El coordinador de los diputados locales del PAN, Hernán Salinas, negó rotundamente que el alcalde tuviera contactos con otros cárteles. "Edelmiro fue un ejemplo de un ataque frontal a la delincuencia organizada y punto", dijo.

Durante los días posteriores algunos adolescentes repartieron volantes con diseño patriótico y sin sello oficial, en los cuales apare-

cían fotos de policías prófugos que participaron en el *levantón* y asesinato de Edelmiro. En internet apareció un canal de YouTube bajo
el nombre de *Reporta Zetas*, en el cual hay un video titulado "Edelmiro muerto"; ahí se escucha el himno nacional mientras se va reproduciendo el siguiente mensaje:

> Estamos hartos de tanta violencia. Ahora estas personas creen que
> pueden matar a nuestros gobernantes. Q.E.P.D. Edelmiro Cavazos.
> Nuestro grupo está comprometido para acabar con estas personas
> que tanto daño hacen a nuestra ciudad. Somos un grupo formado por
> gente regia cansada de tanta violencia y auspiciado por empresarios
> regios. Para acabar esto necesitamos de tu ayuda; reporta actividades
> sospechosas, puedes salvar vidas. Sabemos que la autoridad estatal y
> municipal no da el kilo, así que toda la información que recabamos la
> pasamos al Ejército. Expulsemos de una vez a estas lacras de nuestra
> ciudad, asesinos de inocentes, niños y mujeres.

La dirigencia del PAN en Nuevo León mandó imprimir cientos
de calcomanías con la foto del alcalde fallecido y la leyenda: "Edelmiro... sí dio la vida", en alusión al gobernador del PRI, Rodrigo
Medina, quien en su campaña electoral dijo alguna vez que daría
la vida por Nuevo León, lo que suele ser cuestionado por sus adversarios cada vez que la cresta de la ola de la violencia llega a niveles altos, o sea, todos los días desde que asumió el cargo.

Como alcalde sustituto de Edelmiro fue designado el síndico
Bladimiro Montalvo Salas, otro *Miro*. La policía de Santiago, entre
asesinatos, renuncias y detenciones, desapareció por completo y el
Ejército tomó el control de la seguridad municipal junto con efectivos estatales. Santiago resultó así uno de los primeros municipios
del país en aplicar de facto la política del Mando Único impulsada
por el secretario de Seguridad Pública Federal, Genaro García Luna.
El alcalde de San Pedro Garza García, Mauricio Fernández Garza,
uno de los principales opositores a este plan, me dijo días después

que la muerte de Edelmiro también era resultado del desdén federal. "A los municipios no nos pelan. Es como si estuviéramos en un gobierno autoritario. No nos invitan a las reuniones de seguridad".

—¿Entonces crees que tu estrategia de recolectar información y de disuadir mediante comandos rudos es exportable a otros municipios? —pregunté.

—Lo que pasa es que empiezas con muchas dudas: que si son paramilitares, israelíes, de los Beltrán Leyva… La gente en vez de ver resultados te cuestiona; nunca me apoyaron. ¿Qué más daba si eran chinos? Todos querían explicaciones y piensan que es chueco. Creo que es un miedo natural al cambio.

Casi dos semanas después del crimen de Edelmiro la primera dama Margarita Zavala llegó al poblado. Fue recibida por el dirigente panista en Santiago, Jorge Flores Marroquín, quien le pidió que se tomaran una foto juntos antes de que entrara a ver a los deudos del alcalde. Luego de posar, Margarita Zavala ingresó a la casa donde la esperaban los padres, la viuda y los hijos de Edelmiro. Verónica de Jesús Valdés le mostró a la esposa del presidente los videos subidos espontáneamente a internet en recuerdo del presidente municipal asesinado. Al cabo de dos horas de conversación, la primera dama salió del domicilio bajo un fuerte resguardo. Una mujer se le acercó para regalarle una caja con galletas chorreadas típicas del pueblo y también para pedirle que ni ella ni su marido se olvidaran de Santiago.

En menos de ciento cuarenta caracteres, el presidente Felipe Calderón ya había expresado su sentir por la muerte de Edelmiro. A través de su cuenta de Twitter @felipecalderonh el mandatario expresó: "La muerte de Edelmiro nos indigna y nos obliga a redoblar la lucha en contra de estos cobardes criminales que atentan contra ciudadanos".

4

Pinches buitres de mierda

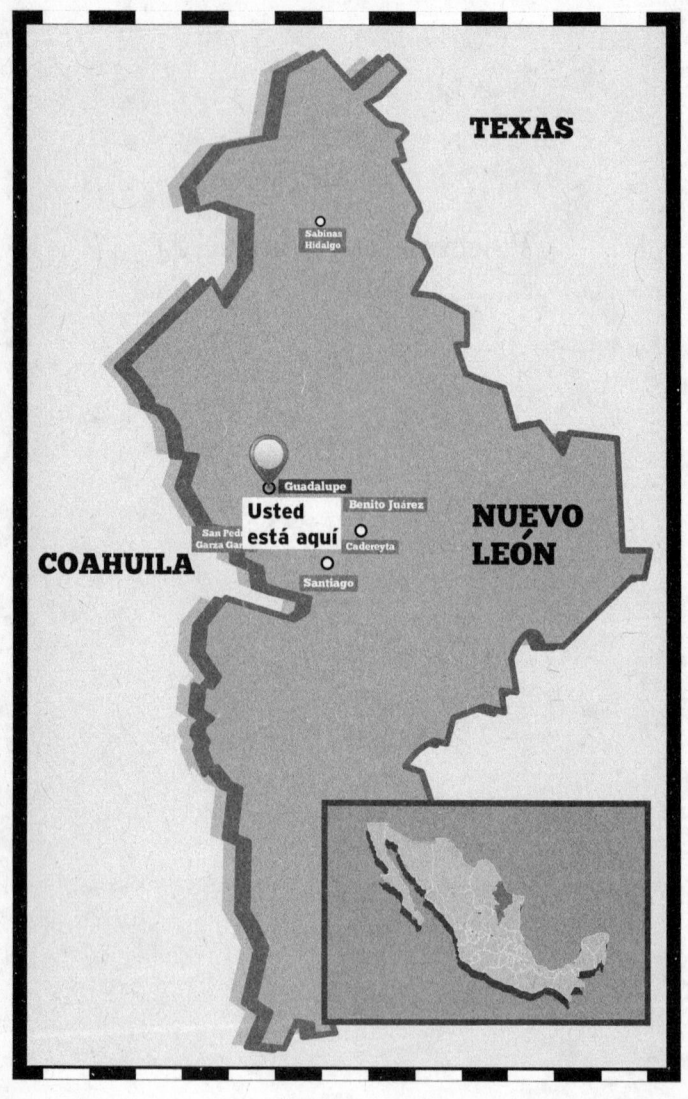

TEXAS

Sabinas
Hidalgo

Guadalupe

Usted
está aquí

Benito Juárez

NUEVO
LEÓN

San Ped
Garza Gar

Cadereyta

COAHUILA

Santiago

A una chica delgadita y pequeña de unos veinte años, a la que le decían Norma Lechuga —porque quizás así se llamaba y apellidaba—, que vestía *bluejeans* ajustados y de corte vaquero, botas negras y blusa celeste, una estampida de humanos salvajes le mató al hermano en un galerón de la tradicional Exposición Ganadera de Guadalupe, a donde el muchacho había ido a emborracharse y a escuchar boleros norteños el sábado por la noche, como debía ser, sobre todo recién cumplidos los quince.

Los tiros salieron de repente, nadie supo nunca de dónde, a lo mejor ni disparos eran, pero todos corrieron a la salida esperando lo peor: que llegaran *los de la letra*, o *los de las muchas letras*, o *los azules*, o *los verdes*, y se mataran todos entre sí, a lo loco, lo cual tampoco hubiera estado mal, dirían algunos después, "para que hubiera algo de sosiego".

Pero el caso es que si se hacían la guerra ahí mismo entre ellos, también se podían cargar a los que no son *nadie*, como el hermano de Norma Lechuga y la mayoría de los que estaban ahí, a quienes bien se les había advertido en un correo electrónico que llevaba circulando varios meses atrás que los *nadies* no podían salir a enfiestarse por las noches del fin de semana, que todos los lugares

de diversión estaban sentenciados, que la maldición había caído sobre la ciudad.

Y esa noche los cuatro músicos abandonaron el escenario a mitad del corrido de Laurita Garza, y parecía que ocurría lo anunciado
en el mensaje que misteriosamente llegaba a los *e-mails* de los habitantes de la ciudad. Por eso la gente corrió y corrió, hasta que se
hizo la estampida que arrasó con sillas, mesas, personas, entre ellas
el hermano de Norma Lechuga, quien cuando vio a su sangre todo
tirado en el piso, amoratado, convertido en cadáver, entre un tecatal
de botes de cerveza vacíos, les gritó a los reporteros —como si fuera su culpa, y a lo mejor lo era en parte— que los periódicos nomás
espolvoreaban a lo pendejo y que por eso había el miedo que preva-
lecía en la ciudad, y que la culpa del muertito al que estaban retra-
tando, o sea su hermano, era de ellos, "pinches buitres de mierda",
y que no se les fuera a olvidar nunca su rostro de muerto, y que se
los llevara la chingada si publicaban una foto de él, porque así como
estaba no era forma de que lo viera la demás gente.

5

Hacienda Calderón

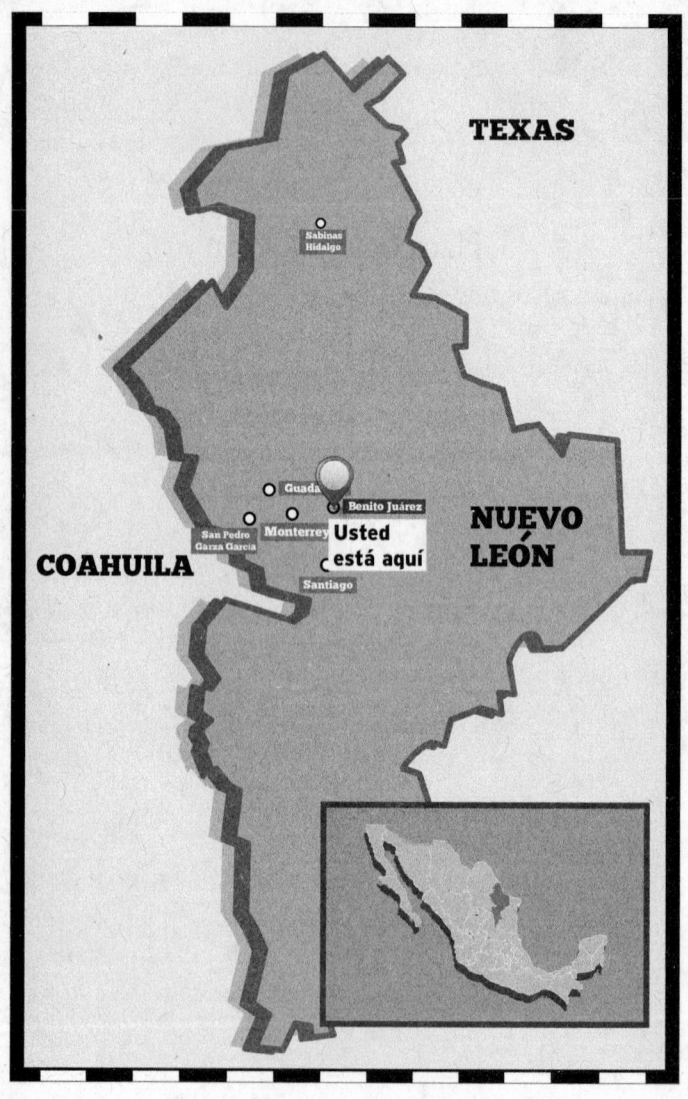

TEXAS

Sabinas
Hidalgo

Guada

Benito Juárez

San Pedro
Garza García

Monterrey

Usted
está aquí

NUEVO
LEÓN

COAHUILA

Santiago

A un malhadado lugar que se llama —y no es broma negra y pesada, sino ironía o algo que prueba un destino carajo— Hacienda Calderón, terreno baldío extraviado en el norte de ese país que pese a todo seguimos llamando México, acudió el sábado 24 de julio de 2010, por la mañana, una descosida trole de reporteros de nota roja, con el aliento a cerveza y unos estómagos de hierro acostumbrados a soportarlo todo.

Todavía ebrios por el baile y la gritadera empezados doce horas antes, buscaban el cementerio sin tumbas, sin cruces y sin nombres, cuya presunta existencia bien podía servir para llenar una página completa, y de las de a color del periódico, posibilidad que los reanimaba ante los dolores que caminaban de puntas, como arañas, en sus cabezas desmadradas por el abrupto fin que habían debido darle a la parranda para ir a buscar muertos.

Un soldado de Oaxaca apodado *el Código Negro*, que nadie conocía en persona —o eso habían acordado decir—, avisó a los reporteros con mensajes de texto de un teléfono celular sobre las seis excavaciones que, como si pensara que nadie lo descubriría nunca, realizaba el Ejército en el páramo ese Hacienda Calderón (palabra de caballero que no hay mentira sobre cómo se dice aquí que se llama ese lugar donde pasó todo esto). Ahí mero fueron desenterrándose, poco a poco, uno a uno, desde aquella mañana que llegaron los soldados y luego los reporteros, los cadáveres de gente buena o mala, según quien traiga y tire la primera piedra, gente que dejó el mundo sin ser identificada nunca y que tres semanas después acabó depositada como si nomás fuera rastrojo en la morgue más grande de todo el estado, por esos días de calor seco y verano, vuelta un colapso.

El predio que se eligió a lo pantera, no se sabe si por gente maliciosa de *los de la letra* o *los de las muchas letras,* para sembrar de muertos pura tierra inútil y quemada, es propiedad del gobierno municipal de Benito Juárez, pueblo del campesinado urbano que se asentó y se sigue asentando en las afueras de la metrópoli de Monterrey, esa que se creía mucho pero que con tanto moridero diario se nota que tiene algo bien podrido dentro.

Antes de ser aventados al hoyo negro, al que le dicen la fosa común, los cincuenta y un cuerpos de Hacienda Calderón estuvieron con empleados de la morgue que siempre habían caminado erguidos por los pequeños pasillos, con una frialdad muy profesional ante esa muerte que nomás es la de todos los días y de forma natural, pero que a partir de aquella vez en que les llegó el otro tipo de muerte debieron hacerlo cabizbajos, con un respeto que surgía de la tristeza de cuando se sabe primero que los demás que ya se jodió todo esto.

Fuera de la morgue, *los cincuenta y un* se volvieron a la semana siguiente una anécdota más de la violenta realidad de los tiempos de la guerra, y ni siquiera la suya pasó a ser una de esas anécdotas bien valoradas que hasta se envían después de *mail* en *mail* por toda la red o se ponen en los comentarios del blogdelnarco.com, o se platica, en voz baja, en donde haya lugar y con quien haya confianza. A pocos se les hizo más grande el espanto con lo de *los cincuenta y un.* Pero sabemos, y para eso estamos aquí los que todavía no estamos allá, que Hacienda Calderón no parece que pasó en la época de a caballo, sino en otra era, muy prehumana, o de esa a la que se le dice medieval.

En la morgue, donde ante tanta ruina la muerte como quiera puede ser un poquito más real, sí rondaban miedo y una pestilencia tal, que unos trabajadores se la tuvieron que llevar varias noches a sus casas para que durmiera con ellos y se fuera desmoronando poco a poco en su sueño lleno de gente sin vida.

Vistos sobre las frías planchas dispuestas a un metro y medio del piso lavado con químicos verdes, *los cincuenta y un* —cuarenta y ocho hombres y tres mujeres— no eran personas acaecidas, sino puro reguero de apestosas piezas humanas, lo mismo de muchachitos que de viejos, de señoras que de jovencitas que, quiero creer —la verdad no sé por qué—, tenían las caras de rasgos suaves y benignos. Y eran lindas y frágiles como un ala.

Nomás por no dejar pasar debiéramos relatar la vida de *los cincuenta y un.* Y lo que haya de cierto en sus historias será nada más la demasiada crueldad con la que se fueron de este lugar en el que vivimos y en el que, ya se sabe, a otros acaecidos los abandona peor la suerte, porque cuando están muertos y olvidados, se van secando encima de cualquier jodido pedazo de tierra y el aire los hacer sonar como a los bules, sin que nadie vaya y los encuentre, y luego los guarde por ahí en cualquier sitio para que por lo menos estando muertos se queden tranquilos un rato.

Lo que nos dé de repente por platicar sobre lo que pasó, mejor que no se desbalague mucho para otros lados. Aquí en el noreste se han vuelto, ya se sabe cómo, las cosas.

6

Los treinta y ocho petroleros que no se han vuelto a ver por aquí

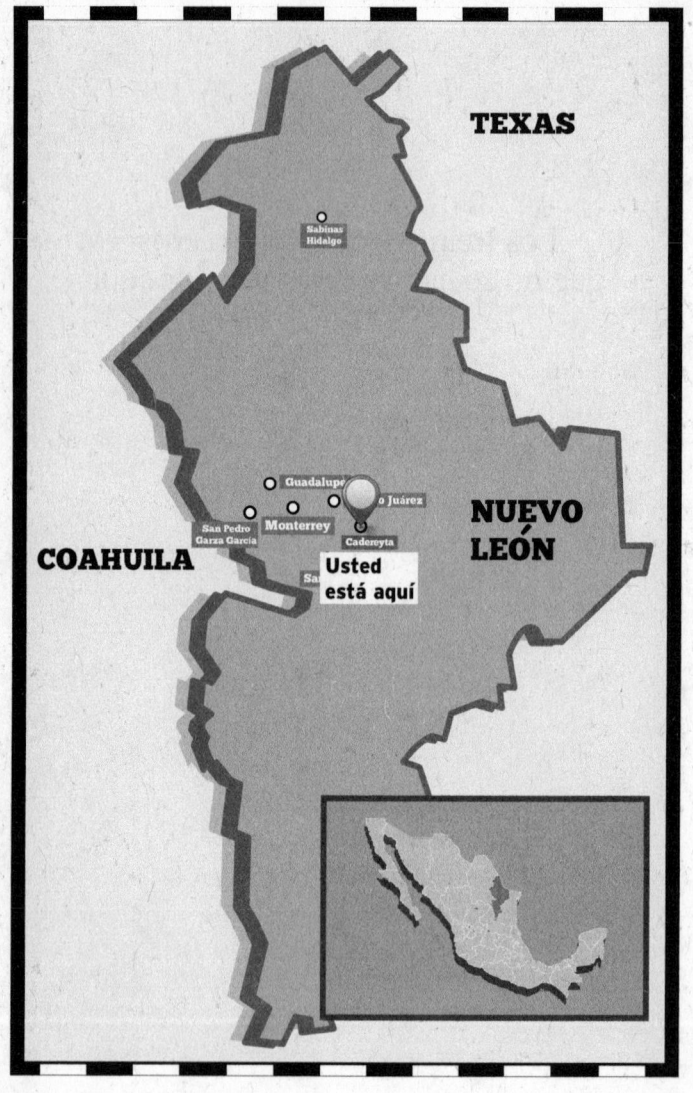

TEXAS

Sabinas
Hidalgo

Guadalupe
San Pedro   Monterrey   o Juárez
Garza García   Cadereyta
                    Usted
                    está aquí

COAHUILA

NUEVO
LEÓN

La noche del 16 de mayo de 2007, David Vega Zamarripa salió de la oficina de la sección 49 del sindicato de Petróleos Mexicanos (Pemex) en Cadereyta, Nuevo León, y se dirigió a su camioneta acompañado por otros sindicalistas. Habían analizado toda la tarde la propuesta que llevarían al día siguiente a los directivos de la paraestatal, durante el inicio de las negociaciones del nuevo contrato colectivo de trabajo.

El vehículo arrancó y al poco tiempo un par de camionetas le bloquearon el paso. Bajaron hombres armados y vestidos con uniformes oficiales. *El Ganso*, como le dicen a David Vega, fue sometido junto con algunos de sus acompañantes, y luego llevados al interior de las camionetas que los interceptaron.

Al día siguiente el hermano mayor de David, Hilario Vega Zamarripa, secretario general del sindicato petrolero, recibió una llamada. Los captores de su hermano lo convocaban a negociar su liberación. El líder sindical acudió a la cita. A la fecha no se sabe nada de él, ni de su hermano, ni de otros trabajadores de la refinería que desaparecieron por esas fechas. Entre obreros, jubilados, proveedores y colaboradores eventuales de Pemex en esta ciudad a las afueras de Monterrey, la suma de desapariciones da, por lo menos, treinta y ocho.

Antes de lo acontecido, los hermanos Vega Zamarripa —cien por ciento priistas— eran los máximos dirigentes del sindicato en la refinería de Cadereyta y de otras instalaciones del noreste. Su poder era tal, que se les mencionaba como sucesores de Carlos Romero Deschamps, el secretario general a nivel nacional y uno de los dirigentes caciquiles del Partido Revolucionario Institucional (PRI) con los que supo gobernar el Partido Acción Nacional (PAN) desde 2000.

Al principio la desaparición de los Vega y de casi cuatro decenas de trabajadores se manejó oficialmente como parte de la disputa por el control de uno de los sindicatos más poderosos de México. Otra hipótesis giró en torno al mundo de las sombras subversivas: el de la guerrilla. En 2007 el Ejército Popular Revolucionario (EPR) colocó bombas en instalaciones de Pemex, por lo que la Procuraduría General de la República (PGR), la Secretaría de la Defensa Nacional (Sedena) y el Centro de Investigación y Seguridad Nacional (Cisen) iniciaron una investigación para encontrar a los guerrilleros infiltrados como trabajadores de la paraestatal, gracias a los cuales el grupo había conseguido atacar exitosamente ductos petroleros demandando la presentación con vida de Edmundo Reyes y Gabriel Alberto Cruz, dos de sus militantes detenidos, que desaparecieron en Oaxaca.

La búsqueda de guerrilleros encubiertos como trabajadores de Pemex continúa sin suerte para las autoridades.

Después de lo sucedido a David e Hilario Vega Zamarripa, en un par de comunicados el EPR incluyó a ambos en la lista de desaparecidos políticos del país y aseguró que el Estado había simulado un ajuste de cuentas del narco para eliminarlos.

Otra versión que se ha manejado en Nuevo León es la existencia de rencillas en el ámbito local en el sindicato. Hermén Macías, director del semanario *Lo Nuestro* de Cadereyta, declaró a *La Jornada* que los hermanos Vega son famosos por las redes de impunidad y corrupción que construyeron. El reportero los acusó de intentar asesinarlo en 2004 por publicar artículos sobre la corrupción del sindicato. De los cinco hermanos y cinco hermanas de la familia Vega, ocho laboran en Pemex, incluyendo a los desaparecidos.

Una hipótesis más fue que los hermanos Vega se oponían a la privatización de Pemex y que debido a ello habían sido desaparecidos por los grupos nacionales que pretendían reformar la Constitución para permitir la inversión extranjera.

En los círculos oficiales de la Ciudad de México se maneja otra teoría sobre los hechos. Según esta versión, recopilada por las autoridades, un comandante de Los Zetas llamado Jaime González, apodado *el Hummer*, ordenó el secuestro de los dirigentes sindicales para que la banda se quedara con el negocio de la venta de plazas y el robo masivo de insumos dentro de la paraestatal, lo cual, en los cálculos de la delincuencia organizada, representa un gran negocio ilegal que no debe estar fuera de sus arcas, cuyos recursos provenientes del narcotráfico ya resultan insuficientes.

Sin embargo, la única certidumbre es que los hermanos Vega Zamarripa y otras treinta y seis personas vinculadas con Pemex en Cadereyta, en 2012 continúan desaparecidos. Lo peor es que, en una realidad tan convulsa como la que se vive, cualquiera de las hipótesis expuestas podría ser cierta, incluso la que asegura que la verdadera guerra de Los Zetas no tiene tanto que ver con las drogas sino con los recursos energéticos de esa zona del país, colindante con Texas, donde se encuentra una de las mayores vetas de gas natural de toda América Latina: la Cuenca de Burgos.

· · ·

En Cadereyta es habitual que haya amaneceres tan desmesurados como los que se ven en un campo petrolero de Irak. Los ríos adquieren un color verde kriptonita, estallan mil esquirlas de aires fétidos y el humo de la refinería de Pemex niebla la luz solar recién salida. Son mañanas en las que, en comparación con Cadereyta, la provincia iraquí de Kirkuk sería un monasterio zen de las afueras de San Francisco, California.

Pero ninguno de los amaneceres industriales de Cadereyta que bien se conocen en Monterrey podrá compararse con el del domingo de la primavera de 2012 en que cuarenta y nueve torsos humanos fueron arrojados al alba en un paraje carretero.

La masacre de los torsos parecía pertenecer a otra especie biológica aterrizada en Cadereyta. Pero no. Se trata de la modernidad del narco mexicano en la que nada es más anacrónico que matar a alguien con un simple tiro en la frente.

Tengo familia y amigos en Cadereyta. Gente que nació, ha crecido y quiere "pasar a mejor vida" aquí, pero que cada vez están más extraviados en su propio terruño. Por lo que platican, parece que viven los días con normalidad aunque se sienten como si estuvieran viajando en barco por el triángulo de las Bermudas, como ardillas en un parque lleno de águilas, como Eminem en Garibaldi, como conejillos en la jaula de un laboratorio farmacéutico, como un candidato presidencial entre estudiantes de la Carlos Septién o de la Ibero, como el Cid Campeador en un episodio de los Simpson, como reporteros en Veracruz durante el gobierno de Javier Duarte.

Lo que sucede aquí es difícil de nombrar. No se puede entender esta delirante "modernidad" del narco sin tener en cuenta que, detrás de lo que sucede, hay negocios millonarios más allá de la droga e incontenibles ambiciones políticas.

Nos hacemos tontos si le echamos la culpa de todo al "sicario" en turno, esta vez, pertinentemente apodado *el Loco*. Exotizar la realidad no ayuda en nada, aunque bien sabemos que un corresponsal extranjero podría venir a Cadereyta y escribir una crónica donde narre su ida a la peluquería local sin que esto parezca del todo estúpido. El estigma de ciertas ciudades y pueblos del norte de México es tan generoso con el periodismo ramplón que cortarse la barba de candado se vuelve algo intrépido. (Y hasta te pueden dar un premio por ello. O quizá después des conferencias en universidades sobre "autoprotección" u otro de esos temas raros que producen las guerras entre oportunistas de tiempo completo. En un caso de suerte extrema es posible que hasta escribas un libro de "vivencias" que servirá como eficaz narcótico literario y como pase VIP para entrar a divertidos *spring breaks* conocidos como encuentros de escritores.)

Mientras todo eso ocurra, Cadereyta y muchos otros lugares del noreste mexicano padecerán la modernidad del narco.

No sabemos cómo nombrar lo que sucede en esta región del país, donde la evasión mental de la realidad crece, donde un eufemismo ayuda a no perder la cordura.

Conozco a un grupo de niños de entre ocho y diez años que, por adiestramiento de sus papás, tienen prohibido mencionar palabras como *narcos*, *zetas*, *soldados*... En lugar de cada una de estas palabras tan presentes en Monterrey, deben decir "bolitas de nieve".

Sí, niños que, como medida de supervivencia cotidiana, crecen relacionando una bolita de nieve con el convoy armado que ven en las calles, con los disparos que suenan por sus escuelas o con el incendio del Casino Royale que ven por la televisión.

Uno de esos niños me dijo que fueron bolitas de nieve las que sembraron el terror en Cadereyta un domingo al amanecer.

7

Rancho de entrenamiento

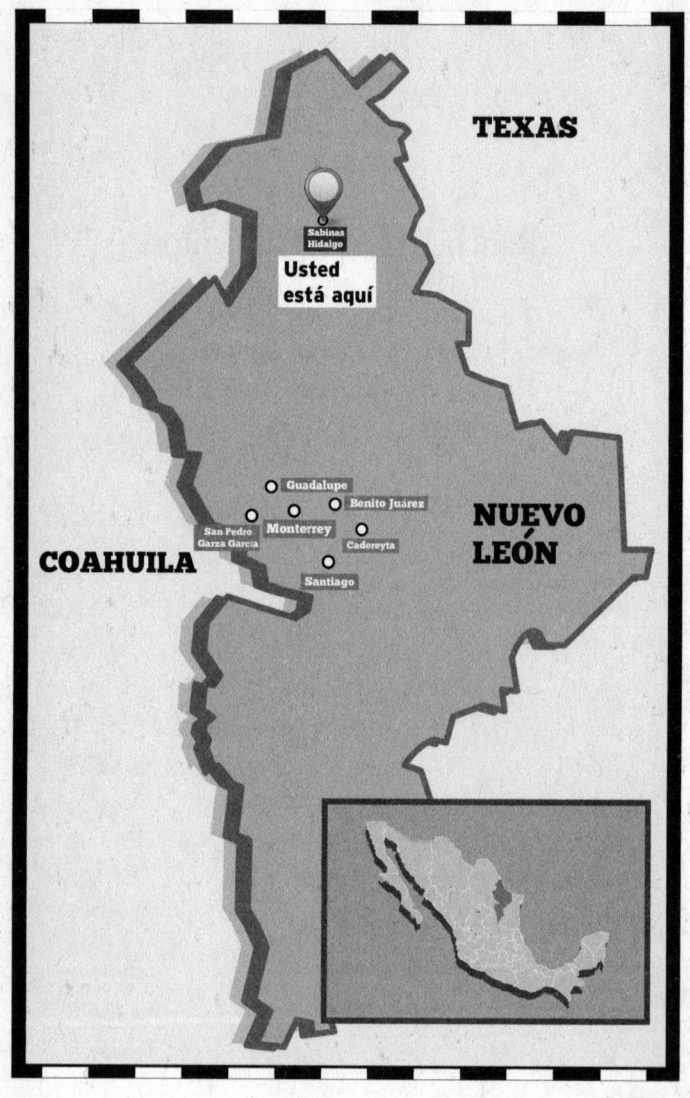

TEXAS

Sabinas
Hidalgo

**Usted
está aquí**

Guadalupe

Benito Juárez

San Pedro
Garza García

Monterrey

Cadereyta

**NUEVO
LEÓN**

COAHUILA

Santiago

A mediados de agosto de 2007 un alto funcionario del gobierno de Nuevo León me dijo:

> La situación es grave, no es fácil tomar una decisión, tenemos informes de que en Sabinas, en sus límites con Nuevo Laredo, hay un rancho donde más de cien zetas están entrenándose con todo tipo de armamento y equipo especial; eso nos rebasa por completo, ahí tiene que intervenir el Ejército. ¿Qué podemos hacer nosotros?

El 14 de agosto de ese año, tres *madrinas* de la Procuraduría General de la República (PGR) fueron ejecutados por Los Zetas con sendas ráfagas de balas de una ametralladora AK-47 y una granada en la Colonia Anáhuac de San Nicolás, una tranquila zona residencial.

Poco antes, el 1º de agosto, pero en Nuevo Laredo, quedaban sobre el asfalto de la avenida Reforma tres cadáveres, setecientos setenta y dos cartuchos percutidos, siete vehículos blindados, trece armas de fuego y una granada intacta; vestigios de un enfrentamiento entre sicarios del cártel de Sinaloa y Los Zetas.

Por esos días las autoridades estatales planeaban pedir que el Ejército interviniera, pero el 27 de septiembre un comando zeta acudió al centro de Sabinas para secuestrar a ocho personas y matar a dos policías locales desarmados. Buscaban a Mauro Landell Monzón, terrateniente y sobrino del *Chapo* Guzmán.

"Simplemente no podemos enfrentarnos a ellos", decía el funcionario. Los Zetas, de acuerdo con su testimonio, equiparon la finca como un campo de entrenamiento militar a semejanza del que tenía el Grupo Aeromóvil de Fuerzas Especiales (GAFE) del Ejército mexicano para prepararse. Muy sabido ya que de esta élite castrense es de donde proviene una importante cantidad de los treinta y un desertores que tiene en sus filas el grupo delictivo auspiciado por Osiel Cárdenas. Ninguna otra organización en la historia del crimen en el país ha llegado a contar en sus filas a tantos ex militares, que a su vez surgieron en su mayoría de grupos especiales de las fuerzas armadas.

En Sabinas, antes del secuestro colectivo de agosto de 2007, recopilé comentarios que la gente hacía. "Algo raro pasa en las afueras de por aquí, por allá rumbo a Laredo hay mucho tamaulipeco", "De repente como que ha habido movimiento de más por aquí, uno lo nota, hay algo chueco", decían en estricta confianza unos cuantos habitantes de los veintisiete mil que registra el censo del Instituto Nacional de Estadística y Geografía (INEGI) en la población. Un modesto empleado del municipio era aún más atrevido o estaba mejor informado: "Aquí están moviéndose muchos narcos, de repente tú ves que pasan como cuatro o cinco camionetas con placas de Tamaulipas y de Texas que nadie conoce, eso sí, algo anda raro. Aquí hay alguien pesado escondido en Sabinas".

Los rastros que iban dejando en Sabinas los miembros de Los Zetas incluían la intimidación y la amenaza de policías rurales destacados por el estado para esa zona norte, que abarca los municipios de Lampazos de Naranjo, Salinas Victoria, Higueras, Vallecillo, Agualeguas y Villaldama.

"De repente abordaban alguna de las unidades de la policía en tres o cuatro camionetas, se bajaban fuertemente armados y les advertían a los elementos que tuvieran cuidado en meterse con ellos porque los matarían; luego se iban pero después de quitarles documentos personales, casi siempre la credencial de elector, y advirtiéndoles que ya los tenían ubicados. Tuvimos varios casos, algunos de los amenazados dejaron la corporación", relataba. A unos cuantos kilómetros de Sabinas, en Nuevo Laredo, durante los últimos años las actividades de Los Zetas no se redujeron solamente a la protección de cargamentos de droga y de capos, sino que se convirtieron en una "autoridad" paralela, al imponerle a delincuentes locales pagos por dejarlos hacer sus operaciones ilícitas. Pero en estos meses de 2007, se notó un incremento y una mayor virulencia en el actuar del grupo. Este clima incierto provocó un enfrentamiento que no amaina en 2012. Informes policiales estiman que Armando Valencia Cornelio y Luis Valencia Valencia, del llamado cártel de los Valencia, se aliaron desde aquel entonces con Joaquín *el Chapo* Guzmán para organizar un grupo de sicarios que pudiera combatir a Los Zetas.

Javier Martínez Pérez, un testigo protegido de la Procuraduría General de la República (PGR) que fue capturado junto con Valencia Cornelio, ha detallado en sus declaraciones que Eloy Treviño *el Licenciado* (también detenido) había buscado a los miembros de la célula criminal de Albino Quintero Meraz *el Beto* para pactar una alianza contra Los Zetas. Entre ambos se encargaron de reclutar aparte a gatilleros provenientes de Sinaloa, de Texas y de los remanentes que quedaron del grupo de Los Chachos, que en su momento operó para Dionisio Román García, uno más de los narcotraficantes rivales en la lista de ejecutados por Los Zetas. Según la versión del testigo protegido, entre los sicarios existen hasta universitarios; caso curioso es Leonardo Pérez Nieto, un devoto de la Iglesia de la Luz del Mundo que tiene un resentimiento más personal que "profesional" en contra de Los Zetas. Los gatilleros fueron armados con rifles R-15 y ametralladoras AK-47, además de recibir entre quinientos y setecientos dólares como pago semanal.

A finales de marzo de 2007 casi todo les había sido dispuesto para intensificar la guerra por el control de la zona, incluso la renta de una veintena de casas estratégicamente ubicadas cerca de las colonias donde operaban Los Zetas en Nuevo Laredo; sin embargo, el "proyecto" tuvo un inicio algo inesperado luego de que sus rivales fueran informados de sus planes y al atardecer del 2 de abril de 2008 arribaran hasta una de sus casas de seguridad, ubicada entre las calles de Lerdo de Tejada y Washington, en donde "capturaron" a nueve de los "elementos recién contratados" para luego torturarlos, ejecutarlos y posteriormente arrojar sus cadáveres en Nuevo León, en una de las tantas brechas que comunican marginalmente el municipio de Anáhuac con Nuevo Laredo. Sus cuerpos registraban la introducción de tunas de monte en la boca y en el ano, entre otros martirios.

Así, esa guerra de 2008 fue frustrada por Los Zetas, aun antes de que comenzara.

Pero no para siempre. Finalmente ocurrió en febrero de 2010.

8

La batalla de Ciudad Mier

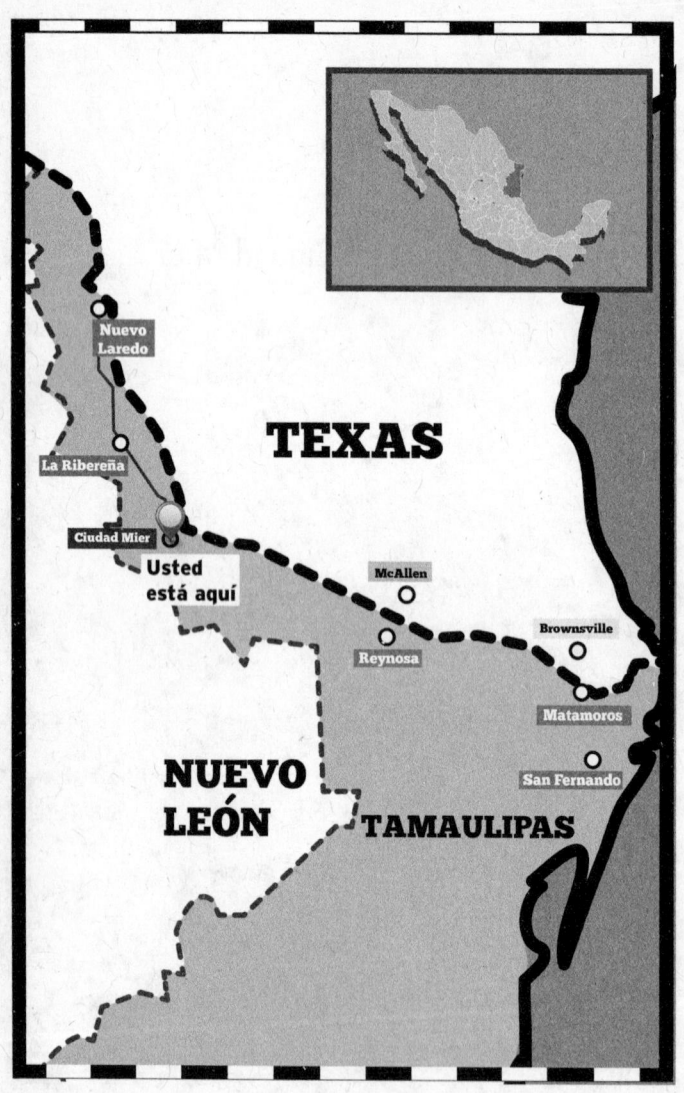

TEXAS

Nuevo
Laredo

La Ribereña

Ciudad Mier

Usted
está aquí

McAllen

Reynosa

Brownsville

Matamoros

NUEVO
LEÓN

San Fernando

TAMAULIPAS

I

La mañana del 22 de febrero de 2010, cuando Ciudad Mier se preparaba para las fiestas anuales, quince camionetas con las siglas del cártel del Golfo entraron por el acceso de la carretera de Reynosa como caballos desbocados. Los pistoleros enfilaron a la comandancia de la policía municipal, bajaron de sus vehículos y comenzó a sonar el tableteo de sus ametralladoras contra el viejo edificio. La gente que estaba alrededor echó el cuerpo a tierra y como pudo fue a refugiarse.

El tiroteo amainó. Seis policías municipales asustados, golpeados, jadeando con la boca abierta, rojos de sangre y con el miedo en la mirada, fueron sacados de la comandancia por los pistoleros, quienes gritaban consignas contra Los Zetas. Ésa fue la última vez que se vio a los seis uniformados y también la última vez que hubo policías municipales en Ciudad Mier.

El comando instaló pistoleros en los tres principales accesos al corazón de dicha ciudad; montaron un cerco para que cuatro camionetas exploraran las calles en busca de casas y negocios a los que hombres de rostro parco entraban por personas específicas. En ese lapso, la plaza principal, ubicada frente a la comandancia, fue usada como paredón. Vaciándose de sangre, dos hombres detenidos por los pistoleros fueron llevados a la plaza. Ahí los acribillaron y después los decapitaron. Sus cabezas terminaron colocadas en un rincón de la plazoleta. Con el paso del tiempo, por el uso frecuente que se le dio, aquel rincón sería conocido como la Esquina de los Degollados.

Un par de horas después de que los pistoleros abandonaron el pueblo, el Ejército hizo un rondín fugaz y desapareció antes de que oscureciera. Toda la semana siguiente el pueblo vivió con somnolencia. El silencio de las noches era cortado por voces lejanas y disparos aislados. Las calles estaban sucias y ruinosas, sencillamente no hubo cómo realizar los festejos anuales del 6 de marzo, los cuales fueron cancelados en ese 2010, algo que no sucedía desde la época de la Revolución, cien años atrás.

II

Aunque no ves a nadie, sabes que hay alguien viéndote a ti. Lo sientes mientras caminas entre el metal escupido por las bocas de los fusiles, regado entre vidrios rotos que, pese a tu cautela, es inevitable hacer que crujan con la pisada de las botas. Debes apurarte a terminar de mirar las gruesas manchas de sangre seca y los miles de impactos de bala que aún quedan en las paredes de las casas. No puedes dejar que caiga la noche mientras buscas recuperar más testimonios de lo que sucedió durante estos meses aquí. La oscuridad de una zona de guerra no es lo mismo que la oscuridad a secas; además, no existe ningún hotel o sitio al cual meterte a pasar la madrugada. Por ahora, este no es el Pueblo Mágico que se anuncia a la entrada: a juzgar por la destrucción existente, es la primera línea de la guerra de Los Zetas.

Se supone que los bandos en pugna emprendieron la retirada hace unas semanas a los campamentos que han montado en ranchos cercanos, y tú, aunque no vengas empotrado a una unidad del Ejército, portando casco y un chaleco antibalas pesado y caluroso, puedes caminar por estas calles donde se ven construcciones cubiertas de ceniza, con basura chamuscada en el suelo y sin señal aparente de vida en su interior. Pero sabes que estás en un pueblo fantasma y es posible que los fantasmas te estén observando.

III

Lo de Ciudad Mier no fue un estallido de violencia irracional. La incursión del 22 de febrero de 2010 formaba parte de un plan más ambicioso para tomar el control de la franja divisoria entre Tamaulipas y Texas, conocida del lado mexicano como la Frontera Chica. Zona clave para cualquier tipo de tráfico ilegal a Estados Unidos, aquí se localiza también la Cuenca de Burgos, la principal veta de gas natural que posee México.

Las cabeceras de pueblos como Miguel Alemán, Camargo, Valle Hermoso y Nueva Ciudad Guerrero fueron asaltadas de la misma forma que Ciudad Mier. El inicio de esta ofensiva que el país tardó en identificar tiene varios nombres: quienes la emprendieron —los integrantes del cártel del Golfo (CDG)— reivindicaron su ataque sorpresa como *La vuelta*; mientras que el blanco de su ofensiva, Los Zetas, marcaron esa fecha con el título de *La traición*. En cambio, la gente simplemente lo llamó *El alzamiento*.

Los ataques coincidieron con la divulgación en México de unas palabras de arrepentimiento de Osiel Cárdenas Guillén, quien lideraba ambos grupos antes de ser extraditado a Estados Unidos, donde a cambio de una pena reducida de veinticinco años de prisión en una cárcel de mediana seguridad, proporcionó información clave contra Los Zetas, agrupación que él mismo fundó una década atrás.

Cuando estalló la guerra en Tamaulipas —un estado cuyo tamaño es cuatro veces mayor que el de El Salvador, y cuyas costas abarcan buena parte del Golfo de México—, no hubo referencia ni posicionamiento particular de las corporaciones policiacas estatales y federales para dar cuenta de lo que estaba sucediendo. Ante las preguntas de algunos periodistas sobre los reportes de balaceras y enfrentamientos en la región, el entonces gobernador Eugenio Hernández dijo que se trataba de pura psicosis. En la bitácora pública de actividades, la comandancia de la Octava Zona Militar del Ejército apenas reconoció tres enfrentamientos, en los cuales murió un soldado y otros once fueron heridos. Finalmente, basados en un reporte de la DEA, funcionarios del gobierno federal filtraron a columnistas de la Ciudad de México que el suceso obedecía a una alianza del cártel del Golfo con el de Sinaloa y La Familia Michoacana, bajo un lema que —según decían— convenía a todos: "México unido contra Los Zetas".

IV

Estás frente al hotel El General, bautizado así en honor de Francisco Villa: un edificio blanco de tres pisos, ubicado en el cruce de las calles Allende y Colón, a menos de veinte kilómetros de distancia del puente internacional de Roma, Texas, uno de los accesos que tiene Ciudad Mier a Estados Unidos. Uno puede reconocerlo por el mural que representa al Centauro del Norte. Durante los días de combate, en una de las ventanas contiguas a dicha obra pictórica, se instaló un francotirador en busca de cabezas. Las edificaciones de mayor solidez en el pueblo fueron usadas como lugar de resguardo durante las batallas callejeras, y las que no fueron incendiadas acabaron con más hoyos que un queso gruyer y aún se encuentran severamente dañadas.

Ciudad Mier estuvo sitiada por lo menos en tres ocasiones a sangre y fuego en 2010, pero los francotiradores no fueron los que sembraron el mayor terror. En una de las incursiones, uno de los grupos armados capturó a un peón apodado *Pepino* y lo sometió a juicio sumario. A plena luz del día lo llevaron hasta la plaza principal, donde lo estuvieron golpeando bajo la acusación de ser un *halcón* (vigía) del bando rival. Él alegaba que esto no era cierto mientras le cortaban un brazo. Todos los habitantes del casco principal podían oír su gritadera mientras lo descuartizaban. Nadie se asomó. Tanto era el miedo, que pasaron casi doce horas antes de que alguien se atreviera a descolgarlo de la rama del árbol donde lo ahorcaron.

V

Un hombre de aire campesino llamado José Concepción Martínez participó en *El alzamiento* del 22 de febrero. Antes de ser reclutado para la guerra de Tamaulipas estuvo ocho años en la Marina Armada. Patrullaba Ciudad Mier en una camioneta con logos del cártel del Golfo (CDG) cuando se topó con un convoy de zetas que lo capturó e hizo prisionero. En un video enviado en agosto de 2010 por sus captores por medio de mensajes electrónicos masivos, y subido y bajado de YouTube de forma intermitente, se ve a Concepción y a otros tres pistoleros, vestidos con uniformes de camuflaje, hincados, con las manos amarradas a la espalda y los ojos vendados, mientras los interroga un comandante de Los Zetas. Concepción relata que estaba en Reynosa en espera de indicaciones junto con otros diez pistoleros antes de integrarse a una *estaca*, nombre que dan los grupos criminales de la región a sus equipos de vigilancia más pequeños. Su sueldo quincenal era de ochocientos dólares. Había sido capturado mientras trataba de escapar de un enfrentamiento durante su bautismo de fuego en la guerra. Aunque contraatacó con una ametralladora, tropezó en la retirada y el arma se le encasquilló. No tardó mucho en ser sometido.

El segundo de los prisioneros es José Abel Rubí, nacido en Baja Verapaz, un pueblo del norte de Guatemala. En la ciudad de Zacapa lo contactó un hombre de apodo *el Paisa*, quien andaba buscando gente que quisiera irse a una guerra que comenzaría en el noreste de México, para la cual se necesitaban personas que supieran matar sin que eso les afectara el sueño a la hora de dormir. Les aseguraba que a cambio la paga sería de mil quinientos dólares al mes. Abel aceptó y se embarcó con otros hombres en el puerto de Ocos hasta llegar a costas oaxaqueñas después de ocho horas de navegación. En Oaxaca los esperaba un autobús al cual se subieron junto con salvadoreños, nicaragüenses y hondureños, incluyendo algunas mujeres. El vehículo llegó sin mayores problemas hasta Reynosa, donde los recibieron y les avisaron que trabajarían para el cártel del Golfo. A Abel lo asignaron a la plaza de Ciudad Mier. Una tarde en la que vigilaba la carretera irrumpió un convoy rival. Cuando quiso abordar la camioneta en la que patrullaba, su compañero arrancó y lo dejó ahí, junto a otros de la aventura bélica muertos y atravesados por las balas.

El tercero de los prisioneros de guerra que aparece es un hombre que dice ser de Ciudad Victoria, Tamaulipas, y haber sido contactado ahí por Jesús Martínez Hernández, un joven reclutador que apodaban *el Binomio*, quien, semanas después de iniciados los combates, se dio un tiro en la cabeza debido a un ataque de paranoia. El prisionero de Ciudad Victoria relata que la mayoría de los hombres reclutados en México son de Michoacán; son ellos quienes integran los comandos que recorren la región acompañados por algún nativo de Tamaulipas, elemento que a su vez suele tener la función de guía.

El cuarto de los prisioneros se llama Miguel López Rodríguez y es del puerto de Veracruz. Cuenta que después de un enfrentamiento fue capturado en Ciudad Mier. Tenía once días de estar de guardia ahí y se movía por las carreteras de los alrededores, junto con otras tres decenas de hombres, a bordo de siete camionetas. Cuando sus captores se lo llevaban, de reojo vio que atrás quedaba un reguero de muertos, tiesos como el cuero. Salió mudo de la batalla.

Tras dieciocho minutos de proyección el video acaba abruptamente sin que hasta la fecha se sepa el destino de los apresados. Por el momento hay que agregarlos al número de las desapariciones forzadas en la región y preguntarse si sus restos aparecerán algún día, cuando sean desenterradas las fosas comunes cavadas por ambos grupos para maquillar el horror de su lucha encarnizada.

VI

Aunque aquí suelen matar a alguien diariamente, casi no hay muertos. Tamaulipas, una de las regiones más violentas del país, tiene reservada la palabra *muerte* para otras cuestiones espirituales (algo curioso, tomando en cuenta que el mundo que se ve hoy por estos rumbos no incita precisamente a ser espiritual). En lugar de muertos, se habla de acribillados, encajuelados, encobijados, rafagueados, entambados y sobre todo de ejecutados. El verbo *matar* casi nunca se conjuga: más bien se dicen —y se practican— sus sinónimos. Piensas en eso mientras viajas por la carretera que va de Monterrey a Ciudad Mier, considerada una ruta algo más que peligrosa, donde a veces recorres tramos tan largos y solitarios que se podría jugar en ellos un partido de futbol en pleno lunes al mediodía.

Recuerdas un viaje lejano, allá en la adolescencia, cuando de repente al coche lo asaltaban por las ventanillas el sonido de una polka norteña o el olor denso de arracheras asándose sobre el carbón y chiles serranos tostándose entre las brasas. Ahora no hay nada de aquello. Oyes las roncas combustiones emitidas por el motor del coche y el aire te parece asfixiante.

Marín, Doctor González, Cerralvo y General Treviño son nombres de pueblos sin vida que quieres dejar atrás cuanto antes, mientras te diriges a Ciudad Mier enumerando cada uno de los ciento cincuenta y ocho kilómetros de esta carretera que la guerra convirtió en un camino de sombras.

VII

A diferencia de Sinaloa y Chihuahua, en Tamaulipas no se cuenta con una larga tradición en el tráfico de drogas. No al nivel de Sinaloa, que desde los años treinta ha surtido de importantes cantidades de heroína, mariguana y cocaína a estados como California, el lugar del mundo con más consumidores de drogas por metro cuadrado, y por ende el mercado más codiciado entre esa empresa armada que es el narco. En el noreste de México, sobre la ruta a ciudades como Nueva York, si bien existía el contrabando, el narcotráfico tuvo un crecimiento importante hasta hace apenas dos décadas, en un principio bajo el control omnipotente de la policía federal y de un grupo de traficantes al que se le denominó *el cártel del Golfo*, por la ubicación de Tamaulipas en el mapa.

Un profesor llamado Óscar López Olivares, quien fuera socio del capo Juan García Ábrego —y que más tarde se convirtió en testigo protegido del gobierno estadounidense— tiene una historia que contar. En sus memorias, de las que se publica una parte en este libro, relata la forma en la que García Ábrego le dio un giro empresarial a la organización que había fundado el tío de este último, Juan Nepomuceno Guerra.

De cara a lo que vendría después, las ambiciones del contrabandista Juan N. Guerra eran sin duda modestas. Cuenta López Olivares:

En el año de 1980 quedó establecido el puente aéreo Matamoros-Oaxaca, con un promedio de cuatro vuelos por semana de cuatrocientos kilogramos de cáñamo indígena (mota, mariguana, grifa, hierba verde); en ese tiempo contaba con cuarenta años y jamás en mi vida había visto la hierba, pues apenas acababa de conocer la cocaína, que los mismos agentes federales me habían enseñado a utilizar contra el cansancio del vuelo. En Matamoros, la Policía Judicial Federal estaba compuesta únicamente por tres elementos y todos eran amigos de Juan García Ábrego desde la infancia. Les conseguíamos oficinas, muebles, armas, y les pagábamos la luz, así como una gratificación por cada viaje. Durante los años siguientes se hizo una constante que a cada comandante nuevo que llegaba había que comprarle nuevamente todo, pues el que se iba no dejaba nada.

Este tipo de operaciones fueron las que predominaron y se afianzaron durante el gobierno de Carlos Salinas de Gortari, cuando se incluyó al cártel de Cali como el gran proveedor de la cocaína colombiana vendida a los consumidores estadounidenses. En enero de 1996, García Ábrego fue detenido y extraditado a Estados Unidos, y el cártel del Golfo vivió su primera transición. Por esa época, a finales de los noventa, Osiel Cárdenas Guillén tomó el control y empezó a oírse hablar de Los Zetas, pero lo que se decía sobre ellos parecía más leyenda que realidad.

En un inicio, Los Zetas eran un grupo de escoltas encargados de cuidar la vida del capo. Sin embargo, a partir de 2003, cuando Osiel Cárdenas Guillén fue detenido y encarcelado en una prisión de máxima seguridad, el grupo conformado por ex militares de élite entrenados en Estados Unidos creó una organización de corte marcial que fue dirigida por Heriberto Lazcano, cabo de infantería desertor con entrenamiento especial en combate, inteligencia y contrainsurgencia. La extradición de Cárdenas Guillén a la Unión Americana acabó por darles autonomía total como una nueva organización en el mapa del narcotráfico nacional, convirtiéndose, incluso, en una especie de marca registrada de la violencia extrema. Su fama hoy es tal, que un zeta no es solamente quien forma parte de dicho grupo, sino también lo es aquel sicario o narco que pone la violencia por delante del "negocio".

Hasta febrero de 2010, el cártel del Golfo prácticamente había desaparecido. Entonces ocurrió *El alzamiento* y fue cuando quienes lo encabezaron revivieron las siglas CDG para nombrar la alianza de algunos traficantes tamaulipecos con el cártel de Sinaloa y La Familia Michoacana en contra de Los Zetas.

VIII

Como Ciudad Mier hay otros pueblos a la redonda colapsados por la guerra. Uno es San Fernando; como cualquiera podría imaginar después de que ahí se encontraran, el 23 de agosto de 2010, los cadáveres de setenta y dos migrantes. Lo sabes también porque gente de ahí te ha contado cómo la plaga de la guerra y los enfrentamientos llegaron a trastocarlo todo desde febrero; arrojaron decenas de muertos y con ello impactaron la vida de los habitantes del casco de San Fernando. Sin embargo, conoces también que lo peor ocurrió en las carreteras y brechas donde se cree que los asesinatos se cuentan por cientos. De esto se sabe muy poco con certeza, debido a que la prensa regional no puede informar de ello y los enviados de la prensa nacional y extranjera estarían en grave riesgo si intentaran pisar la zona para investigar.

Las brechas son espacios ideales para moverse y esconderse en una guerra como la de Tamaulipas; y más que un pueblo, San Fernando es, en cierto sentido, un casco urbano con un laberinto interminable de brechas. La gente que debe transitar por algunas de éstas, te relata cómo el olor a muerto tiene impregnado los caminos, y cómo los zopilotes ya pasan más tiempo pisando la tierra que volando. ¿Cómo hacer que la curiosidad venza al miedo, para ir a verificar si lo que se dice sobre las brechas es verdad y no una exageración?

Te cuentan también que en los primeros días de la guerra era común ver la ciudad patrullada por convoyes de pistoleros de uno u otro bando, apuntando sus armas hacia la calle y las casas. Esas manadas de vehículos que irrumpían en el pueblo llegaron a estar formadas hasta por cuarenta camionetas *pick up* doble cabina, sobre las cuales se movían cuatro pistoleros en cada una: ciento sesenta hombres con armamento seguramente adquirido en Estados Unidos. A veces los convoyes paraban su marcha e instalaban retenes en las carreteras para vigilar el ingreso a la zona. Otras ocasiones desataban el trueno de sus fusiles contra cualquier cosa que les pareciera amenazante.

Hasta antes de la matanza de los setenta y dos migrantes, ocurrida en un rancho del ejido El Huizachal, la presencia del Ejército era reducida en San Fernando. Después de la tragedia la zona se militarizó, pero sólo unos días. Cuando los soldados se fueron, los ánimos de los habitantes que todavía no huían se volvieron a desmoronar. Te dicen que quizá no vas a encontrar un solo sanfernandense que no haya perdido amigos, familia o conocidos de toda la vida a causa del conflicto. Te aseguran que no todos los muertos son narcos, que hay muchos inocentes, que no debes olvidar que en las guerras la muerte es pareja, y que siempre hay dramas terribles como los que han sucedido en ésta; tragedias como las de esas familias que han hecho funerales y enterrado solamente las cabezas de sus parientes muertos porque el resto de los cuerpos jamás los pudieron encontrar.

IX

Basta echar una ojeada a un mapa de México para darse cuenta de que Ciudad Mier es la línea divisoria entre dos grupos en guerra. Reynosa, área de influencia de CDG, queda al oriente, y Nuevo Laredo, bajo control de Los Zetas, al este. Ciudad Mier está justo a la mitad, por eso es explicable que ahí se librara la batalla más importante de la guerra de Tamaulipas. Lo que no resulta lógico es que Ciudad Mier fuera abandonada a su suerte, que las autoridades la dejaran morir lentamente durante casi nueve meses.

Al menos eso creen algunos de sus pobladores, quienes sospechan que uno de los grupos está haciendo la guerra que debería hacer el gobierno, y quienes se preguntan que si esto no es así, por qué no entraron antes los militares de forma permanente, como lo hicieron hasta finales de año, el 2 de noviembre, tras un enfrentamiento que provocó el éxodo de prácticamente todos los habitantes.

En la Octava Zona Militar responden a esta pregunta diciendo que era imposible hacerlo debido a que la mayoría de la tropa estaba concentrada en otras operaciones ordenadas desde la Ciudad de México, y que Ciudad Mier no era el único lugar en guerra. Algunos de los pobladores no creen en esto, y argumentan que hubo negligencia gubernamental. A su juicio, la lógica fue dejar que los narcos se destruyeran entre ellos, y al hacerlo, de paso, se permitió que destruyeran Ciudad Mier.

En ese lapso los muertos de la guerra de Los Zetas se quedaron sin acta de defunción. De febrero a noviembre de 2010 hubo masacres, asesinatos selectivos y balaceras, pero no existió parte informativo de las batallas ni comunicado o vocero que diera cuenta de lo sucedido o de sus causas. En medio de los bandos en pugna, los habitantes eran juguetes de un azar indescifrable, y fuera de Tamaulipas pocos se enteraban de lo que sucedía. La información de la zona salía a cuentagotas a través de internet. Una mujer se atrevió a grabar la forma en que quedó La Ribereña —carretera que comunica a Ciudad Mier con el poblado de Camargo— luego de un enfrentamiento que duró toda la madrugada. Días después de subir las imágenes a las redes sociales, el video se convirtió en noticia de portada en los diarios nacionales y tema de conversación por unos días. Luego se reanudó, otra vez en silencio, la guerra de Los Zetas: cadáveres tirados, harapos ensangrentados, esqueletos de camionetas calcinadas, miles de cartuchos percutidos y militares peinando la zona aparecen en la grabación de un enfrentamiento cuyo registro oficial no existe, pero que ocurrió y se supo gracias al teléfono celular de una mujer desconocida.

Algún día alguien contará la historia de tantos anónimos valientes que también ha producido la guerra de Tamaulipas, como esta mujer.

Durante ese tiempo, Ciudad Mier no sólo fue un pueblo sin policías: se convirtió en un lugar sin escuela, sin bancos, sin carnicerías, sin médicos y sin farmacias, porque los principales establecimientos estuvieron cerrados buena parte de los nueve meses. Camionetas cargadas de gente con maletas y bultos abandonaban el pueblo. La arquidiócesis estuvo a punto de dejar a Ciudad Mier también sin cura, pero —pese a la orden de sus superiores— el sacerdote del pueblo fue el único de la Frontera Chica que se rehusó a abandonar su templo durante los enfrentamientos. El tamaño de la soledad de Ciudad Mier era tal, que el alcalde sólo visitaba la presidencia municipal dos veces por semana, y el resto de los días los pasaba en Roma, Texas, o en cualquier otro lugar lejano y seguro.

En 2010 no sólo no se celebró el aniversario del poblado, tampoco hubo fiestas de Semana Santa, Día de las Madres, y ni siquiera Grito de Independencia. La vida civil en Ciudad Mier se fue extinguiendo de forma callada y cruel, hasta que en noviembre apenas quedaban mil de los seis mil ciento dieciséis habitantes que computaba el censo oficial. Fue entonces cuando el país le prestó un poco de atención a la tragedia del pueblo, ignorando lo que le había ocurrido a lo largo de los meses anteriores.

X

Cuando empezó la guerra, Raymundo Pérez Arellano fue uno de los pocos periodistas que viajaron de la Ciudad de México a Tamaulipas para ver lo que pasaba. Serio como persona y más como reportero. No es de esos que hacen periodismo porque andan buscando la misma adrenalina que puedes conseguir si te subes a la montaña rusa, o de los que creen que las guerras son como en las películas de Hollywood, o que se trata de un asunto poético. Antes estuvo en Líbano y sabe que los campos de batalla están llenos de sangre, de cuerpos mutilados, de dolor y pánico; que la palabra *guerra* no tiene el mismo significado para un político que la usa como un elemento más de su retórica, que para quien la padece en carne y hueso.

Tu amigo estuvo trabajando al principio sin demasiados aspavientos en esos días de marzo de 2010 en Reynosa, junto con Juan Carlos Martínez, camarógrafo de Milenio Televisión. Hicieron un reportaje sobre el *hip-hop* que le canta al narco y otro sobre la cuenta de Twitter del gobierno de la ciudad. Cuando trataban de corroborar unos datos —precisamente sobre periodistas locales desaparecidos a causa de la guerra— se toparon con un convoy de hombres armados que circulaba a plena luz del día por un lugar céntrico. Los pistoleros pasaron al lado de ellos. A los pocos minutos los volvieron a topar por segunda ocasión, unas calles adelante. Detuvieron a tu amigo y al colega camarógrafo, les pusieron pistolas en la sien y cortaron cartucho; los golpearon, los llevaron a una casa de seguridad y los interrogaron. Antes de dejarlos en libertad les ordenaron: "Váyanse y avisen que la prensa no venga a calentarnos la plaza". Pocos minutos después tu amigo te llamó y soltó a bocajarro: "A la mierda el periodismo: no sirve para nada lo que hacemos".

XI

Un par de años después de la firma del Tratado de Libre Comercio entre México, Estados Unidos y Canadá se intensificaron los trabajos de explotación de gas de la Cuenca de Burgos al permitirse de forma parcial la participación de empresas privadas. No es poca cosa la infraestructura gasera que ha sido levantada en la zona desde entonces, aunque la guerra la ha puesto en un segundo plano: hay ciento veintisiete estaciones de recolección, veintiocho de trasiego y diez de entrega, así como ciento ocho ductos de gas húmedo y ciento catorce tuberías de gas seco con una longitud total de dos mil setecientos ochenta y nueve kilómetros. En su conjunto, colocadas en línea recta, la totalidad de las instalaciones equivaldría a la distancia en carretera del Distrito Federal a Arizona. Aun así, la red de explotación todavía es muy limitada para la riqueza que hay en la región. En el vecino estado de Texas, por ejemplo, hay noventa mil pozos explorados y diez mil produciendo, mientras que en Tamaulipas existen once mil explorados y solamente mil novecientos produciendo, de los cuales, la mitad pararon sus actividades a causa de la guerra.

Ciudad Mier y los demás poblados de la zona de guerra se localizan en una de las principales regiones energéticas del país. Hace unos años, luego de que se anunciara una fuerte inversión de Pemex en el área y de que se prometió un esquema de privatización parcial, la Frontera Chica empezó a ser conocida como un nuevo El Dorado. La expectativa de una explotación masiva del gas generó un *boom* económico: empresas y trabajadores emigraron a los pueblos de la región, provocando que aumentaran todos los precios, desde los tacos de carne asada hasta el de la hectárea de tierra.

Sin embargo, en 2010 el panorama cambió radicalmente: la guerra ahuyentó a pueblos enteros, hizo que bajara el precio de los predios; en lugar de bonanza llegó la miseria, y con ella la región comenzó a ser identificada como una tierra inhóspita.

En medio de la guerra, una cuadrilla de trabajadores estaba dando mantenimiento a la estación de compresión de gas de Pemex llamada Gigante 1, construida en un tramo de Nueva Ciudad Guerrero, municipio vecino de Ciudad Mier. De repente apareció un grupo de hombres armados y les advirtió que se fueran de ahí. Los técnicos obedecieron y reportaron a sus superiores lo que les había pasado ese 16 de mayo de 2010. No trabajaban directamente para la empresa paraestatal Pemex, sino para Delta, una de las compañías subcontratadas.

Junto con la estadounidense Halliburton, compañías como Delta llegaron hace tiempo a la zona, atraídas por la promesa de bonanza que dejaría la explotación de la Cuenca de Burgos, en la que Pemex calculaba en 2003 que se invertirían veinte mil millones de dólares durante los años siguientes.

Los jefes de la cuadrilla descreyeron el relato de los trabajadores y les ordenaron regresar la semana siguiente a la estación de compresión; si no, serían despedidos. Así lo hicieron, y cuando apenas tenían unas horas de regreso, apareció uno de los grupos en guerra y, sin más, se llevó a seis de los trabajadores que estaban ahí. No hubo resistencia alguna. Los demás empleados alcanzaron a correr y esconderse. A la fecha nada se sabe del paradero o destino del mecánico Anselmo Sánchez Saldívar, de los ayudantes de mecánico

Martín Franco y Martín Zúñiga, del instrumentista de máquinas de compresión Saúl García Ayala y del operador de plantas de compresión Christopher Cadena García. Rancheros que vivían en los alrededores de las instalaciones de la Cuenca de Burgos, como Gerardo García, César García y Adán de la Cruz Santiago, también fueron secuestrados y, al igual que los trabajadores de Pemex, sigue sin conocerse su paradero al día de hoy. El número de personas desaparecidas cerca de estaciones de Pemex es mayor, casi tan grande como el miedo a denunciarlas.

Tal como lo comentan algunos conocedores de la región, suena a teoría de la conspiración suponer que en medio de la lucha de intereses que se disputan el estado de Tamaulipas, se encuentren también ciertas compañías petroleras de Texas. Sin embargo, cabe recordar que, además del negocio de la guerra, Afganistán e Irak representaron muy buenas inversiones en cuanto a energía se refiere para las mismas empresas estadounidenses que hoy —y desde hace tiempo— tienen los ojos puestos en la Cuenca de Burgos.

También suena a teoría de la conspiración ese afán de justificar todos los males de la zona como el resultado de un enfrentamiento entre un cártel y otro, ignorando los intereses políticos y económicos imperantes en la Frontera Chica, los cuales, de algún modo, quedaron en medio de la disputa por el control del tráfico de drogas a Estados Unidos.

Conspiración o no, nada se sabe con certeza sobre lo que pasará con el tesoro nacional que hay bajo el teatro de la guerra en Tamaulipas.

XII

En una situación de guerra, negarse a prestar testimonio es una de las maneras que los testigos tienen de salvar sus vidas. Fingir ignorancia es una forma de sobrevivir. Y en esta guerra, los bandos en pugna exigen un silencio a su favor.

Por lo general las revueltas buscan hacer visible algo. Lo de Tamaulipas es otra cosa: lo contrario.

Te cuentan que hace poco estuvo por aquí la televisora Al Jazeera, y que lo que decían los periodistas enviados era que nunca habían estado en un terreno tan fangoso, donde el riesgo y el desconcierto lo dominaran todo. Los de Al Jazeera, que en los años recientes han estado en las líneas de fuego de los principales conflictos bélicos del planeta, no pudieron recorrer la carretera de La Ribereña. Ni los funcionarios locales ni los militares les dieron mínimas garantías de que saldrían vivos si lo intentaban. Optaron por hacer un reportaje sobre la forma en que los *sheriffs* fronterizos texanos viven el drama tamaulipeco.

¿Qué más? Nadie sabe cómo cubrir lo que sucede aquí. Por mucho, la tarea más difícil del periodismo la tienen los colegas locales. En los periódicos de Tamaulipas lo que debe callarse supera a lo que se puede contar. Enciendes la radio del coche. Hay canciones de Rigo Tovar o de Cuco Sánchez, o comentarios sobre los resultados del torneo de futbol nacional, pero no se informa de las cinco personas asesinadas hace unas horas en el centro de Reynosa, ni tampoco de los ataques con lanzagranadas en un ejido de Camargo. Te preguntas: ¿cómo va a documentarse cincuenta años después lo que hoy sucede en Tamaulipas, si no existe registro alguno al día siguiente?

Sabes que el silencio que hoy existe en Tamaulipas no se generó de forma espontánea. Para funcionar el silencio requiere de un sofisticado aparato de represión. Necesita de fosas clandestinas, de gobernantes ilegítimos, del monopolio de los *cuernos de chivo*, de la degradación económica, de policías corruptos y de una sociedad civil aletargada. "Quien se impone mediante el ruido debe hacer un mayor esfuerzo para mantener su hegemonía que quien lo hace a través del silencio." Kapuściński decía eso y afirmaba también que por tal motivo la palabra *silencio* casi siempre aparece asociada con términos como *sepulcro* (silencio sepulcral) o *mazmorras* (el silencio de las mazmorras).

No se trata de asociaciones gratuitas.

Sabes que a *Pepino* lo mataron sin que nadie hiciera nada y en silencio. Uno de los hombres que oyó todo —y que lo vio al día siguiente colgado antes de entrar a misa— te contó que desde ese día no ha podido dormir bien. Ese hombre ha entrado ya al laberinto negro de los insomnios que producen todas las guerras.

La batalla de Ciudad Mier y de todo Tamaulipas es sobre todo una batalla contra el silencio.

XIII

El 2 de noviembre de 2010, cuando Los Zetas lanzaron una contraofensiva para recuperar el control de Ciudad Mier, Matilde González Puente estaba en la sala de su casa viendo la telenovela de las cuatro de la tarde. Al escuchar los primeros balazos se levantó de la silla para ir a cerrar primero la puerta principal y luego la del patio. Los balazos se siguieron oyendo e imploró: "¡Virgen, líbrame!", mientras lamentaba en sus adentros que hubiera gente con una piedra en lugar de corazón. Después dos balas pasaron cerca de ella y se estrellaron al lado de un viejo ropero, dejando un par de hoyos en el concreto. Matilde González se apresuró a entrar a una pequeña bodega dentro de la casa, donde había un colchón, el cual se colocó encima para tratar de sentir menos miedo y calmar el temblor de su artritis. A sus ochenta y dos años Matilde no había podido abandonar el pueblo como la enorme mayoría lo había hecho ya. Uno de sus hijos vive en Monterrey y sus dos hijas en Estados Unidos: una en California y la otra en Texas. "Vivo de milagro, por pura cosa de diosito", me dijo el día que la conocí. Matilde nació el 18 de diciembre de 1928, cuando no tenían mucho de haber menguado las batallas revolucionarias en México y estaba en pleno auge la lucha cristera. Fue una de las pocas personas que nunca abandonó Ciudad Mier y me comentó que ya estaba resignada a morir como nació: en medio de la guerra. Estaba cierta de que lo que le sucedido al pueblo tenía una explicación divina y que los responsables recibirán algún día lo que merecen: "Dios sólo espera el momento indicado".

Pasaron varias horas hasta que amainó la tormenta de pólvora ocurrida ese Día de Muertos que Matilde González pasó encerrada. Toda la noche hubo humo saliendo de la esquina norte del pueblo y en las calles del acceso a Reynosa quedaron los esqueletos de tres camionetas calcinadas y un vehículo recolector de basura volteado tras ser improvisado como barricada. En algunas paredes aparecieron pintas de grafiti con mensajes como: "Su plaza Ja ja ja", "Sálganle Golfas, ya llegamos" y "Pónganse vergas porque ya llegamos los zetas a quedarnos".

Otro hombre, de ojos color avellana, Gregorio Olivo Salinas, nacido por los mismos años que Matilde González, también estuvo cuando sucedió la batalla del Día de Muertos. Mientras platicábamos, a varias semanas de los sucesos, unos albañiles trabajaban en Hidalgo, una de las calles principales donde había fachadas de casas que tenían las paredes negras por el fuego y otras que guardaban todavía tantos impactos de bala en el concreto, que parecían estar enfermas de sarampión.

—¿Cuántos balazos se habrán disparado ese día? —pregunté.

—¿Aquí? Millones de cartuchos se recogían ahí; hasta para venderlos por kilo, pero no se mataba tanto porque todos estaban bien escondidos, arriba de las casas.

—¿Le había tocado a usted una cosa así?

—Fui jefe de la policía bastante tiempo; tres etapas. Pero no, había otras cosas duras, nada como esto.

—¿Cómo qué?

—La [policía] federal era la que andaba aquí encargada de ese asunto. Yo estuve del 86 para atrás y ya después arreglé mi pasaporte y me fui a trabajar para allá —señala en dirección a unos mezquites detrás de los cuales está el río Bravo.

Gregorio Olivo empezó a fastidiarse de la conversación. Se movía de un lado a otro y se tocaba el ala izquierda del sombrero vaquero que llevaba puesto.

—Ojalá que se mejore la situación de Ciudad Mier —le dije.

—Ojalá, qué más quisiéramos, porque pues apenas se está arrimando la gente al pueblo. Aquí estaba antes solo, solo. En esta calle nada más yo me quedé. Ahora, bueno, pues ya comienza a haber familias.

—¿Y usted por qué no se fue?

—¿A dónde me voy? Al cabo lo que no te pasa de joven, de viejo no te escapas [Risas].

XIV

En este instante la única compañía que sientes en la solitaria carretera por la que vas es la de unas cruces monumentales ubicadas en el kilómetro treinta y cinco. Son del tamaño de una casa de tres pisos y están a la entrada de un cementerio.

Unos kilómetros más adelante aparece, en el carril de sentido contrario, el único vehículo con el que te has topado en media hora de recorrido. Es una vieja *pick up* conducida por un hombre de bigote y camisa celeste, quien enciende y apaga las luces un par de veces justo cuando su coche está frente a ti. Quiere decirte algo. En cualquier otra carretera pensarías que te avisa que tienes una llanta ponchada, o que más adelante te vas a topar con un accidente o con un tramo en mal estado, pero en esta vía de comunicación lo que se viene a la mente es que adelante hay un enfrentamiento o un retén de alguno de los grupos de la guerra. Sigues la marcha y lo que encuentras es una obra en construcción que parece abandonada, por lo que debes salir de la carretera unos metros y andar entre la tierra antes de retomar el camino de asfalto. Solares yermos, arbustos pardos, corrales vacíos, tristes nopales, bodegas de alimento para vacas derrumbándose: el paisaje de un campo agonizante va quedando atrás.

Poco antes de entrar a Ciudad Mier, en el municipio contiguo de General Treviño, ves a tu costado izquierdo un rancho donde hay algo de vida y una imagen que parece un espejismo: avestruces y ponis compartiendo cautiverio entre los mezquites retorcidos de troncos gruesos y follaje abundante que les regalan sombra. Más adelante, asomándose por el valle, adviertes unas columnas de humo negro, denso y brumoso. Otra vez se activa discretamente una alarma dentro de ti.

Así se recorre esta carretera, bajo tensión.

El coche continúa su marcha. Pasas a un lado de la humareda y te das cuenta de que fue causada por basura quemada. La siguiente imagen con la que te topas es la de pequeños montículos con costales llenos de tierra y tambos atiborrados de rocas en ambos lados de la carretera, trincheras que por el momento no dan refugio a nadie.

Has llegado al sitio que andabas buscando: Bienvenido a Ciudad Mier.

XV

El CDG inició la ofensiva contra Los Zetas divulgando un canto de batalla con ritmo de *hip-hop*. Cano y Blunt, raperos fronterizos, grabaron la canción de propaganda. Se llama "El reto" y busca explicar el porqué del inicio de la guerra en febrero de 2010.

Dice así:

Recuerda, ciudadano: no todo es violencia,
por eso el CDG también en eso piensa.
Respeto a tu familia, no te metas conmigo
insisto y te recuerdo: yo no soy el enemigo

Esto va de parte de CDG, esto es un llamado,
así es que escuchen bien: el pleito no es contigo,
ni con el gobierno, pero si nos buscas, arderás en el infierno.
El que mata a mujeres y niños es un cobarde.
Hay que ir de frente, porque así es el jale.
Confunden la valentía con la felonía,
cuando en verdad es pura cobardía.

Los que se creen valientes, allá ellos con su fama,
mienten y quitan la vida a gente inocente.
Los invito: topón de frente. Ya saben: escojan el puente,
la hora, el día para desaparecerlos como los dinosaurios,
extinguirlos en masa con la metraca, taca-taca-taca.

Pa' que el pueblo sepa que el CDG respeta,
en todo el planeta,
pa' que se den cuenta que aquí va la vuelta,
pa' los que secuestran.
Y con el gobierno evitamos la fricción,
pero si así lo quieren nos damos un tocón.
Es por eso que con ellos evitamos balaceras,
para que así gente inocente no se muera.
Pueblo: no confundan al cártel con cobardes;
si el CDG no mata más que a los cobardes.
Ya lo saben, acabemos con la escoria.
Y protejamos bien nuestras colonias.
Así es que los retamos a que se la fleten al estilo bravo,
líderes enfrente, no manden achichincles para que los mate,
amárrense las bolas, bola de cobardes.
Matamoros, Reynosa y Laredo, todo Tamaulipas,
también el mundo entero, en el entrenamiento el cártel no escatima,
por eso en Tamaulipas, el CDG domina.

Flétense cabrones, nos damos un tocón,
y donde ustedes quieran, les damos un juntón.
Maten pero el hambre, y déjense de pedos,
y por si necesitan, yo les presto mi dedo.

Esto es un reto.

En contraparte, Los Zetas, poco después de iniciados los ataques, enviaron a los buzones de los correos electrónicos de funcionarios locales, periodistas y empresarios, el siguiente escrito, explicando su posición ante la guerra:

Este es un comunicado oficial de parte de La Compañía.

Sabemos que en todas las ciudades están molestos con todo lo que está pasando y están hartos de ver cómo esto no se termina, pero aquí está la realidad de lo que querían saber:

A nosotros nos tachan de secuestradores, extorsionadores, asesinos y demás, pero les recuerdo que nosotros, antes de que iniciara todo esto, estábamos a las órdenes del Cártel del Golfo (CDG), y por lo cual recibíamos órdenes. Ahora que ellos nos declararon la guerra, aun así nos culpan de quemar casas, de matar gente inocente y demás, como si ellos no hicieran eso.

Se tachan de finos, estudiados y buena gente, que hasta roban tiendas de ropa para vestir bien. Queman casas porque creen que así nos iremos para siempre, matan a gente inocente para echarnos la culpa de eso y que toda la ciudad se ponga en contra de nosotros, y ellos queden bien. Ponen comunicados en diferentes medios para tapar el sol con un dedo.

Nosotros no necesitamos andar diciendo a la gente que nos apoye, ni mucho menos reclutamos alumnos de secundarias como ellos lo hacen. Nosotros somos gente preparada para combate y no necesitamos de gente que no sabe ni manejar un arma.

Ellos nos declararon la guerra y ahora no la ven llegar porque están situados en territorios donde no se pueden mover para ningún lado y por eso necesitan de sus alianzas con otros cárteles para defenderse, pero no saben que sus aliados los terminarán exterminando primero a ellos.

Así que espero que les quede claro la realidad de quién recluta gente no preparada, de quién asesina gente inocente para culparnos a nosotros, de quién arma sicosis en la ciudad para que la ciudadanía crea que con ellos las extorsiones, secuestros y asesinatos terminarán, de quiénes publican miles de "comunicados" y pagan mucho dinero para que sus videos sean publicados.

Somos lo que somos pero estamos conscientes de nuestras acciones y antes de realizarlas le añadimos inteligencia.

Sólo nos resta decirles que no salgan de sus casas si no tienen nada a qué salir, y ante cualquier evento en la calle traten de resguardarse, pero tengan por seguro que nosotros sí tenemos entrenamiento, no como ellos, que no saben actuar ante una situación así. Con esto no les estamos pidiendo que nos apoyen ni que anden poniendo gente, sólo que no se metan con nosotros y que nos dejen trabajar. Al final de esto, saldrá victorioso quien tenga más poder y más estrategia para poder realizar su trabajo.

Estamos conscientes de que perderemos gente, pero ellos perderán todo. Nosotros podemos realizar nuestro trabajo sin necesitar el apoyo de la población inocente.

Atentamente: LA COMPAÑÍA Z.

XVI

La primera vez que viniste a Ciudad Mier después de que pasó la parte más intensa de la guerra que desplazó a casi todos los habitantes del pueblo fue con Santos, un experimentado camarógrafo de Multimedios Monterrey que, junto con el periodista Daniel Aguirre, entró antes que nadie a la zona para corroborar la diáspora provocada por los enfrentamientos del 2 de noviembre. Las noticias sobre lo sucedido ese día aparecieron con tibieza en los diarios nacionales, en los que no hay nunca el espacio suficiente para recoger todo el caudal de la violencia en el país.

Si estás allá, en ese raro oasis de paz en el que se convirtió hoy el Distrito Federal, puedes abrir el periódico casi cualquier mañana del año y leer que ayer en... (aquí puedes poner Ciudad Mier, Guasave o

Fresnillo…) han sido ejecutados… (aquí puedes poner cinco o diez o cincuenta) sicarios en… (una cárcel, un rancho o tal plaza principal) y que… Tras empezar a leer la noticia te darás cuenta de que es la misma que leíste hace unos días, y la semana pasada también, y el año anterior, y mejor darás la vuelta a la página para enterarte de otra cosa más novedosa. Masacres de jóvenes, crímenes contra niños, asesinatos de alcaldes y las desapariciones de periodistas ocurren tan lejos de la capital del país y son ya tantas que se olvidan al día siguiente.

Santos te contaba que cuando llegó a Ciudad Mier, tras los enfrentamientos del 2 de noviembre, él y su compañero iban con chaleco antibalas y casco, acompañados por soldados. Estaban conscientes de que si les pasaba algo habría lamentaciones públicas y condenas por parte de los políticos durante unos días, pero que después sus muertes acabarían perdidas en la montaña de estadísticas.

Cuando tú y él viajaban hacia Ciudad Mier, Santos te contaba que la otra ocasión estuvo poco tiempo en el pueblo, pero que alcanzó a grabar muchos esqueletos de camionetas calcinadas y casas llenas de hoyos. Los soldados que lo escoltaban le daban tres minutos para grabar en cada parada. Le advirtieron que podía haber francotiradores, emboscadas o asaltos imprevistos, pero por fortuna no se presentó nada de aquello. Santos te hablaba de lo que para él significa reportear en esta zona, y de repente hizo una lista en su mente con los nombres de periodistas desaparecidos o asesinados que él conoció.

El día del viaje con Santos la mayor parte de la carretera estaba recubierta por neblina. Gotas de lluvia ligera perlaban el cristal del coche, pero de cualquier forma se podían ver los llanos dorados de la orilla del camino. Santos y tú suspendieron la conversación abruptamente en la gasolinera de Cerralvo, donde un grupo de veinte soldados, en dos camionetas, montaba guardia con los dedos muy cerca del gatillo, listos para el combate.

La situación los devolvió a la realidad: hasta para ir a cargar combustible había que hacerlo preparado para la guerra.

XVII

Alberto González nunca había tenido ningún cargo de elección popular hasta que triunfó en los comicios para alcalde de Ciudad de Mier a media guerra. La disputa no obsequió saldo blanco a la clase política local: una semana antes de las votaciones celebradas el 4 de julio fue asesinado el candidato del PRI a la gubernatura, Rodolfo Torre Cantú, quien prácticamente tenía ganada la contienda electoral. Alberto González, un hombre de pelo cano y lentes de profesor de biología, era el supervisor escolar de la zona comprendida por Ciudad Mier; en 2010 aceptó ser el aspirante priista a la alcaldía de un pueblo que nunca ha sido gobernado por otro partido que no sea el PRI. Para las elecciones del 4 de julio de 2010 Ciudad Mier ya estaba semivacío debido a los enfrentamientos. Ochenta por ciento del padrón registrado no votó; de los seis mil nueve electores registrados apenas acudieron a las urnas mil cuatrocientos ochenta y seis; de esos, mil doscientos diez eligieron al candidato del tricolor. Sólo cincuenta y cuatro habitantes votaron por el aspirante del PAN.

A principios de 2011 Alberto asumió el cargo de presidente municipal. Una de las primeras acciones de su administración fue organizar cuadrillas de albañiles que remozaran los impactos de bala que había —miles de ellos—, principalmente, en las casas del casco y en los monumentos de las tres principales entradas al pueblo. Por esos días acompañé al alcalde en un recorrido a bordo de su camioneta. Fuera de las vialidades principales, el panorama lo componían inmuebles abandonados, calles tristes, sin personas ni perros, y comercios cerrados con los neones apagados.

Justo cuando el nuevo presidente municipal me explicaba que ya habían restaurado la mayor parte del pueblo, pasamos a un lado del hotel El General, la construcción favorita de los francotiradores, la cual se veía todavía muy dañada.

"Bueno —dijo el alcalde antes de que yo comentara algo— en esta parte, pues el edificio fue destruido y quemado, y ahora presenta como quiera otra cara; pero bueno, se siguen llevando a cabo obras de reconstrucción."

El edificio más afectado por la batalla de Ciudad Mier fue la comandancia municipal, cuya construcción resultaba atacada constantemente pese a que desde el inicio de la guerra ya no había policías dentro de ella. Durante el último enfrentamiento que se registró, el cual incluyó un ataque con lanzagranadas, ocurrió algo curioso: la edificación se incendió y de la fachada principal cayó material de estuco que se había sobrepuesto a la pared. La fachada original, con arcos, columnas y un águila republicana en el centro, quedó así a la vista, dándole un aire histórico y más solemne al inmueble en ruinas, cuya antigüedad se acerca a casi ciento treinta años.

Le conté después el hallazgo de este "tesoro" en medio de la guerra al escritor tamaulipeco Martín Solares, quien comentó que para él la caída de la fachada de la comandancia de Ciudad Mier era la metáfora perfecta de lo que sucedía en el país: las balas propiciaban que cayera el barniz de la realidad que durante muchos años se ha ocultado superficialmente, y que ahora se desmorona porque no resiste un balazo más.

Entré con el alcalde al viejo edificio y me topé con trozos de cables y paredes ennegrecidas. En un escritorio había una televisión, un teléfono, una taza y una lámpara de mano achicharrados; estaban ahí también los papeles y plásticos que alimentaron el fuego.

—¿Vio la película *El infierno*? —pregunté de repente al alcalde.

—No, pero ya me han dicho que lo de Mier es algo parecido —contestó con cierto fastidio.

—¿Por qué quiso ser alcalde de Ciudad Mier en un momento así?

—Estamos muy motivados porque la gente también lo está, hay entusiasmo precisamente por recuperar esto, y eso te hace más fácil la situación. Además, el ambiente que vive Mier yo creo que no es exclusivo de aquí, es nacional— Pero bueno, vuelvo a repetir, estoy contento porque me siento respaldado por la gente, y también tenemos el apoyo de otras dependencias; como Pemex, por ejemplo, que ha estado muy atento para ayudarnos en la reconstrucción de nuestra querida Ciudad Mier.

XVIII

Ésta es la tercera vez que viajas a Ciudad Mier en lo que va del año. Ahora lo haces acompañado de dos colegas de Monterrey y de Daniel Aguilar, un fotógrafo con el que te han tocado algunas balaceras en Oaxaca y en otros sitios de la atribulada geografía nacional; pero no hablan de eso durante el viaje. Platican de estos paisajes fronterizos, usados varias veces por Tarantino y Robert Rodríguez para filmar sus películas, de lo bonita que es la colonia Condesa allá en la Ciudad de México, del grupo musical Intocable, de lo caro que es el equipo fotográfico, y de cosas así.

XIX

El domingo 6 de marzo de 2011 Ciudad Mier cumplió doscientos cincuenta y ocho años de haber sido fundada. Si la celebración del aniversario anterior se había cancelado debido a la guerra, ahora un grupo de pobladores, junto con el flamante alcalde Alberto González, decidieron organizar los habituales festejos para devolverle la vida al pueblo. Ese domingo al mediodía, bajo el resguardo de sesenta soldados, por la plaza principal caminaron duquesas, princesas y reinas, con grabaciones de música del piano de Raúl Di Blassio de fondo.

Aunque todavía se percibía el cataclismo de la guerra en algunos edificios, decenas de los pobladores exiliados en Texas y en Monterrey regresaron momentáneamente a Ciudad Mier. Una jovencita preparatoriana con vestido color merengue y peinado de salón fue nombrada reina Emily I; recibió una corona y un cetro, y su primera actividad como soberana del pueblo fue decretar que Ciudad Mier debía seguir manteniéndose unida pese a la difícil situación.

Tras la coronación, frente a la comandancia municipal —ya algo restaurada— fue colocado un arriate con carbón encendido para asar, en unas cruces de acero, doscientos cincuenta y ocho pollos, uno por cada año cumplido del poblado.

—¿Por qué festejar con pollos asados? —pregunté a Diego Treviño, secretario particular del alcalde.

—Porque era para lo que había, ¡pero para el otro año vamos a asar cabritos! —contestó emocionado al ver que más de quinientas personas se encontraban en la plazoleta que meses atrás atestiguó horrores que no venía al caso recordar en ese momento.

La fiesta por los doscientos cincuenta y ocho años de Ciudad Mier sólo incluyó el primer cuadro de la ciudad. Fuera de ahí el panorama continuaba siendo desolador. Un fraccionamiento de Casas Geo construido en 2003 está completamente abandonado, sin vida alguna. El resto de las calles y la devastación del paisaje advierten que quizá, por ahora, lo que hay sólo es un periodo de entreguerra.

Por la tarde el cura ofició una misa en la que imploró por la paz del pueblo. Los fieles oraron junto con él: "Señor, ayúdanos a combatir el miedo y la inseguridad, consuela el dolor de quienes sufren, da acierto a las decisiones de quienes nos gobiernan, toca el corazón de quienes olvidan que somos hermanos y provocan sufrimiento y muerte".

El alcalde Alberto González era quizá la persona más eufórica esa tarde, mas no por la fiesta. Días antes recibió una llamada telefónica de Julián de la Garza, uno de los directivos de Pemex encargados del proyecto de la Cuenca de Burgos. La cita entre ambos ya había ocurrido y el funcionario petrolero le informó que entregarían a su administración una buena cantidad de recursos económicos para sacar adelante a Ciudad Mier; le confirmó también que en la primavera se reactivaría la explotación de varios pozos de la Cuenca de Burgos, y que la compañía texana Halliburton mostraba especial interés en afianzar su presencia en aquel 2011.

La esperanza del alcalde era tan grande que calculaba que dentro de unos meses Ciudad Mier podría volver a tener policías.

XX

Antes de irte de Ciudad Mier van al entronque con la carretera La Ribereña, donde un enorme monumento con forma de campana recibió miles de impactos de bala y cerca del cual absolutamente nadie se atrevía a vivir. Daniel Aguilar quiere hacer unas fotografías del sitio, que en realidad es un cántaro monumental que alude a la leyenda de la creación del poblado. Mientras Daniel hace sus fotos, uno de tus colegas grita: "¡Ya valió madre!", y señala al horizonte de la carretera. Volteas y ves una camioneta blanca *pick up* de reciente modelo, luego otra igual atrás, y después otra, y otra... "¿Son ellos?", pregunta. Tú callas. Ninguno sabe qué hacer. Se quedan de piedra. El convoy se va acercando, hasta que pasa a un lado de ustedes y alcanzas a ver que las camionetas tienen en el costado un pequeño logotipo de Pemex. Son once y pasan de largo. Tú vuelves a respirar.

9

La carretera de la Santa Muerte

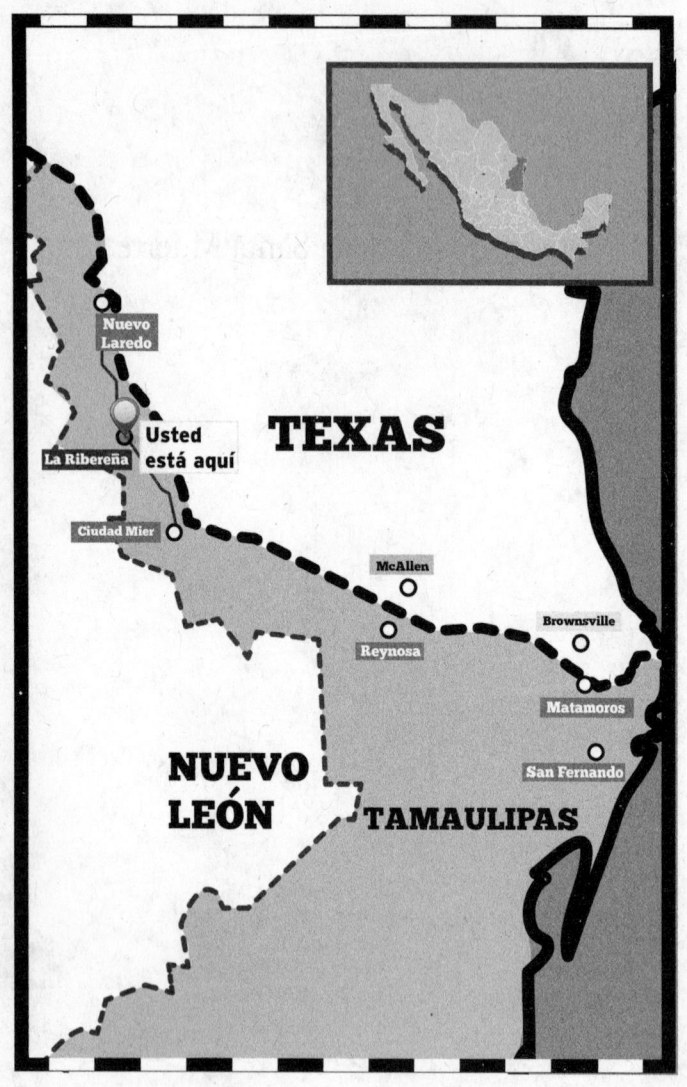

Nuevo
Laredo

La Ribereña

Usted
está aquí

TEXAS

Ciudad Mier

McAllen

Brownsville

Reynosa

Matamoros

NUEVO
LEÓN

San Fernando

TAMAULIPAS

Reynosa, Díaz Ordaz, Camargo, Ciudad Miguel Alemán, Guardados de Abajo, Nuevo Laredo… Todos los caminos pasan por la
mirada de *la Santísima* en esta frontera de México con Estados Unidos. Recorrí la carretera que los une, La Ribereña, donde la imagen
de la muerte tiene altares, tatuajes, capillas, tiendas, talleres artesana-
les y camposantos en su honor.

A la orilla de los casi doscientos kilómetros de trayecto arden
veladoras que rinden culto a la Santa Muerte.

ENTRADA A REYNOSA

Dentro de este altar hay un reclinatorio y siete figuras de la Santa
Muerte no mayores de ochenta centímetros colocadas en un di-
minuto pedestal detrás de un enrejado negro. A los lados flan-
quean hileras atiborradas de veladoras, algunas de las cuales están
a punto de extinguirse y otras que seguramente acaban de ser encendidas hace momentos, antes de que llegaran las visitas. La
construcción instalada en el centro de la carretera luce reluciente
pintada de un color amarillo chillante, imposible de no percibir

cuando se conduce por este paisaje adusto, tan característico del noreste del país.

Mobile Vacis, aparato de peculiar aspecto que parece una grúa atravesando con su gancho la carretera, se alcanza a ver desde aquí. Este armatoste es en realidad un moderno equipo que fue enviado de la Ciudad de México para facilitar la detección de droga, armas y personas ocultas en vehículos recién llegados a esta ciudad. Pero en casi un año, Mobile Vacis no ha detectado nada ilícito. Absolutamente nada.

La ofrenda a la Santa Muerte y el Mobile Vacis son dos extravagancias que conviven con toda normalidad en la entrada de Reynosa.

CENTRO DE REYNOSA

Un *DJ* que suele vestirse con ropa color marrón pone a decenas de jóvenes a bailar *hip-hop* y reguetón las noches de los fines de semana en el Diez-Cuarenta, un antro del centro de Reynosa. Al recién llegado a la ciudad se le recomienda que no vaya a esta bullanguera área donde la oscuridad ayuda a que las riñas sean tan habituales como los tatuajes de la Santa Muerte en los torsos, en la cadera o en los brazos de los jóvenes devotos de la imagen; devotos por lo regular también del reguetón.

Hace unos días murió un soldado durante un enfrentamiento con Los Zetas y la rutinaria fiesta fue suspendida este viernes en el Diez-Cuarenta. Camionetas con la imagen de *la Santísima* calcada en las puertas y en el cofre recorrían en vano los alrededores del lugar.

En esta ciudad de más de un millón de habitantes y de calles estropeadas por baches desatendidos por el gobierno municipal del Partido Revolucionario Institucional (PRI) no hubo una sola persona que marchara contra la inseguridad, como en otras urbes del resto del país. Por el contrario, aquí las últimas manifestaciones realizadas han sido en rechazo a la presencia de las fuerzas federales. Protestan contra ella meseros, taxistas, obreros y ciudadanos en general.

Reynosa es México, pero en algunas coyunturas como ésta, es muy otra. La decena de entrevistas a medios electrónicos que concedió el presidente Felipe Calderón por el informe de su administración pasaron a segundo plano ante las mantas colocadas por narcotraficantes en contra de su gobierno sobre los puentes de las avenidas principales de la ciudad. Aquí no sólo se exhibieron pancartas, también hubo pintas con grafiti y centenares de pegotes adheridos con engrudo a las paredes contra Calderón, a quien acusan de apoyar al cártel de Sinaloa.

KILÓMETRO SIETE

La Bola es como le llaman a este altar blanco con trazos color rosa, donde hay varias velas negras encendidas y figuras minúsculas de la Santa Muerte.

—Cada quien su creencia. Yo la veo como si fuera una piedra. Desde que la pusieron [a la Santa Muerte] empezaron a venir aquí también los demonios.

—Ahí se juntan —cuenta Pedro, un afilador de machetes que vive a un lado del altar construido a la altura del kilómetro siete de La Ribereña.

—¿Demonios?, ¿cómo es que empezaron a venir esos demonios? —se le pregunta.

—Sí, sí. Ahí andan. Antes venían por las noches y aventaban piedras… piedritas… al techo de la casa. Pero ya no.

—¿Qué pasó?, ¿por qué ya no vienen?

—Porque aquí ya nos pusimos a estudiar.

—¿Qué estudiaron?

—Ahora estudiamos con los testigos de Jehová.

Una mañana, Pedro y su familia despertaron oyendo cómo descargaban herramientas y material de concreto de un camión estacionado a unos cuantos metros de su casa, construida precariamente a un lado de la carretera, cerca de un balneario público conocido como La Playita.

Un par de albañiles comenzaron a edificar el altar, pero no dijeron que era en honor de *la Santísima*. Pedro afirma que ni se lo imaginaba. Concluida la construcción, inició el miedo entre la familia de Pedro durante varias noche de zozobra, que acabaron —dice— gracias a que decidieron estudiar con los testigos de Jehová.

"Los demonios se siguen reuniendo ahí, pero ya no se meten con nosotros porque Dios nos está cuidando."

Kilómetro catorce

Santiago Velázquez era velador en un parque de los alrededores hasta que hace cuatro años se le apareció a la medianoche la Santa Muerte y le pidió que erigiera un altar. Unos cuantos días después Santiago empezó a construírselo en el kilómetro catorce de La Ribereña, justo a un lado de un altar a la virgen del Murillo y de un oso polar hecho con fibra de vidrio que con sus cinco metros de altura anuncia la entrada a un parque de diversiones que no parece muy divertido.

Hoy el altar se convirtió en un pequeño santuario donde existen decenas de nichos con la imagen de la figura, y a donde vienen todo el día creyentes como Angélica López, quien después de dejar una veladora se detiene a platicar.

—Le pedí algo a la Santa Muerte y me lo concedió. Ahora vengo cada viernes a dejarle encendida una veladora —cuenta.

—¿Es usted católica?

—Sí, pero yo realmente no practico el catolicismo. Viene de los padres pero no lo practico.

—¿Y por qué empezó a creer en la Santa Muerte?

—Yo le había pedido el mismo favor a san Judas Tadeo y a la virgen de Guadalupe, pero no me ayudaron. Una amiga me dijo que se lo requiriera a la Santa Muerte, y sí me ayudó.

—¿Qué fue lo que solicitó?

—No quisiera decirle. Así mejor, gracias.

La vela que dejó Angélica en la capilla es negra. Según los creyentes de la Santa Muerte, cada color de las velas tiene un significado distinto. La blanca es para la salud, la amarilla para el dinero y así. En el caso de la negra, ésta es la que ayuda para "las cosas difíciles". La negra es la vela más solicitada.

No todos los nichos que hay aquí son de Santiago, sino de diversas personas que llegan y los instalan. Uno de ellos es propiedad de un curandero húngaro que vive en Matamoros y otro "es de una señora de Ciudad Miguel Alemán, que construyó el altar más grande y que siempre le deja Buchanan's y buenas cosas a la santa".

La presencia de dos forasteros (viajo acompañado por el fotoperiodista Víctor Hugo Valdivia) no perturba a las personas que están en el pequeño santuario. "Los que vienen con mal contra ella, mal se llevan", explica confiada una de las mujeres que cuidan de vez en cuando los altares que hay aquí. Lo dice sin que sus palabras suenen a amenaza. Luego platica que hace tiempo vino una mujer borracha durante la madrugada y comenzó a gritarle insultos a la Santa Muerte. "Y lo que le pasó fue que a la siguiente semana apareció muerta".

—¿Y… policías vienen por aquí? —se le pregunta.

—Sí. Como aquí hay mucho narco y gente así.

—Pero los narcos no vienen aquí, ¿verdad?

—¿Los narcos? Esos vienen mucho…

KILÓMETRO CUARENTA Y CUATRO

Cuando la carretera de La Ribereña cruza Valadeces, un pueblo que pertenece al municipio Díaz Ordaz, es imposible no voltear a ver las figuras de tamaño natural de la Santa Muerte que crea Margarita Elizondo Gutiérrez, una artesana de cuarenta y nueve años.

En 2007 esta mujer divorciada aprendió a hacer sola las efigies de cemento y varilla de dos metros de altura y ochocientos kilogramos de peso, las cuales vende en dos mil quinientos pesos. "Pero ahorita está muy floja la venta —se queja—; lo que sí se está vendiendo mucho son los Panchos Villa." El revolucionario comparte espacio con *la Santísima* en el taller de Margarita.

"Se venden según los milagros que hace cada uno. Y ahorita dicen que Pancho Villa es el más milagroso", continúa explicando. La artesana tarda tres días en hacer las santísimas. Un día en preparar la mezcla y poner el molde, otro en enjarrar y el tercero en pintar y acomodar la pesada figura, con la ayuda de alguien más o de algún aparato.

"Me gusta que me digan la artesana de Valadeces."

Kilómetro ochenta y cuatro

En el kilómetro ochenta y cuatro está la entrada a Guardados de Abajo, el pueblo donde vivía uno de los capos del cártel del Golfo, Gilberto García Mena, *el June*, antes de ser detenido y trasladado a La Palma en 2002. En su casa la policía encontró los primeros altares a la Santa Muerte que se hicieron famosos en esta región. En ese entonces el pueblo fue sitiado por militares que ahora no se ven por ningún lado durante el recorrido por La Ribereña.

De eso ya hace seis años. De aquellos días recuerdo a una señora que deshecha en llanto me dijo: "Aquí las cosas se hacen por amor, no por dinero. Queremos que nos devuelvan al *June*". Esa vez estuve con el fotógrafo Omar Hernández, una semana, con todos sus días, en Guardados de Abajo. Para conseguir sus propósitos, *el June* —como le decían de cariño— tenía a su disposición un pueblo entero que se volcaba a obedecer sus órdenes y que vivía de las caridades que dejaba el negocio de la droga. Eran la servidumbre, los jardineros, los *traemecosas*, los lavacarros y, sobre todo, los vigías del capo en la ciudad de Miguel Alemán, que está a no más de diez kilómetros de los dos Guardados, el de Abajo y el de Arriba.

Llegamos un lunes por la tarde atraídos por la noticia de que las fuerzas especiales del Ejército habían sitiado un pequeño poblado de Tamaulipas, luego de detener a más de veintisiete narcotraficantes que vivían ahí. Sobre La Ribereña, que conecta a toda la frontera noreste, hallamos primero un letrero que nos anunciaba la cercanía de Guardados de Arriba, pero nosotros buscábamos Guardados de Abajo y lo encontramos unos kilómetros adelante, rodeado de tanquetas y Hummers de las fuerzas armadas.

No podíamos pasar al pueblo porque los reporteros estábamos prohibidos en ese lugar y momento. Por supuesto que no comprendí la medida y me molesté junto con mi compañero fotógrafo Omar Hernández, con el cual, a mis veinte años de edad, intenté pasar estúpidamente entre una docena de soldados que se formaron en bloque y me lo impidieron alegando que eran órdenes superiores.

Horas después entendería mejor aquella decisión, pero antes, resignado, me había puesto a charlar con las señoras y los hijos de las personas que se habían llevado a México detenidas en helicópteros especiales para interrogarlos y remitirlos al penal de Almoloya. "Llegaron los soldados en la madrugada, bajando del cielo colgados de unos helicópteros. Tenían la cara tapada con pasamontañas y por la entrada llegaron varios camiones de soldados. Eran como las tres de la madrugada cuando me di cuenta de que se habían llevado a mi esposo, pero él no hacía nada malo, nada más era el velador de la casa del *June*", me contaba una señora mortificada porque rondaban los días finales del mes y se acercaban los correspondientes pagos de servicios, entre los cuales se encontraba el de SKY.

José Luis Santiago Vasconcelos se presentó entonces como el fiscal encargado del operativo en el pueblo, y fue la primera persona que nos hizo recordar que en medio de la tensión también se podía sonreír. Tras apartarnos de un grupo de periodistas tamaulipecos con los que convivíamos, nos dijo: "A las seis voy a venir por ustedes, pero sepárense un poco de ellos, lo más probable es que trabajen para los narcos. Estamos buscando al *June* y por eso no queremos dejarlos entrar, porque sabemos que él está por ahí escondido".

A las seis de la tarde en punto llegó una camioneta por nosotros y nos llevó a recorrer las calles de un pueblo surrealista. Guardados de Abajo tenía casitas de apariencia humilde pero con interiores que tendían a la exageración, como aquella choza de asbesto con cerradura de oro, dos cinemas-televisión y un estéreo de más de veinte mil pesos. "Este pueblo quedó infectado del narco, todo, todo, todo…", me decía Vasconcelos, que al paso de los meses siguientes sería nombrado titular de la Subprocuraduría de Investigación Especializada en Delincuencia Organizada (SIEDO) y tendría un final trágico.

Toda la semana siguiente nos la pasamos entre los dos Guardados y la ciudad de Miguel Alemán esperando la detención del *June*, quien finalmente apareció escondido en un túnel subterráneo que tenía todas las comodidades posibles para permanecer en él hasta por tres meses. La espera de ese momento fue tensa porque los emisarios del narco rondaban por ahí ofreciendo canonjías y dólares para que los reporteros "nos pusiéramos del lado del pueblo" al contar las historias que mandábamos al periódico, no aceptando con mucho agrado un no por respuesta, así que la mejor manera de rechazar tales ofrecimientos era ocultándonos como y en donde podíamos, algo que seguro los habitantes de Guardados no pudieron hacer nunca, cuando en medio de su vida precaria llegó un hombre a decirles que les podía transformar el mundo a cambio de casi nada.

KILÓMETRO NOVENTA Y SIETE

Un pequeño altar de la Santa Muerte convive con las máquinas que recarpetean la estropeada carretera de Los Guerras, en Ciudad Miguel Alemán. En su novela *La Santa Muerte*, el escritor Homero

Aridjis dice que alrededor del culto a la figura se dan dos fenómenos: "El de la gente que pide favores o milagros para tener trabajo, salud o comida, y el de los hombres del poder económico, político o criminal, quienes curiosamente le solicitan venganzas o muertes".

ENTRADA A NUEVO LAREDO

Nuevo Laredo recibe a los viajeros que llegan por carretera con una hilera de veintidós oratorios de la Santa Muerte y con cuadrillas de albañiles trabajando en nuevas capillas de dos pisos de altura. Uno tras otro, los pequeños templos ofrecen una imagen imponente, saturada de catrinas vestidas de negro, de rojo, de azul, doradas, hechas con cemento, yeso, papel maché y cerámica. A este sitio algunos le llaman camposanto.

Cada uno de los altares de la entrada a Nuevo Laredo tiene retablos. "Transportes TV: Damos gracias a ti, Santa Muerte, por las peticiones concedidas", dice uno. Otro tiene una fotografía de María Isabel Ramírez, una joven desaparecida hace unos meses. En las paredes de la mayoría de los altares, con plumón y con lápiz, los creyentes dejan sus peticiones para que sus familiares se recuperen de accidentes fatídicos, de enfermedades incurables, y para que los que están encerrados en prisión salgan pronto.

Hay mucho whisky, tequila, ron y tabaco como ofrenda. Eso le gusta a *la Santísima*, dicen. De vez en cuando, sobre todo por las noches, algún creyente llega con un conjunto norteño cantando el corrido de la Santa Muerte que hizo famoso por acá Beto Quintanilla.

Enfrente del camposanto hay una cuadrilla de albañiles construyendo dos nuevos altares, uno de ellos de dos pisos, con cantera importada. La confección que va adquiriendo esta entrada a Nuevo Laredo hace recordar las tumbas del panteón de Jardines del Humaya, en Culiacán, Sinaloa, donde sicarios y narcos se hacen enterrar con fastuosidad, como si fueran faraones modernos.

"No porque nosotros seamos devotos de la Santa Muerte dejamos de creer en Dios. Yo también tengo altares para san Judas Tadeo y para la Virgencita. Aquí se les festeja también a ellos", explica una de las administradoras del lugar.

"Ella es un ángel, yo siempre lo he dicho. Dios nos guía y ella nos cuida."

POSDATA

Todos, absolutamente todos los altares a la Santa Muerte mencionados con anterioridad fueron destruidos por el Ejército en 2010. Un grupo de soldados viajó por La Ribereña con la orden de ir demoliéndolos uno por uno sin piedad. En la lógica castrense, estos lugares que visité se habían vuelto parte de la guerra de Los Zetas.

10

Vida mercenaria

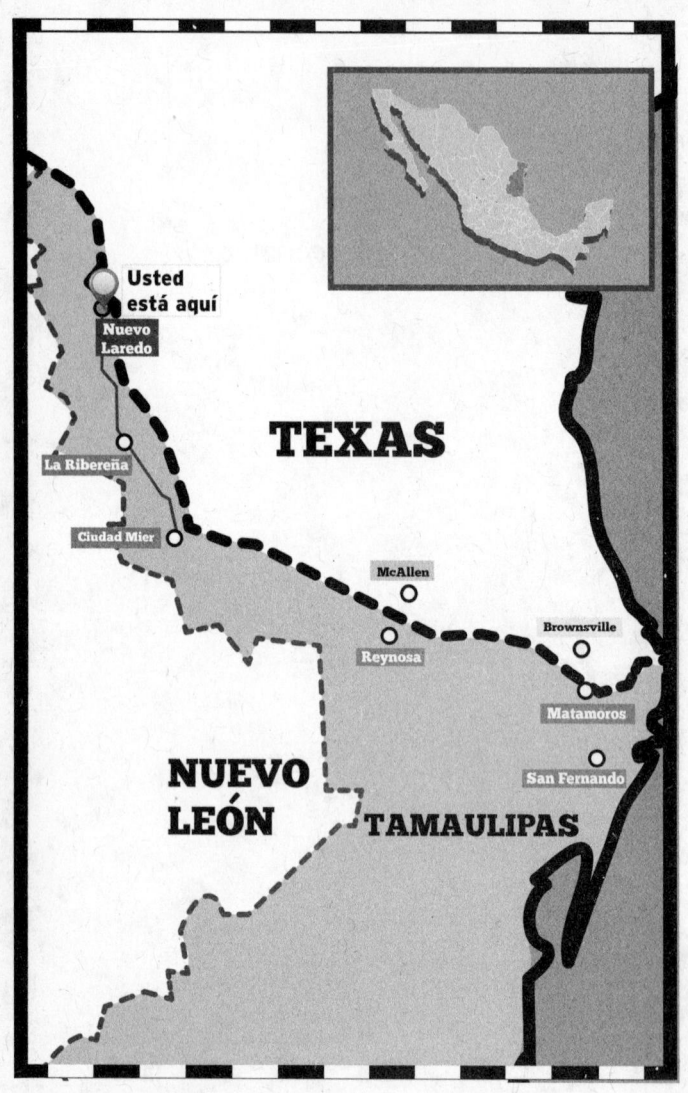

Usted
está aquí

Nuevo
Laredo

TEXAS

La Ribereña

Ciudad Mier

McAllen

Brownsville

Reynosa

Matamoros

San Fernando

NUEVO
LEÓN

TAMAULIPAS

Hace cien años uno de los infortunios en estos pueblos situados a la ribera del Bravo era ver volar una mariposa negra dentro de la casa. Aun hoy gente de campo se perturba con esos insectos, al igual que con los vuelos nocturnos y el horrible canto de las lechuzas que, se cree aquí, augura desgracia, mala hora.

Las lechuzas resultan peores que las mariposas negras. Son vengativas y arrancan los ojos a bebés de ciertas mujeres. Contra ellas se dice que no se puede hacer nada, salvo conseguir un hechizo o tener resignación. Las lechuzas son brujas. Para ser vencidas necesitan que las neutralice alguien igual a ellas. Si no, nunca mueren y jamás dejan descansar a sus enemigos.

También pregona la leyenda que en los años veinte a Virgilio Barrera le gustaba hablar de lechuzas para provocar miedo, cuando su poder como traficante de mercancía ilegal en Tamaulipas era equiparable al de Al Capone en Chicago en esa misma época.

De Nuevo Laredo a Matamoros los cronistas de aquellos años dan cuenta del crecimiento de retorcidos mezquites con gruesos troncos y abundante follaje que regalaban sombra a los hombres al servicio de Barrera antes de que cruzaran a nado el río Bravo para llevar o traer algún producto prohibido.

Algunas plantas de esa especie eran sembradas y cuidadas en el árido camino por la banda de Barrera, conocida como Los Pasadores, mientras otras las cultivaba el viento que hacía que volaran azarosamente semillas, dejando que la lluvia ocasional y el sol hicieran el resto.

Con Barrera, vendedor de heroína y morfina, comenzó la historia del narcotráfico en esta región fronteriza. El paso del *Capone* tamaulipeco por estos poblados dejó una serie de relatos fantásticos como el de la lechuza que solía tener en la sala de su casa para protegerse de sus enemigos.

Pero también quedó registro oficial de sus andanzas en el archivo del Departamento Confidencial de la Secretaría de Gobernación, luego de ser capturado en octubre de 1929 por el general García de Alba, jefe del Estado Mayor de la Jefatura de Operaciones Militares de Monterrey de aquellos años. "Traficante de drogas heroicas en N. Lared., Tamps.", se titula el expediente enviado a Felipe Canales, subsecretario de Gobernación. El general García de Alba presenta así a Barrera:

Fue detenido señor Virgilio Barrera quien por denuncio de los señores Julián Garza, Ernesto García y Bruno Álvarez, es quien les provee de drogas enervantes.– Ruégole se sirva informarme si se remite a esa o es consignado en esta plaza al juez de Distrito.– Al insertarlo a usted me permito dirigirle atenta súplica a fin de que este individuo sea remitido a las Islas Marías, no solamente por el mal que causa por la venta de drogas, sino también por ser contrabandista reconocido, al que esta jefatura no ha dejado de vigilarlo por las diferentes denuncias que ha recibido contra el expresado sujeto.

Por esa misma época en la que Barrera es capturado, además de mezquites en la región se sembraban adormidera y mariguana. La producción nunca alcanzó los niveles que en Sinaloa o Sonora, pero llegó a tal grado que en los setenta los campesinos del noreste compitieron un par de años con Michoacán, Colima y Guerrero, tres de las entidades en las cuales creció el cultivo de enervantes mientras se llevaba a cabo la operación militar Cóndor en contra de los plantíos del llamado Triángulo Dorado que conforman Sinaloa, Durango y Chihuahua.

El 18 de agosto de 1975, *El Extra* de Monterrey publicó en su portada: "Hallan en Galeana más de dos toneladas de mariguana". En la nota se relata que la droga había sido decomisada por agentes de la Policía Judicial Federal en el Ejido San Francisco Berlanga, el cual sigue existiendo hoy en día, aunque no son ni trescientos habitantes los que viven en la serranía ubicada a casi dos mil metros de altura.

"En dicho lugar —señala el segundo párrafo de la publicación— se llevó a cabo la captura de tres individuos que se dedicaban al cultivo y siembra de mariguana, semilla que adquirieron de un narcotraficante en Matehuala, San Luis Potosí, dijo el licenciado Alejandro Arenas Gallegos, agente del Ministerio Público federal." Los detenidos declararon ante esta última instancia que habían comprado a mil pesos el kilo de semilla de la planta. Su proveedor era un hombre llamado Martín, oriundo de Michoacán, quien les vendió dos kilos suficientes para producir cerca de ocho mil matas.

Juan Moreno, el más joven de los detenidos, declaró que él sólo cuidaba el plantío pero no sabía que se trataba de algo ilegal. "Los otros dos están [*sic*] confesos de que era la primera vez que se metían al ilícito negocio de la mariguana dado que se disponían a buscar clientes en la frontera dentro de mes y medio, fecha en que estaría listo el cultivo de la hierba", concluye la noticia, una de las tantas que había con frecuencia en los diarios de entonces sobre la detección de sembradíos en Tamaulipas y Nuevo León.

En esa misma década de los setenta Nuevo Laredo vivió su primera gran oleada de asesinatos provocados por el negocio del narcotráfico. En 1971, el último año de la administración de Francisco Garza Gutiérrez, fueron exterminadas treinta y tres personas, entre presuntos narcos, policías y civiles que accidentalmente se toparon con los enfrentamientos armados. Al año siguiente la cifra de crímenes

subió a sesenta, cuando iniciaba su trienio el alcalde Abdón Rodríguez Sánchez. En los diarios de la época se habla de estos homicidios
como "los asesinatos chacalescos", y se afirma que comenzaron desde
el 2 de noviembre de 1970 cuando ejecutaron a dos agentes federales
supuestamente comprometidos con la mafia: Rafael Hernández Hernández y Álvaro Díaz de León, en la taquería La Liberia.

Dos policías más, pero secretos, también estuvieron entre las
víctimas de esta primera gran escalada de violencia provocada por
el control del tráfico ilegal en Tamaulipas. Uno se llamaba Juan José
Aguinaga Ríos, quien fue acribillado el 24 de mayo de 1971 en la
cantina Los Ojos Verdes.

A raíz de esos trágicos acontecimientos surgiría el liderazgo de
Juan Nepomuceno Guerra, quien por entonces ya era un traficante
bien conectado con el poder en Tamaulipas. El hombre, considerado fundador del cártel del Golfo, vivía en Matamoros y desde ahí
controlaba no sólo el paso de droga, sino también el de autos roba-
dos. Su carrera la comenzó traficando whisky durante los años treinta,
después de la detención y el envío de Virgilio Barrera a las Islas Marías.
En los años setenta, en medio de la lucha entre bandas en Nuevo
Laredo y contando con el apoyo de la policía judicial, Guerra se afian-
zó como el nuevo jefe de "la plaza".

Quizás el caso de Juan N. Guerra es uno de los que prueba lo
que vienen diciendo desde hace varios años especialistas del tema
del narco en México, como el profesor español Carlos Resa Nestares,
quien considera que la especificidad fundamental del crimen organizado en México es que se origina, sostiene y nutre desde las estructuras del Estado, en particular de aquellas que teóricamente existen
para combatir, precisamente, a la delincuencia. Las inmensas diferencias en niveles de renta y de poder, junto con factores como
el escaso desarrollo de la sociedad civil, ayudaron a crear las condiciones para ello en lugares como el noreste del país.

Resa Nestares, consultor de la Oficina de las Naciones Unidas sobre Drogas y Delincuencia, sostiene en su estudio "Sistema político y

delincuencia organizada en México" que las asociaciones criminales mexicanas no pueden situarse dentro de los modelos habituales de delincuencia organizada y sus conexiones con el poder político, sino en el concepto de crimen organizado de Estado, al que define como "actos que la ley considera delictivos [pero que son] cometidos por funcionarios del Estado en la persecución de sus objetivos como representantes del Estado".

Éste era el tipo de operaciones que encabezaba Guerra, las cuales, durante cincuenta años de trayectoria —1930 a 1980— le redituaron cinco mil millones de dólares, de acuerdo con reportes oficiales revelados en 1987, en los que se le adjudicaba también la posesión de tres mil hectáreas de tierra en Tamaulipas y Nuevo León.

Además de controlar el cruce ilegal por la frontera, Juan N. Guerra respaldó políticamente al Partido Revolucionario Institucional (PRI) a través de la Confederación de Trabajadores de México (CTM), que recibía de manera periódica jugosos donativos. A cambio de este apoyo, un sobrino suyo, Jesús Roberto Guerra, fue presidente municipal de Matamoros de 1984 a 1987. Sin embargo, otro de sus sobrinos, Juan García Ábrego, sería el que se distinguiría por su capacidad para manejar los negocios de la familia.

"Soy un ciudadano que se ha dedicado a trabajar. Soy agricultor, ganadero, transportista… soy un hombre triunfador y cuando un hombre tiene éxito surgen enemigos gratuitos. Mi imagen está limpia por completo, y si no, pregúntele a la gente que todo lo sabe", declaró Guerra en entrevista con la reportera Irma Rosa Martínez en 1987, ya retirado de la vida agitada a causa de una apoplejía que le paralizó el lado izquierdo del cuerpo, provocando que su rutina de todos los días se convirtiera en irse a sentar a la misma mesa del restaurante Piedras Negras, en Matamoros.

Sin embargo, cuando se le preguntaba a la gente o las autoridades de aquella época sobre la carrera triunfadora de Guerra, la historia era muy diferente, explica el investigador Froylán Enciso. Dos de los tantos asesinatos que se le atribuían a él directamente eran el de su propia esposa (por supuestamente serle infiel con el comediante *Resortes*) y el de Francisco Villa Coss, hijo del héroe revolucionario que trabajó como comandante de la aduana en la región.

El 11 de junio de 2001, Juan N. Guerra murió en Matamoros cuando se estaba consolidando la transformación de su vieja organización delictiva regional en una empresa de altos vuelos internacionales, asociada con un sanguinario núcleo paramilitar conformado por desertores élite del Ejército mexicano.

El patriarca del cártel nunca pisó la cárcel.

Como sobrino de Juan N. Guerra, Juan García Ábrego ya realizaba diversas gestiones de la empresa familiar desde los años ochenta, y finalmente fue quien lo reemplazó de forma definitiva a partir de principios de los noventa, cuando Guillermo González Calderoni, el superpolicía del inicio del gobierno de Carlos Salinas de Gortari, amplió los grupos delictivos —la reconfiguración del poder del nuevo sexenio presidencial— y lo incluyó a él como jefe de la "compañía" llamada el cártel del Golfo.

El investigador Froylán Enciso, quien ha estudiado este caso en particular para un volumen publicado por El Colegio de México, considera:

> Esta historia refleja varias ideas que aún deambulan en la discusión pública académica: el papel de las políticas prohibicionistas en la creación de atractivos mercados subterráneos, la organicidad de los vínculos con el gobierno autoritario, el surgimiento de la violencia como consecuencia lógica en el manejo de una organización fuera de la ley con grandes intereses en juego, la capacidad de su renovación ante los retos del Estado y el mercado.

El uso de la palabra *cártel* para referirse el grupo de traficantes de las orillas del mar del Golfo fue dada en 1989 de acuerdo con un documento del FBI con el folio 92CHO-26853-21. En ese reporte aparece el nombre de Juan García Ábrego como principal jefe del grupo, que ese año ya había establecido relaciones importantes con el cártel de Cali en Colombia y tenía a su disposición un equipo de pistoleros con considerable capacidad de fuego. Entre éstos se encontraban Luis García Medrano y José Pérez de la Rosa, apodado *el Amable*, aunque en realidad era sicario de la fama más sanguinaria.

Hasta enero de 1996, García Ábrego se mantuvo al frente del cártel del Golfo. Cuando finalmente fue detenido en una finca en las afueras de Monterrey, su tío, Juan N. Guerra, hizo declaraciones a la prensa sobre este hecho: "Es mi sobrino, ¿qué le puedo decir?… contra el gobierno no se puede".

Óscar Malherbe reemplazó a García Ábrego pero en mayo de 1997 también fue capturado. Salvador Garza Herrera tomó el mando después. Sin embargo, tan sólo duró unos meses al frente de la organización delictiva: Osiel Cárdenas Guillén, asociado con Gilberto García Mena, operador en el pueblo de Guardados de Abajo, se quedó con el control del cártel del Golfo a partir de finales de 1998, tras asesinar a Garza Herrera.

Cárdenas Guillén es un hombre de ojos cafés, 1.75 de estatura, con cicatrices de acné en el lado derecho de la cara y un tatuaje en el hombro izquierdo. Cuando asumió la jefatura de la organización delictiva estaba casado y era padre de tres niños. García Ábrego lo incorporó a su equipo después de que éste había trabajado para la Procuraduría General de la República (PGR) como entrenador de perros.

Una de las primeras cosas que hizo Cárdenas Guillén, y que a la larga cambiarían el curso de la historia del narcotráfico en la región, fue la creación de una escolta personal conformada por militares élite del Ejército mexicano que, en los años siguientes, después de la detención del capo en 2004, iniciarían un camino propio en el mundo del narco, al grado de convertirse, a finales de 2007, en un cártel más de la droga en el país, independiente del cártel del Golfo, la organización delictiva dentro de la cual surgió.

Durante dos años, aún estando en la prisión, Cárdenas Guillén siguió con el control de Los Zetas. Fue hasta su extradición a Estados Unidos cuando el núcleo paramilitar decidió operar por su cuenta, sin acatar las órdenes de los demás miembros de la cúpula del cártel del Golfo, cercanos a su líder.

Una de las últimas y surrealistas acciones que ordenó hacer Cárdenas Guillén a Los Zetas desde su encierro ocurrió en la celebración del Día del Niño en abril de 2006, y de la cual, incluso, se publicó una reseña en un diario de Reynosa.

La noticia, aparecida el sábado 29 de abril de 2006, decía:

OSIEL HACE FELICES A MILES DE NIÑOS

Osiel Cárdenas Guillén festejó a los niños de Reynosa en su día, obsequiando más de 150 bicicletas y 18 mil juguetes a quienes abarrotaron las gradas y canchas del estadio Adolfo López Mateos.

Veintidós mil personas se dieron cita en el parque Adolfo López Mateos desde las doce del mediodía para presenciar el espectáculo de lucha libre y el *show* de los Payasónicos al que se sumó la presentación del conjunto musical "Los hijos D" quien marcó el inicio del festejo infantil [*sic*].

De los asistentes se contabilizaron 17 mil niños de diferentes edades, quienes eran acompañados en grupos por dos adultos, sus padres o hermanos mayores, recibiendo a su ingreso al parque en forma individual un refresco, una bolsa de papitas y agua completamente gratis.

No hubo vendimia [*sic*], todo fue gratuito, los niños se fueron agasajados desde su llegada a la sede del evento y al salir del mismo, cuando dos camiones cargados con más de 18 mil juguetes de diferentes tamaños y marcas fueron regalados a quienes salían del lugar con sus rostros sonrientes.

En la nota se explicaba que la celebración se llevaba a cabo "por cuarto año consecutivo". Y se hacían algunas acotaciones como la siguiente:

Johan Said Barra Soto de siete años y Luis Daniel Pérez Vallejo de ocho años, con capacidades diferentes a los otros niños recibieron de parte de Osiel Cárdenas Guillén una bicicleta sin participar en la rifa, escuchándose sus risas y gritos de emoción al ser sentados en aquellas unidades para diversión infantil.

En el evento los niños no sabían quién era Osiel Cárdenas Guillén, para estos niños no había historia, había un gesto de generosidad de un hombre que se encuentra en algún lugar de México consciente de que la pobreza no se puede erradicar, pero sabedor de que se puede dibujar una amplia sonrisa en el rostro de los niños con el firme apoyo de amigos leales.

En cien años de historia el poder de los traficantes de Tamaulipas había pasado de poseer lechuzas en las salas de la casa a la celebración de actos masivos con un fuerte respaldo popular.

Para ello contaban con Los Zetas: Arturo Guzmán Decena, un militar de élite nacido en Puebla que desertó del Ejército mexicano para cuidar la vida del capo Cárdenas Guillén, fue acribillado en un céntrico restaurante de Matamoros en septiembre de 2002. Tres meses después, en las afueras del sitio donde murió, apareció una enorme corona fúnebre y otros cuatro arreglos florales acompañados de su nombre y una dedicatoria: "Te llevaremos siempre en el corazón: de tu familia de Los Zetas".

Este suceso llamó la atención del investigador español Carlos Resa Nestares, quien descubrió a los pocos días que Guzmán Decena fue un destacado miembro del Grupo Aeromóvil de Fuerzas Especiales del Ejército Mexicano (GAFE), el núcleo militar creado en 1994 al calor de la insurrección del Ejército Zapatista de Liberación Nacional (EZLN) en Chiapas. Al igual que Guzmán Decena, por lo menos una veintena más de *gafes* dejaron las fuerzas armadas para convertirse en la escolta de Cárdenas Guillén, el sucesor de Juan García Ábrego en la dirección del cártel del Golfo.

"Los Zetas pueden ser una anécdota fugaz, pero también podrían ser los pioneros de una industria en expansión con amplias oportunidades de negocio que, en última instancia, constituiría una institucionalización de la mafia en México bajo nuevos mecanismos", escribió en sus anotaciones de aquellos años Resa Nestares, colaborador de la Organización de las Naciones Unidas (ONU) en asuntos de narcotráfico.

En esa época, Los Zetas eran más leyenda que realidad. Se hablaba poco de ellos, pero en sus notas, el investigador ibérico ya esbozaba un análisis puntual sobre la banda, el cual, leído casi una década después, parece una profecía: "Los Zetas han dado un salto nunca antes visto y se han convertido en verdaderos mafiosos, ejerciendo su actividad desde la esfera exclusivamente privada, en confrontación con el monopolio de la violencia estatal. Esta circunstancia añade varios grados de peligrosidad al asunto de las drogas en México".

El análisis de Resa Nestares evitaba clasificar a Los Zetas como narcotraficantes:

Su desconocimiento de grandes clientes y proveedores, de la infraestructura en general, les impidió convertirse en una empresa autónoma de drogas, unos narcos en toda regla. Entre 1999 y 2000, en diversas tandas, cambiaron de cliente y pasaron a vender sus servicios a un empresario privado de drogas, Osiel Cárdenas Guillén. Privatizaron su clientela. No había muchas diferencias entre el tipo de servicios que prestaron primero al estado y más tarde a Cárdenas Guillén.

El también profesor de la Universidad Autónoma de Madrid ponía énfasis en la característica mercenaria de Los Zetas:

Primero fueron los militares quienes les ordenaban realizar discrecionalmente los operativos de captura de empresarios de drogas. El estado les pagaba por esta actividad según las tarifas oficiales, sin posibilidad de negociar sus emolumentos. Una vez en el ámbito de la empresa privada, Cárdenas Guillén contrataba a los desertores según sus necesidades para ejecutar tareas relativas a la violencia que eran colaterales para su actividad de compraventa de drogas.

Luego de la detención de Osiel Cárdenas Guillén, ocurrida el 14 de marzo de 2003, mientras se daba la reorganización interna del cártel del Golfo, Los Zetas comenzaron a explorar por su cuenta nuevas actividades criminales.

De esta forma aceleraron el ritmo de recaudación de impuestos entre pequeños delincuentes de Nuevo Laredo. Una nueva remesa de requerimientos fiscales fue recibida por un grupo cada vez más extenso de individuos y grupos que se mueven en el terreno de la ilegalidad: desde transportistas y pequeños vendedores de drogas hasta apostadores ilegales, prostíbulos y contrabandistas de todo pelaje.

Después de tomar el control de Nuevo Laredo, la banda decidió exportar la misma lógica de recaudación mafiosa en otras ciudades del país, en primera instancia las del noreste, de Nuevo Laredo hasta Torreón. Así comenzó la nueva era de Los Zetas.

Los Zetas pasaron en cinco años de ser una banda regional a un grupo con presencia nacional. La alianza que establecieron con Arturo Beltrán Leyva, el capo sinaloense que se separó del cártel de Sinaloa dirigido por Joaquín *el Chapo* Guzmán, les permitió acceder al mercado internacional del trasiego de droga, en especial de cocaína. Beltrán Leyva sí tenía contactos en Colombia que estaban dispuestos a proveer cargamentos de estupefacientes que Los Zetas se encargaban de transportar a Estados Unidos a través de las rutas mafiosas que establecieron en estados de la República, por lo regular, colindantes con el Golfo de México.

Nabor Vargas García, un cabo que formó parte del Cuerpo de Guardias Presidenciales del Ejército Mexicano hasta 1999, fue quien organizó para Los Zetas estas rutas, un proceso al cual se le llamaba internamente "la expansión". Gracias a él Los Zetas pudieron operar las carreteras que van desde Cancún hasta Matamoros.

Los miembros de la organización delictiva conocieron perfectamente todas las brechas de ese trayecto e hicieron algunas ellos mismos para operar en donde no podían cooptar a la policía, o tenían riesgos de ser atacados por grupos antagónicos. Antenas de radio de largo alcance y varias repetidoras fueron instaladas a lo largo de la ruta zeta para agilizar la comunicación interna de la banda.

Un antiguo miembro del grupo, que ahora es informante oficial y al que se identificará aquí como *Julio*, explica que *expandir* en lenguaje zeta significa llegar a una ciudad, controlar a las bandas locales, hacer ruta para el tráfico ilegal y *caerle* a la contra; o sea, sacar a los enemigos de la jugada. Mientras tanto, *contracción* le llaman a la segunda fase: poner guardias, montar una red de comunicación por radiofrecuencia y organizar las casas de seguridad para operar en "la plaza".

La captura de Nabor Vargas —a quien apodaban *el Débora*—, en abril de 2007, fue un golpe importante para el proyecto de expansión de Los Zetas. Debieron reorganizar a narcomenudistas, vigilantes (llamados *halcones* o *águilas*), traficantes de indocumentados, autoridades a su servicio y responsables de casas de seguridad que formaban parte de la estructura construida por el ex miembro de las Guardias Presidenciales.

"Las plazas" más importantes conseguidas por la organización, además de los estados de Tamaulipas, Coahuila y Nuevo León (este último lo compartían con el grupo Beltrán Leyva), fueron Veracruz, Quintana Roo y Tabasco. Campeche, Yucatán y Chiapas también estuvieron bajo su control, pero tenían una relevancia menor.

Los Zetas buscaron en especial el control de las costas del Golfo de México no por el sentimentalismo marino que despierta esa cuenca del Océano Atlántico, sino por el evidente asunto estratégico de consolidar rutas para el traslado de mercancías ilegales hacia

Estados Unidos, llámese cubanos queriendo estar en Miami o toneladas de cocaína colombiana con destino a Nueva York.

El negocio de Los Zetas no es la droga, sino el control de territorios para traficar por allí, o cobrar renta a cualquiera que requiera
realizar una operación ilegal a través de sus dominios.

Para construir esa ruta, la estrategia de Los Zetas consistió en
llegar a cada ciudad y quedarse mediante fuego y sangre con la supervisión de las actividades ilegales que ahí se llevaban a cabo. Este
proceso de conquista se desglosaría en cuatro etapas, según diversas
fuentes policiales consultadas. La primera es la del arribo de sicarios
llamados *ventanas*, quienes tienen la misión de conseguir casas de
seguridad y campos de entrenamiento, equipar ambos, corromper
autoridades y ubicar posibles negocios para su organización. El segundo paso es establecer una red de informantes a los que llaman
halcones o *águilas* y pueden ser pandilleros, taxistas o hasta agentes de
tránsito, quienes deben mantenerlos informados sobre lo que sucede en la ciudad.

Las otras dos etapas de esta estrategia corresponden a la llegada
de *estacas*, que es como llama la banda a sus sicarios mejor prepa-
rados, quienes tienen la asignación de realizar ejecuciones de miembros contrarios, así como de perpetrar actos de terrorismo con el
fin de controlar totalmente "plazas", que es como ellos llaman a las
ciudades.

La etapa final es la del arribo de *metros*, que son los miembros de
la organización encargados de "operar" los negocios ilícitos en las
urbes conquistadas.

En medio del proceso de expansión de Los Zetas comenzaron
a surgir diferencias entre ellos, con lo que quedaba de la cúpula del
cártel del Golfo, la cual lideraba Ezequiel Cárdenas Guillén, hermano de Osiel, quien había perdido influencia sobre Los Zetas dirigi-
dos por Heriberto Lazcano y Miguel Ángel Treviño. El cártel del
Golfo dejó de operar a grandes escalas y su actividad quedó reducida a Matamoros, de acuerdo con reportes consultados.

Según el informante *Julio*, puesto que ya no operaba en realidad como antes, el cártel del Golfo pasó a ser la leyenda que antes habían constituido Los Zetas, mientras que éstos adquirieron la configuración formal de un cártel de la droga.

El nuevo reparto de poder alteró la vida mafiosa en la zona de manera importante desde 2007. Los Zetas, aunque no declararon la guerra a los miembros que quedaban del cártel del Golfo, dejaron de respetar a sus antiguos contratistas. La tensión estallaba regularmente entre unos y otros. El asesinato del diputado federal Juan Antonio Guajardo —legislador del Partido del Trabajo (PT)—, el 30 de noviembre de 2007, quien de acuerdo con fuentes oficiales conoció al fundador del cártel del Golfo, Juan García Ábrego, se debió a que intentó hacer un movimiento para erradicar a Los Zetas de la región, ya que era cada vez más el número de personas y negocios que debían pagar el impuesto a la banda.

"El problema es que la gente que trajo Osiel es pura maña, que cuando vio la oportunidad se quedó con el poder y quitó a todos los viejones que había [...] lo que pasó es que hubo una diferencia de castas que no respetaron Los Zetas. Ellos pusieron, como se dice, un gobierno espurio", asegura el informante *Julio*.

Para reforzar su poder al frente de la organización, Cárdenas Guillén creó una escolta conformada por desertores de élite del Ejército mexicano. Inicialmente eran casi una treintena de integrantes, que tras la detención de Cárdenas Guillén, en marzo de 2003, dejaron de ser sólo un grupo de seguridad y comenzaron a realizar tratos económicos y políticos por su cuenta. También ampliaron el número de sus miembros armados y dos años después lograron transformarse en una organización criminal con poder propio a lo largo de la carretera que va de Matamoros a Cancún. Para que ocurriera esto, el cártel del Golfo, la estructura que los había creado, debió quedar a merced de ellos: Los Zetas.

Antes de que esto sucediera, de acuerdo con *Ricky*, un informante en la región de las autoridades federales:

Había quienes tenían línea sanguínea con todos los que empezaron a jalar en la región, a esos se les respetaba. Se decía que ellos eran *cártel* no *maña*. La *maña* eran los *zetas* u otro tipo de gente pero no el *cártel*. Luego lo que pasó fue que la *maña* se quiso hacer *cártel*. Por ejemplo, los familiares y amigos de Juan Nepomuceno Guerra, o de Benito García, o de García Abrego —la gente de siempre— eran *cártel*, pero la gente que trajo Osiel [Cárdenas]) era *maña* hasta que pasó lo que pasó y se volteó todo.

Con el paso del tiempo, la cúpula del cártel del Golfo, en la cual estaba Ezequiel Cárdenas Guillén, hermano de Osiel, fue quedando supeditada al poder del grupo armado dirigido por Miguel Ángel Treviño, indican reportes. "El cártel del Golfo era como la Secretaría de Hacienda ilegal en la frontera chica y Los Zetas eran la policía fiscal —explica *Ricky*—, pero todo eso cambió. El cártel se quedó sólo con Matamoros y todo lo demás en Tamaulipas, Nuevo León y parte de Coahuila se hizo zeta".

El nombre de Los Zetas, se cree en ciertos círculos oficiales, se debe a una antigua frecuencia de radio de la Policía Judicial Federal. Sin embargo, *Ricky* se inclina por otra versión que también circula en esta región:

El fundador de Los Zetas, el que los creó por orden de Osiel, no fue un militar. Era un jefe de la policía de Miguel Alemán que se llama —o se llamaba— Zeferino Cuéllar, y que se dice que se fue a Cuba y que allá se hizo algo así como sacerdote de una religión rara. Él siempre fue *cártel*, no *zeta*, aunque los armó y lanzó a la guerra. Se llaman *zetas* porque Zeferino fue quien los preparó.

Ricky asegura que es cierta la idea de que, en un principio, para ser miembro de Los Zetas era obligatorio haber pasado por el Ejército o por una corporación policial, pero que después esto cambió y ahora lo mismo hay jovencitos con escasa preparación militar y hasta mujeres como gatilleras.

La estructura de Los Zetas es dividida por las autoridades en cuatro niveles. En el más alto está un grupo de comandantes, con los cuales comparte horizontalmente el mando Miguel Ángel Treviño. A ese mismo nivel se encuentra un grupo de contadores y abogados que asesoran a la cúpula paramilitar en temas administrativos.

El segundo nivel está conformado por zetas que se encargan de cuestiones logísticas como conseguir armas, transportación de mercancías ilegales, adiestramiento de nuevos miembros e instalación de ranchos o casas como centros de operaciones. El tercer nivel lo conforman sicarios, vigilantes de casas de seguridad e instructores. La parte más baja la integran choferes, informantes de barrios o caminos y mensajeros.

Uno de los rasgos de los comandantes en jefe de Los Zetas es el uso de una pistola de Bélgica marca Hertal, la cual es de calibre .7 por 28 milímetros y tiene veinte tiros. En Tamaulipas y Nuevo León a esta escuadra se le conoce como *la matapolicías*, pero también le llaman *la rara* debido a que casi toda es de plástico y sólo tiene de metal un pequeño tubo y la cámara de gas. *La rara* pesa menos que una pistola de diábolos y puede ser empleada con balas normales, con proyectiles para incendiar y con munición especial capaz de penetrar cualquier blindaje. "Una vez vi en la tele que el subcomandante Marcos usaba un revólver 355 magnum. Pues como de risa, ¿no? Eso no es algo operativo. Una Hertal sí lo es", dice *Ricky*. La tensión siguió creciendo en la zona con otros asesinatos y operaciones criminales. A finales de 2008, las diferencias eran tan graves que se determinó hacer una reunión entre líderes de Los Zetas y del cártel del Golfo, con el fin de evitar la guerra. Esta cita supuestamente se llevó a cabo pese a que el líder de los primeros, Heriberto Lazcano, acusó a la cúpula de los segundos de haber entregado a la policía a Jaime González Durán, un importante sicario de la organización apodado *el Hummer*, detenido días después del accidente aéreo en el que murió el secretario de Gobernación, Juan Camilo Mouriño. Por eso días, el presidente Felipe Calderón ordenó a los órganos policiales apurar la captura de algún miembro importante de Los Zetas, para interrogarlo y determinar si éstos estaban implicados o no en el siniestro.

Aunque hubo diversos sucesos violentos y tensiones, la tregua entre Los Zetas y los pocos miembros que quedaban en el cártel del Golfo se mantuvo en 2009.

En 2010 fue cuando estalló la guerra de Los Zetas.

11

Yo fundé el cártel del Golfo

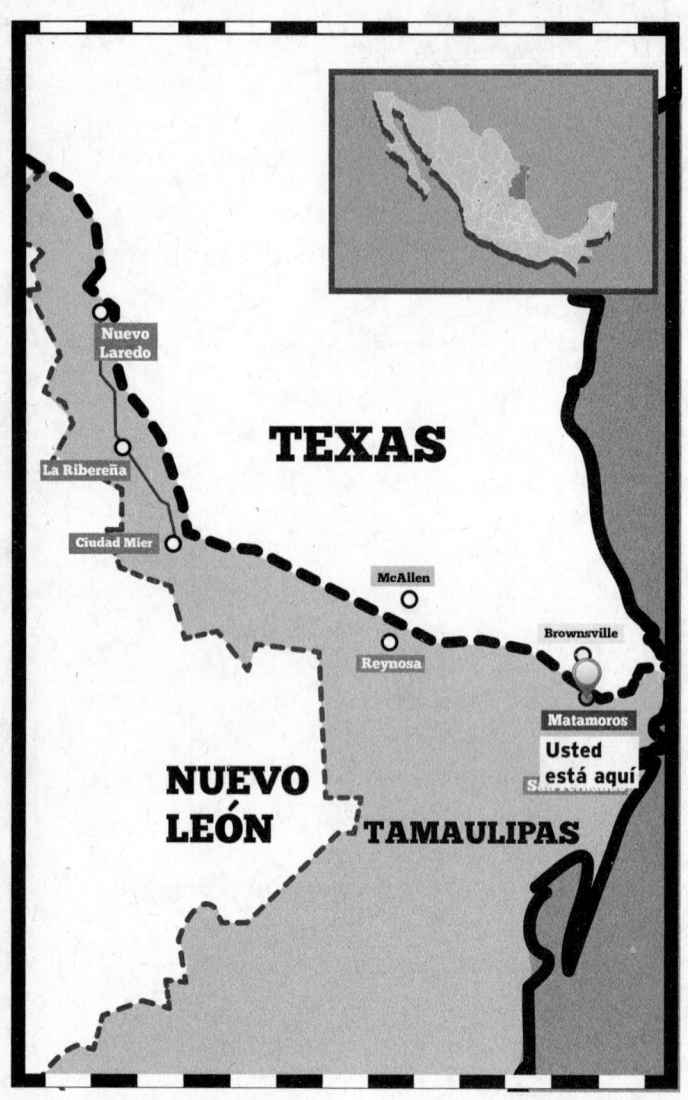

TEXAS

Nuevo
Laredo

La Ribereña

Ciudad Mier

McAllen

Reynosa

Brownsville

Matamoros

**Usted
está aquí**

San Fernando

NUEVO
LEÓN

TAMAULIPAS

ABECEDARIO INCOMPLETO

El día que conocí a Óscar López Olivares me contó que, por lo menos, le había disparado a dos personas (un narco rival y a una ex esposa), que le decían *el Profe* —porque fue maestro rural— y que leyó *El cártel de Sinaloa.* "Tu libro es muy preciso —me dijo—; tan preciso, que si yo aún fuera narcotraficante y hubieras escrito algo así, hubiese ordenado que te asesinaran". No supe qué responderle ante tal franqueza. Por fortuna, segundos después aclaró que era la típica forma de bromear que existe entre los norteños. Entonces fluyó mi relación con quien en los años ochenta fue uno de los empresarios más notorios del tráfico ilegal de drogas en el noreste de México, a quien yo daba por muerto o escondido en Maui o en alguna otra isla del Pacífico.

López Olivares me buscó a través de un importante político mexicano, quien me había recomendado leer unas memorias inéditas que *el Profe* escribió sobre sus años como maestro rural, periodista, vendedor de dólares, narcotraficante y, todo en ese orden, informante del gobierno estadounidense.

Primero hablamos una noche por teléfono. López Olivares se presentó como fundador del cártel del Golfo. Por supuesto que recordé su nombre. Era imposible no asociarlo con el de Juan García

Ábrego, considerado no sólo el creador de esta organización, sino también quien la llevó a posicionarse en el ámbito internacional durante la década de los noventa.

A partir de aquella llamada, entre 2010 y 2012 me encontré con López Olivares tres veces. Manteníamos comunicación de vez en cuando vía telefónica y a través de mensajes electrónicos. Una de sus colaboradoras, que aquí llamaré *Paola*, fue nuestro enlace. La última vez que *el Profe* y yo nos vimos fue a principios de 2012, en la sala privada de un hotel perdido, de una ciudad perdida, del perdido noreste mexicano. Antes de eso pude recibir tres versiones de sus memorias. A todas les hice comentarios generales. Sin duda, se trataba de un documento valioso. La narración estaba salpicada de información esclarecedora acerca de la cultura originaria del narco en Tamaulipas y Nuevo León. Eso sí: en cada página hay anotaciones nacidas de un extraño sentido del humor.

El Profe buscó editoriales que publicaran sus vivencias como un libro en forma. Al mismo tiempo, analizaba subirlas a internet. Lo que deseaba, sobre todo, era que se conociera su vida. En la Semana Santa de 2012 le avisé que, con una pequeña parte de sus escritos, prepararía un capítulo para *La guerra de Los Zetas*. Me dio las gracias, pero también me hizo saber que, en nuestro último encuentro, tuvo la impresión de que yo mostré miedo. Mucho miedo. Aún ignoro si se trató de una broma "estilo norteño", o si fue una opinión seria, porque el mensaje lo hizo llegar por medio de la siempre paciente *Paola*. Me fue fácil imaginarlo cuando pronunciaba la palabra *miedo* con esa voz carrasposa y en cierta forma jovial para un hombre de casi setenta años que ya vivió todo.

Éste es el abecedario incompleto que he hecho del monólogo de un capo. Los acontecimientos transcurren entre finales de los setenta y principios de los noventa. Matamoros es el epicentro.

Así son las cosas

Me iba muy bien, pero un día que no pude cambiar unos cheques decidí renunciar al magisterio y al periódico, y fundé la Casa de Cambio Valle Hermoso, la primera en la ciudad. El primer mes tuve utilidades diez veces mayores al sueldo que tenía con los dos trabajos anteriores como periodista y profesor. Me metí de lleno a las finanzas: compra de dólares, préstamos prendarios...Fue un ascenso meteórico a la riqueza. A los cinco años de haber iniciado ya tenía casa propia, rancho, terrenos urbanos, vehículos de lujo y mi primer avión.

Por coincidencia, la mayoría de mis secretarias eran reinas de belleza de las fiestas del pueblo. Muy bellas y eficientes. De las que recuerdo: Reyitos, Flor, Claudia, Emma, Rosalba, Neyta, Socorrito...

Recibí el apoyo económico de varios empresarios de Valle Hermoso, principalmente del conocido restaurantero Ricardo Montalvo, de Armando y José García Cárdenas, así como de Ramiro Guerra Guerra, que años después tuvo sus cinco minutos de fama nacional como alcalde de Guadalupe Nuevo León: demandó al ayuntamiento y le ganó sesenta millones de pesos, que al parecer hasta ahora no hace efectivos.

Con treinta y cinco años de edad, dinero abundante y un negocio próspero, combinaba mis tres aficiones favoritas en ese tiempo: la cacería, la aviación y las chicas de sociedad. Impulsé la aviación privada entre ganaderos y agricultores que tenían sus propiedades lejos de Valle Hermoso. Los enseñaba a volar y les conseguía avión. Compré un terreno agrícola junto a la carretera Valle Hermoso-San Fernando, construí una pista de aterrizaje y un hangar para guardar el avión. El presidente municipal de ese entonces, Gilberto Guerra Barrera, y el gobernador Enrique Cárdenas González me propusieron que si donaba la aeropista, el gobierno del estado se comprometía a pavimentarla. Lo hice y ahora es un aeropuerto internacional con vuelos nocturnos, directos a la tierra de la cumbia y del vallenato.

Y con sistema de aterrizaje por instrumentos satelital.

¡Es el progreso! Así son las cosas.

Que conste que yo nada más lo fundé.

Volé al aeropuerto de Brownsville-Cabezal y me incorporé de inmediato a una flotilla de aviones. Puros norteamericanos la tripulaban, la mayoría ex combatientes de Vietnam. Hacían un vuelo diario. Transportaban mercancía americana de contrabando al área de Veracruz, para de ahí ser llevada al mercado de Tepito a la Ciudad de México.

Con ingresos de siete mil dólares diarios pude rehacer mi vida. Les compré automóvil a mis dos amantes de veinte años, por las que había cambiado a mi esposa de cuarenta. Me llevé a *X* a un departamento a Brownsville y ahí vivimos muy felices, hasta que en uno de esos viajes con los gringos me detuvo la Judicial Federal. Me torturaron, aunque levemente, y a partir de ese día se fundó el cártel de Matamoros, que más tarde sería conocido como el cártel del Golfo.

El comandante me dijo:

—Mira, *Profe*, trabaja con nosotros y te pagamos diez mil dólares por viaje desde Veracruz o Oaxaca hasta Matamoros.

El comandante me dio instrucciones de que buscara a Juan García Ábrego para ponerme de acuerdo. Él movía la mercancía que el gobierno manejaba como resultado de los decomisos. Como yo no conocía a Juan García Abrego en ese tiempo, la persona que sirvió de enlace fue Carlos Reséndez Bortolouce, uno de mis mejores amigos, a quien yo protegía y beneficiaba. Carlos me llevó con él y resulta que ese día, sin haberlo conocido, Juan me dijo que estaba de acuerdo y me sorprendió al decirme que yo le debía dos millones de pesos. Después supe que era cierto, pero el que me los había prestado a su nombre era José García del Fierro, nada menos que el *junior* número uno de Valle Hermoso y que para todos era hijo de don Pepe García, considerado el cacique de Valle Hermoso, Tamaulipas.

Don Pepe era el hermano mayor de la conocida dinastía García Cárdenas y estaba casado, al igual que su hermano Armando, con una mujer perteneciente a otra dinastía famosa: la de los Del Fierro. El matrimonio de don Pepe no procreó hijos, razón por la cual le pidieron a don Albino, padre de José García del Fierro, que le regalara a sus hijos pequeños, porque no tenían a quién dejarle su inmensa fortuna. Por la parejita de hijos que regaló, don Albino recibió una camioneta del año y una parcela.

José contaba aproximadamente con doce años de edad y, mostrando su carácter, quería impedir a como diera lugar que se los llevaran. Les dijo a sus padres que no lo hicieran, que un día se iban a arrepentir porque él iba a tener más dinero que todas las dinastías juntas. Toda su vida cargó con ese trauma.

Se desquitó con sus padres un día que llegamos a casa de ellos en Estados Unidos. José llevaba un veliz con cuatro millones de dólares que, para mi mala suerte, les aventó mientras les reclamaba haberse desentendido de él cuando era niño.

COMANDANTES NUEVOS

Exactamente en el año de 1980 quedó establecido el puente aéreo Matamoros-Oaxaca, con un promedio de cuatro vuelos por semana para transportar cuatrocientos kilogramos de cáñamo indígena (mota, mariguana, grifa, hierba verde). En ese tiempo contaba con cuarenta años y jamás en mi vida había visto la hierba, pues apenas acababa de conocer la cocaína, que los mismos agentes federales me habían enseñado a utilizar contra el cansancio del vuelo. Fue muy traumático para mí aceptar esta nueva actividad. Pensaba en mi mamá, que en ese tiempo tenía ochenta años. ¿Qué diría ella si se enterara?

En Matamoros, la Policía Judicial Federal estaba compuesta únicamente por tres elementos y todos eran amigos de Juan García Ábrego desde la infancia. Les conseguíamos oficinas, muebles, armas; les pagábamos la luz y una gratificación por cada viaje.

Durante los cuatro años siguientes se hizo una constante que a cada comandante nuevo que llegaba había que comprarle otra vez todo, pues el que se iba no dejaba nada. Hay algunos de éstos que merecen ser recordados. Y así será, pero más adelante.

DONDE GERMINA LA SEMILLA

Tuxtepec, Veracruz, es el paraíso terrenal. El río Papaloapan o Río de las Mariposas, cruza la ciudad como enorme serpiente y sus márgenes están cubiertas de frondosos mangales, aguacatales, platanales y papayales.

Produce el ochenta por ciento del papel periódico que consume México, el cual se obtiene del bagazo de la caña. En Tuxtepec se vive un ambiente realmente veracruzano, ya que en la zona, aunque pertenece a Oaxaca, limita con Tierra Blanca, Veracruz, y es el único pueblo oaxaqueño que se encuentra de este lado de la Sierra Madre Oriental. Tuxtepec es también la tierra donde nació Porfirio Díaz, quien gobernó el país por treinta años.

En esas altas montañas, que forman el nudo mixteco al unirse la Sierra Madre del Sur con la Sierra Madre Oriental, se encuentra el submundo de la siembra de la mariguana. Ahí donde germina la semilla de esta planta empieza la epopeya del narcotráfico del noreste. La siembra se realiza a estaca, enterrando semilla por semilla. Antes de nacer la mata, los pájaros extraen la que pueden. También los roedores, lagartijas y armadillos tienen que ser mantenidos a raya para que permitan la nacencia. Una vez que la planta muestra sus hojas características de cinco gajos, empiezan a atacarla las plagas, la mosca, la araña y todos los animales herbívoros del bosque. Se tiene que fertilizar y regar planta por planta. Cuando ya está lista para cosecharse, hay que llevar más gente, más parque y más armas, pues otros que se dedican a asaltar los sembradíos esperan la menor oportunidad para realizar su trabajo.

La hierba se tiene que bajar en burros, mulas, caballos, gente, o por la vía fluvial, ya que hay muchos ríos navegables (pero por el río suele ser muy peligroso. Es común que maten a los lancheros y roben la mercancía).

Unos indígenas fueron a Tuxtepec a vendernos la idea de que en un río de la alta montaña se podía construir una pista para el avión, lo que sería un gran adelanto porque normalmente, para bajar la mercancía hasta la ciudad, se hacían tres días sorteando muchos peligros. Los subí al avión y fuimos a sobrevolar la sierra. Desde el aire les señalé el lugar y lo que tenían que hacer con unos árboles que estorbaban: extender un pequeño camino y limpiar bien la trayectoria de la pista. A la semana siguiente me avisaron que ya estaba listo. Fui y aterricé.

El problema fue la salida, ya que para poder despegar, tuve que permanecer por diez días con la misma ropa y comiendo lo que nos llevaban los vecinos que sembraban sus pequeñas labores de mariguana.

Ese mundo selvático y salvaje donde impera la ley del más fuerte, me pareció lo más increíble: sujetos deformes con huellas de machetazos en el rostro, otros me presentaban socarronamente a sus esposas, que no eran otra cosa que niñas entre ocho y diez años, compradas, como es la costumbre, en ese lugar. Por ejemplo, uno que estaba tuerto, había comprado a su esposa-niña por dos vacas y una pistola 22 con una caja de cartuchos.

Salí de ese infierno rozando la copa de los árboles y con trescientos kilos de mercancía jurando no regresar jamás.

Como en Matamoros nadie me esperaba porque no había comunicación, aterricé en un rancho cercano a Valle Hermoso. Descargué y escondí la mercancía en un montecito. Ése era el vuelo inaugural, el cual, como se puede apreciar, no fue muy sofisticado.

EL CACHO

Cuando Miguel de la Madrid era presidente de México, la temida Dirección Federal de Seguridad manejaba el narcotráfico en el país. Los comandantes regionales de la dependencia eran Rafael Chao López en la zona norte; Rafael Aguilar de Chihuahua a Baja California; en el sur Tomás Morlett Borques; y en el centro, Carlos Aguilar Garza, ex director de la campaña contra el narcotráfico de la Procuraduría General de la República, en Sinaloa. Los narcos más conocidos del momento eran Rafael Caro Quintero, Miguel Félix Gallardo y Juan Esparragoza *el Azul*.

El jefe de estos comandantes eran: Juan Antonio Zorrilla, quien purgaba una condena por haber sido él quien asumió la responsabilidad en el crimen del periodista Manuel Buendía, quien fue eliminado, por supuesto, por órdenes superiores. (Para muchos, el presidente De la Madrid es el responsable, pues, como se recordará, Buendía señaló que De la Madrid había sustraído de las arcas del gobierno de México ciento once millones de dólares y los había depositado en Suiza, mostrando en el periódico las evidencias. Cabe mencionar que los ciento once millones de dólares, para mí, hablan muy bien del presidente Miguel de la Madrid, pues a todos los demás presidentes el pueblo les adjudica fortunas superiores a los un mil millones de dólares.)

217

En aquel tiempo —como se dice en el Evangelio— el *Cacho* reinaba en Matamoros. Casimiro Campos era su nombre real. Controlaba el robo de automóviles desde Estados Unidos, sobre todo las camionetas Bronco, que vendía a mil dólares cada una. Venían por ellas generales, comandantes, agentes federales y soldados de todo el país. Contaba con una pandilla formada por más de treinta jóvenes, de quince a veinte años, controlados por tres ex policías, uno de ellos *el Vale*, quien tenía en su haber más de cuarenta crímenes. Al *Cacho* le gustaba matar personalmente y delante de todos para infundir más temor entre su gente.

En algunos años, el *Cacho* personalmente traía mariguana de Oaxaca, Guerrero y Veracruz, donde era muy apreciado porque llevaba armas y parque a aquellas regiones. Era un bandido nato, un tipo simpático y sobre todo con una generosidad natural. Se quedaba sin nada porque repartía todo. Es, por decirlo bien claro, el antecedente inmediato del grupo de Los Zetas, ya que no hay que confundir a estos con nuestros narcotraficantes regionales, que son gentes que no se meten con nadie y se desempeñan sin violencia.

El Cacho quería enseñarse a volar y compramos un avioncito entre los dos. Pronto desistió del empeño pero continuamos con una muy buena amistad. Cuando viví solo en Matamoros me mandaba chicas de su banda.

Sin embargo, cuando empezó a tener poder y dinero, dio rienda suelta a sus instintos criminales; he aquí unos cuantos ejemplos:

Con engaños hizo que su único hermano viniera de Cuba, donde era miliciano. En su casa tenía una alberquita y ahí lo colgó de los pies y lo zambulló casi hasta ahogarlo, reclamándole por haberlo maltratado mucho de niño.

A un joven doctor del hospital civil, también fue y lo mató al nosocomio porque supuestamente exploró a su esposa incorrectamente.

En la primaria tuvo un maestro que se burlaba de su tartamudez... Ya como capo, el *Cacho* lo mandó traer para darle un regalo. Ahí lo ejecutó y su cuerpo fue sacado en una alfombra enrollada.

Una noche me llamó como a las dos de la mañana para que fuera a su casa a ver a un hombre irreconocible que yacía en el suelo, convertido en una masa sanguinolenta. Había sido torturado por veinticuatro horas y estaba por ejecutarlo. Era nada menos que el brazo derecho del comandante de la Judicial Federal destacamentado en Matamoros, Guillermo González Calderoni, quien acababa de ser cambiado a la plaza de Monterrey pues *el Cacho* lo había amenazado de muerte. El error del hombre con el rostro irreconocible: haberse parado a realizar una necesidad fisiológica cerca de la casa de una hermana del *Cacho*. Los guardias pensaron que Calderoni lo había mandado a que matara al *Cacho*. Logré que *el Cacho* le perdonara la vida. Felipe, como se llamaba el hombre, se recuperó durante seis meses en hospitales norteamericanos y Calderoni jamás volvió a ayudarlo. Yo sentí satisfacción de haberlo salvado porque el muchacho era buena persona.

FAVORES DE AMIGOS

El Cacho cubrió todas las actividades criminales: secuestro, narcotráfico, asesinato por encargo y robo. Calculo que debió haber eliminado a más de doscientas personas. Uno de los pocos duelos que tuvo ocurrió con el hijo único de la célebre señora doña Amparo del Fierro. "¡Le gané al jalón y lo maté!", diría *el Cacho* después.

Esos últimos años de su vida, 1983 y 1984, hasta el 17 de mayo (cuando lo maté), los dedicó a la disipación, el despilfarro y a drogarse. Pasaba días y noches sin dormir, fumando pasta básica de coca, que era rara en Matamoros; le pidió a su amigo Rafael Caro Quintero que le mandara un cocinero y fue así como llegó a Matamoros otro personaje histórico, Antonio Gárate. Este último era experto en armas y de inmediato *el Cacho* lo puso de comandante de la policía municipal. Sin embargo, Gárate no veía ni a diez metros pues era miope. Pues así de ciega, me pidió que lo tirara en mi avión, ya que era paracaidista y saltaría de tres mil pies a un campo de beisbol que se estaba inaugurando. Quería apantallar al público. Lo que pasó fue que su ceguera y la inexperiencia mía (nunca había tirado a un paracaidista) dio como resultado que cayera en el centro de un corral con quinientos puercos, a dos cuadras del lugar indicado.

Los periódicos nos satirizaron con caricaturas durante varios días. Gárate regresó a Guadalajara y se convirtió en informante de la DEA, obteniendo algunos sonados triunfos en contra de la organización del cártel de Sinaloa.

EL GÜERO

Saúl Hernández Rivera, *el Güero*, era la sombra de Juan García Ábrego: su inseparable, su brazo armado, su brazo derecho o su brazo ejecutor. Tenía mucha fuerza bruta y aún más capacidad de reacción. Acordamos repartir utilidades por partes iguales entre los tres, cosa que Juan no cumplió porque era un experto prevaricador y escamoteaba las utilidades. Nunca pagaba completo.

Saúl y Juan habían trabajado juntos en Chicago, en la fábrica de galletas Navisco. Se regresaron a México junto con Humberto García Ábrego, hermano de Juan, porque les estaban hablando del Ejército americano para que se fueran a pelear a Vietnam.

Saúl, como pudo, logró sacarle cinco millones de dólares a Juan de lo que le debía y compró un rancho de cuatro mil hectáreas en Soto la Marina, Tamaulipas, que sus hijos heredaron ya que a Saúl, para no pagarle el resto, que eran como otros diez millones de dólares, Juan lo mandó matar junto a Tomas Morlett en el tristemente célebre tugurio Salón Piedras Negras de Matamoros.

El Piedras Negras era un restaurante cantina muy famoso en todo México, porque precisamente ahí despachaba el contrabandista número uno: Juan Nepomuceno Guerra, mejor conocido como Juan N. Guerra, quien era tío de Juan García Ábrego y dio muerte artera y cobardemente al comandante Francisco Villa Coss, de la aduana de Matamoros, cuando cenaban y discutían sobre las disposiciones que traía el nuevo jefe aduanal, que era hijo del Centauro del Norte, Francisco Villa.

HERIDAS DE LEÓN

Don Juan N. Guerra era muy prepotente y abusivo con la gente humilde. Sus propios dichos lo pintaban tal cual. Si alguien le preguntaba si Fulano de Tal era pariente suyo, respondía que sí, que era pariente retirado y más retirado lo tenía él, porque no servía pa' nada; si alguna persona acudía con intenciones de que le ayudara a rescatar algún contrabando que le decomisara la aduana, les decía: "¿Por qué no me invitaste cuando cobraste?"

Yo pienso que aquí se paga todo antes de partir. Dios, o algún discípulo de Él, me castigó a mí por pecar de arrogante y prepotente por culpa del dinero. Me quitó lo único sagrado que era un inocente hijo. A mi hermano Baldo también se le ahogó su primogénito, pero éste ya había procreado familia. A don Juan N. Guerra, el hombre más temido antes del *Cacho* y el narcotráfico, Dios también le cobró así:

A su primera esposa, en una de las visitas de la Carpa Landeros a Matamoros, se le descubrió un desliz con el cómico *Resortes*. Don Juan la mató delante de sus hijos. Nadie lo tocó, se volvió a casar y miren los tres hijos que le tocaron:

El mayor salió atilillótico y con el síndrome de Down.

El segundo es presidente vitalicio del Orgullo Gay Matamoros-Brownsville.

El tercero comía carne humana de gringo en su ranchito Santa Elena, donde practicaban ritos satánicos.

Por si lo anterior fuera poco, don Juan sufrió una apoplejía y se le paralizó la mitad de su cuerpo antes de morir. Aquello fue un verdadero drama, no recibía a nadie ni a sus hermanos, ni a Juan García Ábrego, su sobrino favorito, menos a los doctores. Era, literalmente, un león herido.

Como yo estaba de moda por los acontecimientos en los que me involucré, sus parientes me comisionaron para que hablara con él y recibiera atención médica, pues ya tenía tres días del ataque y el doctor Rafael Arredondo, que en ese tiempo era amigo mío y todavía no pertenecía al cártel del Golfo, me acompañó a su casa y se canalizó el caso de don Juan a hospitales de Brownsville y Houston, gracias a mi intervención.

INCONSCIENTE

Tomás Morlett era toda una leyenda en el mundo de la policía política y el narcotráfico. Era descendiente de musulmanes, una persona polifacética que había empezado su carrera en Mexicali como ayudante de un gobernador y de ahí se fue a la Ciudad de México, donde ingresó con puesto de comandante de la *Gestapo* mexicana [la Dirección Federal de Seguridad].

Fue fundador de la Brigada Blanca, famoso grupo represor del movimiento estudiantil del 68. Me comentaba sus hazañas de tirar cadáveres de estudiantes y soldados en el mar y todo tipo de barbaries cometidas. Hombre de todas las confianzas de cada uno de sus superiores. Primero trabajó con el tristemente célebre Miguel Nazar Haro, a quien aprehendió el agente del FBI de Tucson Arizona, Roberto Montoya. Después lo hizo con don Javier García Paniagua, que también fue regente del DF y presidente nacional del PRI. Dominaba varios idiomas. Entre otros, el persa, lo que le ayudó para que el gobierno lo designara anfitrión en Cuernavaca del rey de Persia [Sha de Irán] en su exilio en nuestro país, pues como se recordará había sido derrocado por el ayatolá Jomeni.

El Sha padecía cáncer terminal y Morlett lo introdujo al uso de la mariguana como alternativa médica, así como también en el uso de la piedra de cocaína. Antes de que se fuera a morir a Estados Unidos, Mohamed Reza Palevi, como se llamaba el Sha, le regaló dos millones de dólares.

Contaba Tomás que en la casa que tenía en Cuernavaca, pasaba un pregonero vendiendo atole y gritaba "¡hay atole!" Todos los ayudantes del Sha se asustaban mucho porque creían que ahí venía el ayatolá. Como no quiso entender, el atolero fue desaparecido por Morlett...

Con el presidente De la Madrid, Morlett fue director del Registro Federal de Automóviles, pero una vez que terminó su gestión se dio de alta en el cártel de Juan García Ábrego y firmó su contrato con la muerte.

Un día me llamó Juan Gracía Ábrego a Brownsville y me dijo: "Ya no aguanto a Morlett, ¡quítamelo!" Siempre iba por dinero, pero como también era muy intrigante, aconsejaba a Juan que me matara a mí porque se atrevió a imaginar que yo lo destruiría con ayuda de los gringos (lo cual acabó siendo cierto). Morlett tenía relación directa con todos los grupos de narcos en el país y manejaba a los generales de las zonas productoras de estupefacientes. Como quiera, a mí no me quedó nada en la conciencia, le hablé y textualmente le dije que ya no viniera a Matamoros, que algo podía pasarle. No hizo caso y cayó junto a Saúl Hernández, en el Piedras Negras. En ese ambiente, por una mala mirada, una palabra mal dicha, por un mal entendido o por algún indicio de desconfianza ¡te mueres!

JUAN

Armando García Cárdenas: mi vida nunca fue igual a partir de que conocí a este hombre único, de inteligencia vivaz, extraordinaria presencia y fortaleza física. Campeón de tiro, con rifle, pistola y escopeta. Amasó una gran fortuna como distribuidor de cerveza y agricultor en gran escala. Fue mi padrino para que mi esposa y yo ingresáramos al Club de Leones. Me prestaba hasta cuatro millones de pesos. Todos los gobernadores de Tamaulipas eran amigos suyos —y por supuesto míos—; por él conocí a gente muy importante de todo el país, como el cacique de Tamaulipas, don Lauro Villalón. Los tres íbamos de cacería a su rancho que se llama Loreto, en San Fernando.

Era el tío rico de Juan García Ábrego y al terminar éste sus estudios de secretario, se vino a Valle Hermoso a trabajar con él y le copió hasta los gestos; lo idealizó. Ambos eran ejemplo del más escrupuloso orden, la limpieza absoluta: traían Rolex con brillantes, botines Royal Imperial relumbrosos, ropa de la más exclusiva, vehículos relucientes, cantinas olorosas a lavanda, y sus tierras eran las más fértiles y las mejor trabajadas. En otra cosa que competían tío y sobrino era en peso y estatura: más de cien kilos y cerca de dos metros de altura, con sus pistolas .45 conmemorativas de no sé cuantas batallas, pero que costaban más de diez mil dólares, muy cuidadosamente disimuladas entre la camisa y la gordura.

Nunca dispararon para matar a alguien. Ni tío ni sobrino usaban la pistola para "cañonear" en la cabeza a sus rivales. Aunque recuerdo un día en que Juan le dio un cañonazo a Chayito, un niño muy humilde, que le hacía mandados en la casa y se golpeó el pulgar con la cabeza del muchacho. La uña se le puso morada, no aguantaba el dolor y fui por un médico, quien le extrajo la sangre coagulada. Nada más se alivió, Juan mandó unos sicarios al rancho del niño, quien tenía quince años. Lo mataron junto a otro hermanito de trescientos balazos. Fue muy sonado el caso porque una joven de diecisiete años se salvó al ocultarse en el tiro de la chimenea.

KILATES

El mayor de los hijos de don Roberto Guerra se educó en los mejores colegios americanos y su papá le compró la empresa Semillas WAC. También una flotilla de aviones para que Matamoros contara con taxis aéreos. A la muerte de su padre, el hijo juró ser presidente de Matamoros y lo logró, con la única promesa de que acabaría con *el Cacho*, pues éste a diario mataba gente. Primero, la seguridad del pueblo, armas de alto poder, patrullas nuevecitas equipadas con todo. Después dijo: "Hay que buscar en donde esté al temidísimo Fiscal de Hierro, Salvador del Toro Rosales, pagarle lo que sea. Si mató gente de los Pruneda en Laredo, ¿qué le dura *el Cacho*"?

En esas andaba el hijo y Juan García Ábrego, su primo, cuando *el Cacho* lo secuestró. Yo no recuerdo cómo es que a mí me tocó presenciar las desgarradoras escenas. Hubo un fuerte altercado entre ellos cuando *el Cacho* le reclamó al presidente municipal el porqué lo quería matar. Tras varias horas, ambos terminaron abrazados y llorando. El presidente municipal prorrumpió en llanto cuando entró la mamá del *Cacho* y acabó de salvarle la vida.

Lo que pasó es que años atrás, la señora había sido remitida a la cárcel por vender tamales en la plaza principal, pero don Roberto Guerra, el fallecido papá del presidente municipal, la salvó, ya que era el representante del gobernador en ese tiempo en Matamoros.

LA MAÑANA

El Gordo Guerra era el hijo más pequeño de don Roberto Guerra. *El Gordo* estudió leyes en Monterrey y cambiaba carro deportivo cada año:

Mercedes, Ferrari, porque nació en Estados Unidos y se acostumbró a los buenos coches. De adolescente en Matamoros, junto con su primo *el Chito* Guerra, eran los más temerarios. Golpeaban gentes, chocaban a cada rato, atropellaban a quien se atravesara en sus motos y si veían algo mal puesto se lo llevaban; desde llantas hasta perros finos de las casas de sus amigos ricos.

Un día unos desconocidos asaltaron el Banco Nacional de México en Matamoros y se corrió el rumor de que habían sido *el Gordo* y *Chito*. La policía, con miedo y todo fueron a preguntarle a don Roberto por su hijo. Cuando llegaron, don Roberto les dijo que para qué lo querían:

—¿Ahora qué hizo mi'jo?

—Pues dicen que robo el banco y venimos a hablar con usted.

—¿A qué horas fue el robo?

—A las nueve de la mañana.

—No pierdan su tiempo. *El Gordo* jamás se levanta antes de las tres de la tarde.

MI AVIÓN

Le compré al fiscal Marco Antonio Carrera una residencia en cinco millones de pesos que estaba al final de la calle principal de la colonia San Francisco, de Matamoros. En poco tiempo la casa se convirtió en una verdadera embajada. A Juan García Ábrego nadie lo conocía, pues pasaba como un pequeño agricultor y transportista ya que poseía varios tráileres. Además no toleraba a nadie y no recibía en su casa más que a Saúl y a mí. Todo funcionario que necesitaba algo con él, me buscaba. A mí me llegaban encargos de los directores de averiguaciones de la PGR, de los generales y hasta de gente de la Presidencia de la República. (Mientras tanto, los vuelos se sucedían uno tras otro y Juan invertía la ganancia en la compra de ranchos, tráileres, maquinarias, terrenos urbanos y colonias enteras. "Todo es de todos", decía. "A la hora que quieran hacemos cuentas". Ajá.)

No sólo en Tamaulipas. Cada delegado nuevo de la PGR que llegaba a Oaxaca tenía que quedar debajo de Morlett, porque este manejaba al general de la plaza. Un día, las diferencias entre ellos eran por mi culpa y la PGR me decomisó el avión estacionado en el aeropuerto de Loma Bonita, Oaxaca. Fue una odisea rescatarlo. Lo primero que hice fue reportarlo como robado en Matamoros. Nos llevamos cinco meses Morlett y yo en rescatarlo. Pedí audiencia con el procurador de la República, como un profesor al que se le regresaría su aeronave. El funcionario federal de inmediato ordenó que me hicieran pasar.

—¿Cómo es que, ahora, los profesores tienen avión? Pues usted ¿en qué escuela trabaja?

Le expliqué que tenía una casa de cambio en Tamaulipas y entonces me dijo:

—Mejor te hubieras dedicado al narcotráfico. Es peor lo que hacen ustedes, los agiotistas, a la gente pobre. Y dígame: ¿cómo le hizo para saber que apenas ayer se dictó el auto de soltura?

—No lo sabía, señor procurador, fue una simple corazonada —respondí.

Me entregó el avión. La vida tenía que seguir.

Niño de Tepeaca

El único incidente sucedido en el puente aéreo entre Oaxaca y Tamaulipas, entre unos quinientos vuelos en tres años, sucedió cuando, despegando de Tuxtepec, a las dos de la tarde se observaba una gran tormenta sobre el puerto de Veracruz. Pensé en regresar, pero decidí continuar. La tormenta se intensificó y me fui desviando hacia el rumbo de Puebla. Era un viento muy fuerte, la gasolina ya no era suficiente para llegar a Matamoros y pensé que no me quedaba otra que aterrizar en la carretera. Casi me enfilaba hacia la autopista Veracruz-Puebla, pero observé que había varias patrullas de la Federal de Caminos y opté por aterrizar en un sembradío de hortalizas, en una brecha angosta en forma de camino empedrado.

Llovía intensamente. Se acercó un joven campesino y me hizo saber que estaba en un ejido perteneciente al municipio de Tepeaca, estado de Puebla. El dinero habla y de inmediato le quitamos los paquetes visibles por las ventanillas y los escondimos en un maizal. Era un camino muy transitado. Todos los ejidatarios que pasaban por ahí se conocían. Por la noche me consiguieron gasolina de automóvil y nadie me denunció. Con el tiempo recibí alguna información del lugar. A lo mejor me salvó un famoso "niño de Tepeaca" que hace milagros y que es muy venerado en esos lugares.

OBVIAMENTE

El Cacho es asesinado. Escándalo nacional, primero llegan en dos aviones DC-9 doscientos agentes federales, y por tierra tropas peinaban la región buscando el único señalado como el principal sospechoso que era yo, ya que según testigos oculares "*el Profe* iba mero adelante del comando con una ametralladora".

Pero yo tenía mi coartada perfecta: el gobierno americano siempre tuvo las evidencias de mi inocencia.

Haya sido porque el *sheriff* Alex Pérez era mi amigo, y toda su familia también, o porque me agradecía que *el Cacho*, enemigo público número uno de Brownsville, ya no les iba a secuestrar gente, ni robarles vehículos, o no sé, pero él me dijo: "Aquí está mi tarjeta. Llámame cuando me necesites, y mientras no quiebres ninguna ley en este país, no tendrás ningún problema".

Mientras tanto en Matamoros, Juan García Ábrego abrió las arcas, repartió entre la Procuraduría, el Ejército, prensa y demás, quince millones de dólares. Así su nombre jamás apareció en ningún medio.

El gobierno del estado no intervino en lo absoluto. Se concretaron a procesarme en mi ausencia, por dar muerte al *Cacho*, según ellos. Carlos Aguilar Garza, ex subprocurador de la República, encabezó una gran defensa; mediante un juicio de amparo, radicado en Saltillo, Coahuila, logró mi absolución.

Al final el certificado de defunción del *Cacho* decía: murió por falta de atención médica oportuna. Y eso no es culpa mía, obviamente yo ni médico era.

PRIMEROS TRABAJOS

Primero con cierta discreción salía por las noches, después por las tardes, y así, en dos meses, ya era un residente más de Valley Inn Country Club, en Texas. Ahí convivía con muchas personas, jugaba golf; tenía mi carrito y mi equipo de palos. Un señor que llegó a vivir con unos vecinos de enfrente me veía jugar solo en el campo de golf y un día me dijo: "Cuando quiera jugamos los dieciocho hoyos, usted y yo".

Yo apenas empezaba a practicar y me dio unas cuantas lecciones. Resultó ser Héctor Cámpora, que había sido derrocado recientemente por un golpe militar en Argentina, donde era presidente. Los vecinos de referencia eran dueños de la tienda más grande de la ciudad, que se llamaba Los Argentinos, y el ex presidente era pariente de ellos.

Otro vecino a tres casas era el mismísimo Juan García Abrego, quien tenía otra esposa en Estados Unidos. Una mujer exuberante que gracias a sus encantos sostenía relaciones desde mucho tiempo atrás con el empresario Herminio Montelongo, de quien también era socia en el contrabando de refacciones. Ambos eran los zares de los baleros automotrices en América Latina. Manejaban millones de dólares. Compraban en Rumania el balero a un dólar y lo daban a diez dólares. Eran magnates, sus pedidos eran barcos o aviones Hércules.

Juan —quien nunca estudió ética— le aconsejó a la mujer exuberante que matara a su socio Herminio. "Así te quedas con todo y ya no tienes que acostarte con él por necesidad". Ese fue uno de los primeros trabajos ordenados a un pequeño ejército que ya capitaneaba Luis Medrano, ex jefe de gatilleros del *Cacho*. Los hombres esperaron a que Herminio cruzara a Matamoros, pues tenía una orden de aprehensión en Jiménez, Tamaulipas, por haber dado muerte a una joven amante de veinte años. Murió de setenta y seis balazos de diversos calibres.

En lo sucesivo, las ejecuciones fueron casi diarias. Morían señoras, niños y ancianos. La frustración de Juan García Ábrego iba en aumento y se volvía cada vez más cruel. Mató a un corredor de caballos porque alguien le dijo que se había dejado ganar.

Todavía en 1985 Juan vivía en ambos lados, hasta que un día lo checaron en el Puente Internacional y lo detuvieron porque había un reporte de su participación en el robo de un tráiler. Estuvo dos días preso y arregló. Pero lo tomó como un aviso de que se fuera del Country Club a México.

¿QUIÉN MANEJA ESE CORVETTE?

Uno de los momentos más álgidos de Juan con su pareja americana fue cuando se enteraron que mi esposa Xóchitl estaba embarazada. Les afectó tanto en su ego que adoptaron una niña, y la bautizó en México Guillermo González Calderoni, entonces, simplemente, el hombre más poderoso de México.

Al nacer Mariana, entre Juan, su esposa y la mía se pusieron de acuerdo y decidieron que ellos la bautizarían de inmediato. Les dije que a los compadres los escogía yo, y empezaron las hostilidades. Otro incidente que marcó más la inminente ruptura sucedió en Valle Hermoso, donde Juan glorificaba su dinero. Siendo el personaje central de una carrera de caballos que se celebraba por millones de dólares, llegó una de mis hijas en un Corvette. Juan pensó que yo la había mandado para robarle cámara y ordenó que le recogieran el carro.

ROLLS ROYCE

Al Country Club llegó un día de vecino Ángel Álvaro Peña, que había sido secretario del presidente José López Portillo y que el nuevo gobierno de Miguel de la Madrid andaba acosando. Nos hicimos muy amigos y cuando se fue casi me regaló su carro Rolls Royce nuevecito, pues me lo dio a mitad de precio. Le puse Sombra de Plata (*Silver Shadow*) y fue mi caballo por diez años. Anduvimos por todo el país gringo.

El doctor Víctor Leal era un eminente cirujano de la vista y buscó mi amistad porque quería matar a dos doctores judíos que eran sus competidores. No lo hacía él mismo porque estaba en libertad condicionada tras haber mandado asesinar a otro conocido doctor de apellido Cortés, que era cuñado suyo. Hablo de él aquí porque andaba intrigando a Juan García Ábrego con información falsa relacionada conmigo. No le duró mucho el gusto: en el atracadero de su barco, al fondo del mar, apareció atado a una gran piedra. Nadie sabe, nadie supo.

SÍ AL ACERO APRESTAD

Providencialmente para nosotros en Tamaulipas, en el año 1985, toda la atención fue desviada al caso Caro Quintero-Camarena, donde México casi gritó: "¡Guerra, guerra!" Mi país se veía decidido, visto desde el Country Club de Texas, a subirse al bridón y agarrar el acero. Intervino la OEA y el secretario llamó a las partes. No logró nada. Intervino la ONU y los gringos se burlaron de todos. Todo mundo recuerda que el que pagó por todo eso fue Rubén Zuno Arce, quien es completamente ajeno al crimen del agente de la DEA. Lo digo porque lo conocí. Zuno fue mi cliente en la casa de cambio en Valle Hermoso. Está pagando por el antigringuismo exacerbado, primero de los otros Zunos, que eran comunistas, y desde luego por culpa del recalcitrante Luis Echeverría Álvarez, su cuñado.

TERMINAL AÉREA

Guillermo Gorospe era el zar de las materias primas entre México y Estados Unidos. También era mi vecino en el Country Club. Era todo un personaje, un negociante de productos químicos industriales que exportaba por furgones y barcos. Era el dueño de la quinta más lujosa de Acapulco, que se llamaba Los Murciélagos. Su esposa era dama de la aristocracia pero estaban separados. Tenía una colección de objetos raros de todo el mundo: un colmillo labrado a mano durante generaciones de talladores de marfil con un costo de más de un millón de dólares, cuadros de Monet y Siqueiros, por mencionar algunos. A mí me regaló dos: uno de una pareja caminando de espaldas con paraguas bajo la lluvia, y otro de un atardecer. Gorospe se sintió mal una tarde y me fue a buscar porque en la mañana se iba a México en el vuelo de Aeroméxico. Me regaló un avión que tenía en un hangar en el aeropuerto Hobby de Houston, Texas. Yo nada más tendría que pagar lo que se debía por estacionamiento y una cuenta de mantenimiento, y era mío.

Lo único que me platicó del avión es que lo usó su amigo José López Portillo en su campaña presidencial para llevar únicamente publicidad. Gorospe, como yo lo llamaba, se fue otro día y alcanzó a bajar por su propio pie, falleciendo en la sala del Aeropuerto Internacional de la Ciudad de México.

Como a la semana me fui a Houston a conocer el Super DC 3. Quedé atónito en cuanto lo vi por fuera, pero cuando entré, casi me desmayo de la impresión. Era algo que ni el piloto más conocedor ha visto ¡y era mío!

Era la obra maestra de la ingeniería aeronáutica de los años cincuenta. Su primer dueño: Paul Getty, el hombre más rico del mundo en su tiempo, muy famoso además, porque secuestraron a su nieto y le cortaron el pabellón auricular para exigir el rescate.

La fábrica había construido dos aparatos iguales para la presidencia de los Estados Unidos. El petrolero ordenó otro, pero más lujoso, con autonomía de cruzar el Atlántico o volar de Argentina directo a Nueva York. Tenía alfombras de piel y pelo de llama, maderas finísimas, sala, recámara elegante y un baño en chapa de oro. Después de pagar casi treinta mil dólares y poner al día el certificado de aeronavegabilidad, había que conseguir dos pilotos que lo trasladaran a Brownsville. Duramos una semana y nadie se animaba a tripularlo. Pusimos un anuncio en el *Houston Cronichle* y se presentaron dos gringos como de doscientos kilos cada uno, y más de setenta años. Lo probaron primero media hora sobre la ciudad. Bajaron y cobraron por adelantado cinco mil dólares cada uno y finalmente despegaron rumbo al aeropuerto de Brownsville.

Toda la gente del aeropuerto se asomó cuando el avión, con su ruido característico, despegó a su máxima potencia, haciendo temblar las ventanillas de la terminal. Finalmente aterrizó en Brownsville, donde yo pensaba ofrecérselo en venta a los parientes de Getty. Ese avión era igual al que tripulaba Pedro Infante, pero, claro, todo reforzado: tanques, motores, hélice, llantas, etcétera.

Su destino fue otro. A Luis Medrano, que ya empezaba a ver la *posibilidad colombiana*, le gustó para el efecto. Me dio un Corvette y un Lincoln del año y lo desmantelaron. Consiguieron otros pilotos para ir a Colombia y el avión regresó con siete toneladas de coca. De repente se precipitaron al mar y murieron todos. Como falló el primer vuelo, había que reponerse a como diera lugar, y para el efecto secuestraron a Jesús Espinoza, quien sí negociaba directo de Colombia y poseía un magnífico avión Marlin matrícula N66. Lo mataron y obligaron al piloto a volar. Era el mismo que trabajaba con Jesús Roberto en sus taxis aéreos, con tan mala suerte que al despegar cargado de coca, se comió la pista, se fracturó varios huesos y permaneció seis meses hospitalizado en Colombia.

Una tarjeta

Nunca supe. Nunca le pregunté si escogió ese momento o fue una casualidad, pero el día que me contactó un agente del FBI yo estaba atendiendo al narcotraficante más quemado en ambos lados de la frontera: el co-
nocidísimo Severo Benavides, que traía a Juan García Ábrego alimento
para caballos. Se fue Severo y el agente esperaba. Quería entregarme su
tarjeta para que le llamara si se me ofrecía algo. Y algo debía de ofrecér-
seme siendo yo el fugitivo más buscado de México (según ellos), pues en
todo el país se distribuyeron fotografías, en las presidencias municipales
y todas las dependencias del gobierno. Fue la primera vez que tuve contacto con el gobierno americano. Después de tres meses regresó y me
comunicó que la organización de Juan García Ábrego estaba siendo in-
vestigada y que en el desarrollo de la misma investigación encontraron
mi nombre en una adquisición de turbosina en Brownsville, la cual era
transportada a Matamoros. También sabían que mi número de licencia de
piloto era usado con frecuencia para cruzar aviones de Matamoros a
Brownsville y viceversa.

El agente era Claudio de la O, con varios trofeos de tiro, ex corazón
púrpura de Vietnam, a donde fue dos veces como voluntario. Lo habían
escogido para ir a Tamaulipas porque él solo acabó con la mafia de Puerto Rico. El FBI se ocupó por primera vez de un caso de narcotráfico debido al impacto que causó la noticia de una masacre de Matamoros. El
Congreso no autorizaba al buró a conocer de asuntos que eran de com-
petencia de la DEA por temor a manchar su prestigio. Pues sin duda
tenían razón porque en unos cuantos meses el prestigio celosamente
cuidado cayó por los suelos cuando Juan García Ábrego, en un acto infantil, platicó a todos que ya tenía un buen contacto con un amigo secreto y
que éste le había ofrecido lo que quisiera.

"Ya compré a los gringos. ¡Ya les mandé cien mil dólares", decía.

Juan y Claudio pronto se hicieron amigos y se llamaban por teléfono.
Un día cayó en la cárcel de Brownsville el hijo de un ex secretario de la
Presidencia de la República, que era jefe de aduana de Matamoros. Cayó
porque quería matar a su esposa y traía pistola (era un payaso). Le dije a

Claudio que lo soltaran para que Juan se sintiera correspondido. El prestigio de Juan crecía con acciones como ésa. Qué lejos estaba de saber que los cien mil dólares que le mandó a Claudio ya estaban en la corte como evidencia de soborno en su contra. Al poco tiempo ya le estaba pidiendo más favores, hasta que llegó al que esperábamos: quería que me mandaran en cajuela para Matamoros por tres miserables millones de dólares.

En ese tiempo, el sargento de la policía de Brownsville Víctor Rodríguez se unió con Claudio y junto conmigo nos dimos cuenta de que, por otro lado, el resto de la familia de Juan se movía en la misma dirección. Hicieron contacto con la hermana de mi esposa. Claudio y Víctor le colocaron micrófonos y captaron una macabra conversación que sostuvieron con mi cuñada, donde le decían que no querían matar a la niña ni a Xóchitl, pero que si no se podía salvarlas pues ni modo, también a ellas. La hermana de Juan, Blanca Estela, su hermano Humberto, y Noelia de León, la pareja americana de Juan, cayeron redonditos. Con eso el FBI los convirtió en esclavos. Todavía los usa.

A Juan le dieron chance de que me pagara y le ofrecieron que se regresara a su país que era Estados Unidos. No aceptó y a partir de ese día me desaparecí del panorama hasta el 1º de marzo de 1988, cuando emergí desesperadamente en un pronunciamiento contra el gobierno mexicano y la mafia.

VIDA MAFIOSA

Como muy bien dijo Juan Gabriel, la vida es diferente en la frontera, en la frontera... Sobre todo Reynosa y Matamoros, que no son otra cosa que la reencarnación de las ciudades bíblicas de Sodoma y Gomorra. Reynosa se fundó en un charco, Matamoros en un pantano y ambas ciudades fueron inspiradas en el delito. Siempre el contrabando, la trata de blancas, los crímenes sin razón. Matamoros fue fundado en la desembocadura del río Bravo por piratas y corsarios. Antes se llamaba Bagdad. Se conseguía de todo: sobraba oro, vino, especias, opio, esclavos, mercancía, etc. Eran bacanales permanentes. Convivían ingleses, holandeses, griegos, negros, gringos, etc. Llevamos trescientos años de delincuencia ininterrumpida.

El diablo y su jefe tuvieron algún altercado allá donde moran porque vino una ola de diez metros de alto y no dejó de la nueva Gomorra nada más que alguna cuchara o plato que la marea descubre ocasionalmente. Llegó el presidencialismo moderno con Miguel Alemán y toda la mira del gobierno estaba en el turismo; explotó la bomba nuclear, el presidente tendió puentes, hizo carreteras durante la segunda Guerra Mundial, las zonas de tolerancia crecieron y como pulpos envolvieron a todas las ciudades fronterizas. Eran congales gigantes. El caso más evidente de fundación de ciudades cuyo origen es el crimen en todas sus manifestaciones es la muy conocida Ciudad Juárez de Chihuahua, que se fundó únicamente para explotar la prostitución debido a que enfrente de lo que era un pequeño pueblito llamado el Paso del Norte, en el lado americano, por supuesto, durante la segunda Guerra Mundial se estableció una base militar formada por treinta mil soldados ávidos de vino y mujeres. Si ese es el origen de estas ciudades, y una gran mayoría de sus habitantes son proclives a la delincuencia, ¿cómo podemos esperar que un gobierno débil desde sus cimientos pueda enfrentar estos problemas de hoy en día?

X

En Houston, en un juicio contra Juan García Ábrego, proyectaron en una pantalla de cine una fotografía de Juan N. Guerra. El juez me pidió que hablara de él por cinco minutos. Lo único que se me ocurrió decir en tan poco tiempo fue que ese señor en Estados Unidos debería ser considerado un héroe porque mató a un hijo de Pancho Villa. Y que don Juan fue por muchos años el zar del contrabando de vinos, mercancía, y que su lema era: "Si cabe por el puente, yo lo paso".

Y LA SANGRE LLAMÓ

No todo fue mal para los Juanes de Matamoros. Se desató una guerra publicitaria encabezada por ellos. Aparecían en la televisión, en los periódicos de México, revistas y la sangre llamó. A don Juan le apareció un pecado de juventud. Cuando en México anduvo como guardaespaldas de un candidato a la Presidencia conoció a una mujer, la cual quedó embarazada y nació un conocido actor de telenovelas, quien al ver el increíble parecido investigó por su cuenta y vino a verlo a Reynosa, en una de las ocasiones en que estaba detenido por las autoridades federales.

A Juan García Ábrego le apareció también su primer pecado de juventud. Era idéntico, como de treinta años. A todo mundo se lo presentaba y todo mundo se reía de ellos porque el muchacho era como una gota de agua con su padre... pero apenas sobrepasaba el metro de estatura. El joven Gerardo apenas pudo disfrutar un año las mieles del poder y del dinero, ya que pronto tuvieron que huir de Matamoros. En el corto tiempo que estuvo en el cártel se ganó la animadversión de toda la gente, resultó muy antipático y cómico. Él también platicó que viendo la televisión sintió una corazonada, y como oía platicar a su madre que de joven había andado en Matamoros, la cuestionó hasta que le dijo la verdad y vino a cambiar la vida de pobreza en la que su padre adoptivo lo crió.

Alguien dijo muy bien: en este mundo traidor nada es verdad ni es mentira, todo es según el color del cristal con que se mira; desde el punto de vista del método científico, se traduce igual: existen diez razones para aceptar cualquier cosa, que otras diez para negarla; en la teoría del derecho, se dice que todo es opinable. Mi vocación era la ley, quería ser un gran abogado para defenderme primero yo, por todo lo que viví en mi formación, sobre todo en la escuela secundaria, y después defender a los débiles. Mi psicoanalista opina que soy más gobiernista que el gobierno, y que tengo la didáctica en las venas por la manía de enseñar.

La primera célula de la sociedad que es la familia, en elevadísimo porcentaje está, por usar eufemismos, contaminada por el cáncer del narcotráfico. Avanza rápido al tejido, que sería del entorno al municipio, de ahí pasa a los órganos que es el Estado, llega al cerebro, que sería la Presidencia y luego causa la muerte.

12

Comer en un campamento de Los Zetas

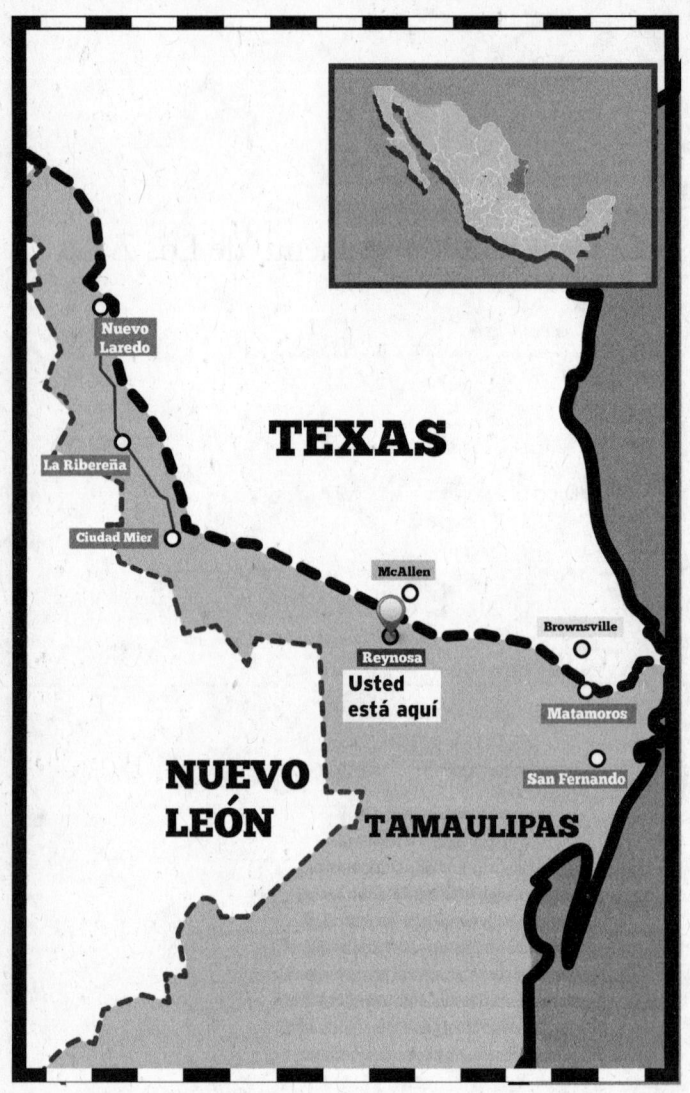

TEXAS

Nuevo
Laredo

La Ribereña

Ciudad Mier

McAllen

Brownsville

Reynosa

Usted
está aquí

Matamoros

NUEVO
LEÓN

San Fernando

TAMAULIPAS

Un presidente vestido verde olivo, rodeado de soldados, posa para los fotógrafos un mes después de tomar posesión en medio del caos. Arranca la guerra del narco. Unos estudiantes de Monterrey abren un *blog*. Colocan ahí noticias interesantes sobre el narco publicadas en periódicos y revistas nacionales. Nombran a su sitio de forma llana: el *Blog del Narco*.

La guerra sigue su curso.

El Ejército llega a ciertas ciudades. La violencia aumenta en éstas. Hay más violencia en el país, y por ende, en los periódicos y las revistas hay más noticias, reportajes, crónicas, entrevistas y artículos de opinión sobre la guerra del narco. Hay más material de dónde agarrar para poner en el *Blog del Narco*. Y al mismo tiempo, mientras hay más muertos en el país, hay más visitantes.

Luego la guerra toma un cariz enfermo. Mucho más enfermo. Una niebla aún más siniestra parece posicionarse encima de ella. Un reportero de Apatzingán que publique la noticia de una ejecución puede amanecer al día siguiente en un tambo de ácido. Un fotógrafo de Reynosa que entregue a su redacción fotografías de un enfrentamiento es posible que desaparezca de la faz de Tierra. Una reportera de Veracruz decapitada.

Así llegamos a la segunda fase del *Blog del Narco*. Ahora los estudiantes de Monterrey que lo administran reciben notas y fotografías que les envían reporteros anónimos que están en las diferentes ciudades-trinchera y que no pueden publicar en sus diarios las noticias y fotos que recaban diariamente. Ahora en el *Blog del Narco* no sólo hay artículos ya publicados que les gustan a los estudiantes de Monterrey: También existe material periodístico que no aparece en ningún periódico debido al miedo. O mejor dicho, a la sensatez. Pero el *Blog del Narco* sí lo difunde todo. Todo. Imágenes demencialmente difíciles de olvidar.

Y, por supuesto, ya tiene más de un millón de visitantes.

Después vino la tercera etapa. Una etapa espantosamente profesional. Las tribus de asesinos incluyen en sus escuadrones de la muerte a camarógrafos y fotógrafos —unos menos improvisados que otros— para que se encarguen de tomar imágenes de sus crímenes y luego enviarlos al *Blog del Narco*. El fotógrafo o el camarógrafo son tan importantes en el comando como lo es un sicario. Si no, ¿quién registra para la inmortalidad los crímenes con diseño de autor que luego se exhibirán en el *Blog del Narco* (o cuando menos en YouTube algunos minutos). *Close up* en el momento de la decapitación, *dolly in* cuando salga la ráfaga de las metralletas. Déjame cambio al lente gran angular para que quepan todos los muertos en la foto. Prende la luz para que se vea bien cómo le cortamos la cabeza, porque si no voy a necesitar el flash.

Se carece de un sentido estético en la fotografía narca, aunque hay que decir que algunas imágenes tomadas por los fotógrafos de los comandos narcos, y mostradas en el *Blog del Narco*, remiten al hiperrealismo del pintor Lucian Freud.

Pero lo usual es un arte del absurdo. Los artistas visuales del narco tienen una mirada pornográfica a la hora de cumplir con su trabajo. Su visión artística parece una errada interpretación de la consigna de Bertolt Brecht: "El arte no es un espejo para mirar la realidad, sino un martillo con el cual darle forma".

• • •

Reynosa amaneció el 14 de abril de 2008 con mantas bien puestas encima de puentes y anuncios panorámicos en los que podía leerse el siguiente mensaje:

> Grupo operativo Los Zetas te quiere a ti, militar o ex militar.
> Te ofrecemos buen sueldo, comida y atenciones a tu familia.
> Ya no sufras maltratos y no sufras hambre. Nosotros no te
> damos de comer sopas Maruchan.

La exhibición del desplegado duró poco tiempo. Las pancartas fueron desamarradas por pequeños contingentes de soldados que ese día patrullaron con prisa todos los puentes fronterizos buscando más pasquines en contra de su institución. No querían que se propagara la burla de la banda del crimen organizado. Sin embargo, la imagen fue captada por un fotógrafo local que después vendió las fotografías a la agencia española EFE, la cual hizo circular la oferta de Los Zetas por todo México y alguno que otro país interesado en la hemorragia nacional.

Maruchan es una marca de sopa instantánea que proporcionalmente contiene casi tantos químicos como el anticongelante que se le pone a los coches en invierno. Se hace con colorantes, saborizantes y glutamato monosódico, un aditivo que causa terror entre los nutriólogos y los oncólogos. Hay quienes creen que las advertencias a comerla están originadas en mitos malintencionados pero no se necesita ir a un laboratorio de París para ver lo que es una Maruchan. Si uno prepara una y en lugar de comerla de inmediato la deja que se enfríe, verá cómo se forma una capa gruesa de grasa tan sólida que hay que romperla con una cuchara.

Según el mensaje de aquellos panfletos colocados por Los Zetas, los soldados mexicanos prueban todos los días esa comida basura.

Unos meses después pregunté a un par de oficiales del Ejército si esto era cierto y ambos me contestaron que no, que era falso, pero me lo dijeron con tal indignación que parecía que les estaba preguntando si en el contexto de la guerra contra el narco decretada por el presidente Felipe Calderón se realizaban ejecuciones extrajudiciales en el noreste de México. Por el contrario, me aseguró uno de ellos, la dieta de un soldado mexicano se basa en frijol, maíz, avena y leche.

Si Los Zetas, como decían aquellas mantas, tampoco comen sopas Maruchan, ¿qué alimentos ingieren en esos campamentos que improvisan en ranchos que asaltan a la fuerza para esconderse de los militares y de sus adversarios?, ¿cuál es el menú de esos sitios montados en el laberinto sin centro que es el valle de Tamaulipas?

La Comisión Nacional de Derechos Humanos (CNDH) divulgó el testimonio de una migrante centroamericana que fue secuestrada y obligada a trabajar como cocinera en un campamento de Los Zetas. Su relato sobre los crímenes que le tocó presenciar es estremecedor y fue resaltado en las noticias que aparecieron en algunos medios de comunicación nacionales. Recordando las mantas y las sopas Maruchan, pregunté a una persona de la CNDH sobre el tipo de alimentos que la migrante esclavizada debía cocinar a los sicarios, y éste me dijo que ella fundamentalmente les hacía huevos y otros platillos guisados con arroz y frijoles.

He sabido de más mujeres de Nuevo León y Tamaulipas forzadas a trabajar en las cocinas de las bandas del crimen organizado. Gente que desaparece de un día para otro de su barrio o pueblo, pero que meses después vuelve a la rutina de sus vidas con un montón de historias trágicas y en apariencia increíbles que les tocaba conocer desde las estufas. Historias que es mejor no contar durante la hora de la comida. Ni siquiera en las sobremesas.

En noviembre de 2010, el día sábado 27, cuando arreciaba la guerra en Tamaulipas, y pueblos como Ciudad Mier fueron abandonados por la mayoría de sus habitantes, en una brecha apareció un montículo de cadáveres con una cartulina debajo, la cual decía:

Estos son los Z culpables de matar a gente inocente, como los
del autobús de la semana pasada. Gobierno abre los ojos:
Nosotros cuidamos al pueblo.

El Ejército reportó esta masacre en un escueto informe, seña-
lando a las víctimas como "infractores fallecidos a causa de un enfrentamiento con miembros de un grupo rival".

Una galería de fotografías tétricas donde se ven los cuerpos
sueltos fueron enviadas y subidas al *Blog del Narco*. En algunas aparecen los cadáveres de los zetas abatidos, con bolsas de fritos y otros
productos chatarra a un costado.

Uno de ellos —quizás el del cadáver que menos forma humana
tiene ya— está a un lado de un vaso de sopa instantánea, evidentemente colocado de forma intencional por sus asesinos, para insinuar
que Los Zetas son quienes en realidad comen sopas Maruchan, y no
los soldados del Ejército Mexicano.

13

Investigaciones de un paramédico del Distrito Federal

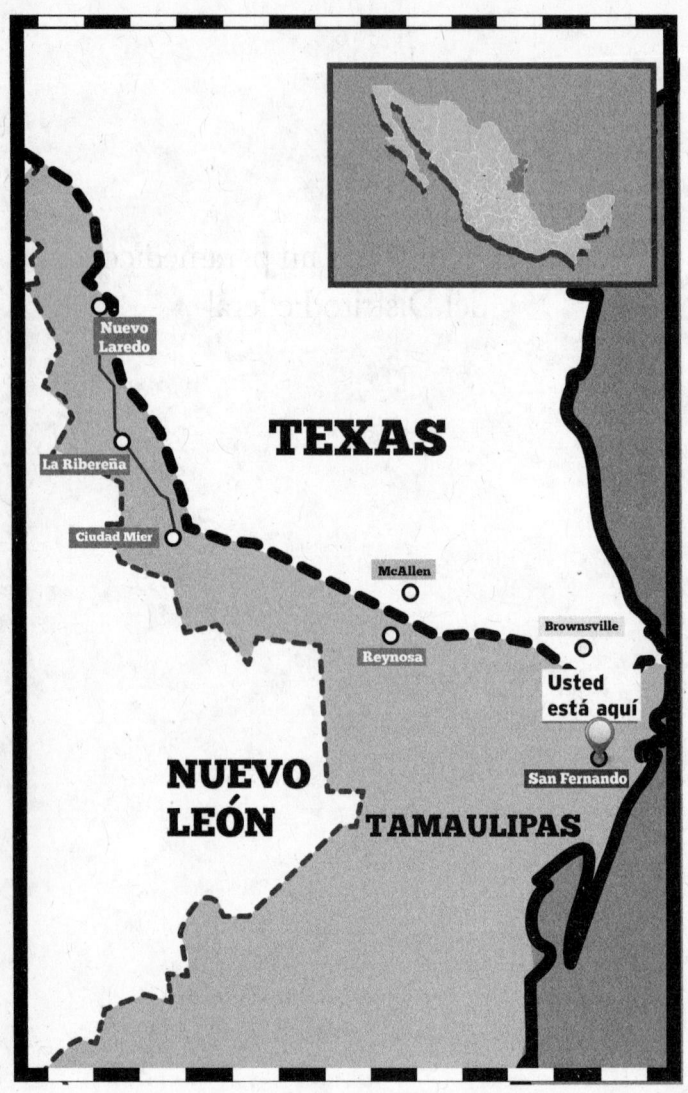

NUEVO
LAREDO

La Ribereña

Ciudad Mier

TEXAS

McAllen

Reynosa

Brownsville

Usted
está aquí

San Fernando

NUEVO
LEÓN

TAMAULIPAS

Lo primero que descubrió Arturo Román García sobre la desaparición de sus hijos fueron unas camionetas grises que llegaron al restaurante Don Pedrito, en San Fernando, donde Natanael y Axel estaban a punto de cenar unas arracheras con papas asadas envueltas en papel aluminio. De las camionetas grises descendieron hombres armados con el rostro descompuesto, entraron al lugar como si tuvieran hambre voraz, fueron a la mesa de los hijos del paramédico, los sometieron y se los llevaron.

Desde esa noche nadie tiene noticia de ellos en el Distrito Federal.

¿Por qué desaparecieron? El secuestro por motivos económicos quedó descartado. El paramédico nunca ha recibido una petición de dinero a cambio de la liberación de sus hijos. Como la camioneta Grand Caravan blanca en la que viajaban Natanael y Axel estaba cargada de mercancía estadounidense, los *misteriosos desaparecedores* quizá pensaron que eran comerciantes con dinero. Otra hipótesis, que el paramédico elaboró tras sus investigaciones en Tamaulipas, es que fueron confundidos con integrantes de uno de los bandos de la guerra de Los Zetas, ya que la camioneta tenía placas de Jalisco. También le han comentado que la desaparición pudo haber sido provocada por algo tan caprichoso como un tatuaje. El día que desapareció, Natanael llevaba puesto un *short* basquetbolero y el jersey de un equipo de la NBA: al descubierto le quedaban diez imágenes grabadas a lo largo de su cuerpo de 1.95 metros de altura.

• • •

El primer viaje que hice a Tamaulipas para buscarlos fue en avión, pero los demás han sido en carro. Lo que hago es salir del Distrito Federal de noche para llegar a Tamaulipas cuando amanece. Llegas a la procuraduría de Ciudad Victoria y te ofrecen café, galletitas, refresco y hasta un lonche. Pero yo les digo: Yo no vengo a ver qué me puedes ofrecer de comer, vengo a buscar a mis hijos. Eso es lo que quiero.

Te recibe una mujer encargada de las relaciones públicas que se llama Beatriz. Ella te terapea, dice que están en la mejor disposición de ayudarte. Esa secretaria me hizo el favor de enseñarme todas las fotos de los cuerpos que no estaban identificados. (Es que cuando hay un muerto, los de servicios periciales toman fotos). Y ahí estuve, una hora y media viendo fotos de muertos. Había fallecidos de todo tipo. Pero no estaban mis hijos entre ellos. Buscaba los tatuajes de Natanael, los lunares de Axel...

Al principio, la Procuraduría de Tamaulipas no quería buscarlos. Dos semanas después de la denuncia, nos mandó un aviso en el que notificaba que iniciarían la búsqueda de mis hijos... en hoteles, bares y plazas públicas. Como si los hubiera desaparecido una parranda y no la guerra que hay en Tamaulipas.

Eso me contó el paramédico cuando empezamos a platicar.

Luego dijo:

Yo lo que vine a hacer a este mundo ya lo hice. De ahí me sale la fuerza para buscar a mis hijos.

El paramédico es papá de Natanael y Axel, dos jóvenes de 35 y 21 años, nacidos en el Distrito Federal, a los que se tragó alguna de las máquinas de guerra que operan en el noreste de México. Los desaparecieron en San Fernando, Tamaulipas, el 25 de agosto de 2010, dos días después de que en el mismo municipio fueran encontrados 72 migrantes asesinados de un tiro en la cabeza.

Le insisto Diego: Yo lo que vine a hacer a este mundo ya lo hice. Por eso voy a hallar a mis hijos a como dé lugar.

El papá de Natanael y Axel trabaja en una ambulancia del IMSS en la Ciudad de México. Ahora conduce una investigación propia para saber dónde están sus hijos.

Antes de ir a Tamaulipas, acudió al cuartel de la policía federal, allá en el Distrito Federal, donde insistió hasta conseguir los números e incluso los domicilios de quienes usaron los teléfonos de sus hijos en los días siguientes a que fueron secuestrados en el restaurante carretero de San Fernando. Eran llamadas de largo tiempo de duración a Veracruz. Con las pruebas en la mano, hizo una cita con un alto mando federal. Le pidió que investigaran a las personas que vivían en esas direcciones de las llamadas y que los interrogaran sobre el paradero de sus hijos.

"Porque yo no puedo hacer nada, ¿o qué puedo hacer con los teléfonos y las direcciones?", le dijo el paramédico al mando federal.

Un amigo que lo acompañaba callado mientras platicábamos, intervino hasta ese momento: "Claro que puedes hacer algo. Conseguimos unas buenas metralletas y vamos a buscarlos". Luego el amigo del paramédico meditó lo que acababa de decir. Se arrepintió un poco... o no sé:

"Bueno, pero el problema es que a lo mejor te detienen y te meten a la cárcel cuando te pongas a conseguir las armas, porque a lo mejor para eso sí hay ley".

—Bueno, estoy hasta dispuesto a ponerme un chip y entrar a la zona de San Fernando a quedarme ahí hasta encontrar a mis hijos —le dijo el paramédico al funcionario de la policía federal.

—¿Y luego?, ¿quién va a ir por usted? —le respondió.

Hubo silencio. Luego el funcionario continuó:

—Le voy a ser franco. Cuando yo sé que va a haber desmadre en San Fernando, hasta saco a mis muchachos de ahí. Porque si no, me los matan. Ahí no se puede hacer nada ahorita. Está demasiado caliente. No le rasque.

Buscar a un hijo desaparecido en Tamaulipas es recorrer el mundo al revés. Cuando el paramédico conoció al presidente de la Comisión Estatal de Derechos Humanos de Tamaulipas, éste le preguntó que por qué no traía, de perdido, una pistola; la primera vez que el paramédico habló con la secretaria del procurador de Tamaulipas, la mujer le dijo que no buscara a sus hijos, que no se podía hacer nada porque había un estado de excepción, que mejor ni fuera a Tamaulipas. Otro funcionario del Ministerio Público en San Fernando le confesó que aunque había cientos de denuncias, ninguna se investigaba. Que cada quien, bajo su propio riesgo, tenía que hacerla por su propia cuenta porque no había la infraestructura ni los elementos ni, sobre todo, la orden superior para hacerlo, aunque los campamentos de los grupos de la guerra fueran perfectamente visibles en ciertos ranchos o en ciertas brechas de San Fernando y otros municipios.

Pero el paramédico del Distrito Federal estababa decidido a investigar.

Le vuelvo a insistir, Diego: Yo lo que vine a hacer a este mundo ya lo hice. Por eso voy a hallar a mis hijos a como dé lugar.

• • •

El paramédico me acerca al oído la bocina de su teléfono celular para que escuche la grabación de la entrevista que le hizo Salvador Camarena en W Radio a su hija.

El día que nos conocimos se cumplían nueve meses de la desaparición de sus hijos. Estaba contento porque avanzaba en su aprendizaje de internet. Lo hacía a contracorriente, sabiendo que era clave para mantener su pesquisa viva.

Sin embargo, su búsqueda en absoluto era algo virtual. Para ese entonces había ido veinte veces a Tamaulipas. Unos días antes de la cita acababa de recorrer una decena de morgues de la frontera noreste. Lo había hecho luego de que un funcionario de la procuraduría tamaulipeca le hablara por teléfono para decirle que le habían recomendando mucho su caso y que quería una cita con él. Le pidió que viajara a Ciudad Victoria para revisarle su ADN, sobre todo porque en esos días de marzo de 2011 estalló la noticia de que habían sido halladas una decena de fosas comunes en San Fernando, con más de 200 cadáveres. Querían comparar su ADN con el de los restos recién desenterrados en aquel paraje tamaulipeco.

El paramédico viajó a Tamaulipas. Pese al estruendo mediático que provocó el caso y la atención nacional que había en ese breve instante en San Fernando, el paramédico se topó, como si no pasara nada, a los espías del narco llamados *halcones*. Incluso los halcones eran ahora más burdos que en los viajes anteriores. Se ponían a gritar por aparatos de radio las características del coche, decían que traía placas del DF, que era de tal color, que llevaba tal número de pasajeros...

El paramédico dejó su ADN en la procuraduría de Tamaulipas con la esperanza de encontrar a sus hijos aunque fuera muertos.

Esa vez el paramédico también pudo platicar con los dueños de dos funerarias de San Fernando (una señora güera y un rubio barbón con sombrero vaquero). Entre las decenas de muertos desconocidos que ambos guardaban en sus negocios fúnebres no había ningunos con las características de Natanael y Axel. (Natanael tiene tatuado en el pecho la palabra *agnóstico* y en el brazo izquierdo golondrinas y samuráis peleándose; casi pegado al hombro, una calaverita). La señora güera dueña de la funeraria le explicó al paramédico que aunque tenga mucho tiempo de muerta una persona, los tatuajes en el cuerpo prevalecen, a menos, claro, que los restos sean puros huesos. Pero ese tipo de muertos, que por supuesto también hay en Tamaulipas, ellos no los tenían en sus pequeñas funerarias, que de un día a otro recibían más muertos que la morgue de Los Ángeles entre semana.

El paramédico viajó entonces de San Fernando a Matamoros. Llegó de noche y prefirió cruzar a Brownsville, Texas, para dormir ahí. A la mañana siguiente, afuera de la morgue de Matamoros había un mar de gente buscando a sus familiares. Sobre todo personas procedentes de Querétaro, Toluca y San Luis Potosí. Había muchos niños a quienes también les pedían pruebas de ADN; niños buscando padres desaparecidos. Pasaban de cinco en cinco a un cuchitril oficial para contar las características de los familiares que andaban buscando y saber ver si coincidían con alguno de los más de 200 cadáveres sacados de las fosas. De acuerdo con los pensamientos del paramédico, los funcionarios los estaban haciendo pendejos, porque no les tomaban pruebas de adn ni nada. El paramédico se encabronó. Quizo levantar a la gente pero no tuvo eco: en el pasillo de la Quinta Agencia del Ministerio Público de Matamoros, los familiares amontonados se quedaron callados. Sólo querían encontrar a sus desaparecidos. No querían más problemas.

Les dije: Tenemos que hacer algo, señores, estamos sufriendo un dolor grande y los invito a que nos manifestemos saliendo de aquí, que vayamos a la presidencia, o hagamos algo.

Nadie contestó.

En los días en que platiqué con el paramédico acababan de matar a Marisela Escobedo frente al palacio de Gobierno de Chihuahua por exigir justicia. Por hacer lo que el paramédico estaba haciendo en Matamoros.

Aquella noche de la arenga solitaria un trailer estacionado afuera de la morgue de Matamoros arrancó y se llevó la mitad de los cadáveres al DF.

El paramédico se fue a dormir otra vez a Estados Unidos, al hotel 88 Inn. Esa vez viajaba en un Cavallier 2002 de cuatro puertas. A la mañana siguiente salió de regreso al Distrito Federal. Se fue de Matamoros a Reynosa, de Reynosa a Monterrey y de ahí, pasando Saltillo, en Los Chorros, paró por primera vez en un Oxxo para ir al baño y comprar bebidas y alimentos para el camino. El paramédico se imaginó que unos muchachos parados afuera de la tienda eran *halcones.*

Lo más probable es que fuera su paranoia. O no.

Al retomar la carretera, de Saltillo a Matehuala recordó su primer viaje a Tamaulipas, tras la desaparición de sus hijos. En aquel viaje, cuando iba saliendo de San Fernando, donde al Agente del Ministerio Público lo acababan de matar y las oficinas estaban cerradas y llenas de impactos de bala, se topó a unos halcones a la salida del pueblo.

Aceleró.

Veinte kilómetros después su mujer le dijo:

—¿Por qué vas tan rápido?

—Es que quiero que nos pare una patrulla para decirle que nos topamos con estos halcones.

Ciento cincuenta kilómetros después los paró un federal. El paramédico le contó lo sucedido. El federal se rió.

—Mejor dénle más rápido —le dijo.

Antes de trabajar en el IMSS, el paramédico fue chofer en Omnibús de México. Como conductor de autobuses de pasajeros conoció todos los pueblitos del noreste de México. Pero de aquellos años, sus recuerdos más intensos son del noroeste, por Chihuahua. No son recuerdos peligrosos. Recuerda la pobreza de la sierra Tarahumara; en especial una noche de invierno muy fría en la que vio a niños rarámuris casi desnudos caminando por un pueblo turístico llamado Creel. Les dio la cobija de estambre con la que él se dormía en el autobús. Al día siguiente los volvió a ver igual a la intemperie. ¿Y la cobija? Preguntó. Ya la vendimos, le respondió uno de los niños.

• • •

De regreso al DF le dijeron que en 45 días le notificarían los resultados de su prueba de ADN. De todos los cadáveres de las fosas de San Fernando, sólo cuatro fueron identificados: dos de Tlaxcala, dos Querétaro. Nada de Natanael ni Axel.

Así cómo están las cosas no se puede aclarar nada.

Cada quien trabaja para su santo. No hay coordinación entre las dependencias de gobierno.

El ADN lo sacan con una pinchada de aguja. Todo es mentira; porque la prueba vale como 25 mil pesos y no creo que los del gobierno sean tan buena gente como para gastarse ese dinero en el pueblo.

Antes el narco era como el diablo. Todo mundo sabía que existía, pero nadie lo veía. Ahora no. Este presidente se sentía tan espurio que le subió el sueldo a los militares un 40 por ciento y luego un 50 por ciento más. Y aún así, como quiera hay muchos desertores.

Y mucho narco.

Y muchos desaparecidos.

• • •

El paramédico fue contactado por un policía judicial que le ofreció encontrar a sus hijos. Le dijo que tenía acceso a Los Zetas. Sonaba serio el investigador de los bajos mundos: la primera vez que dijo que viajaría a Tamaulipas para hallarlos le pidió al paramédico que le diera ropa para dárselas a sus hijos en cuanto los viera. Decía que él conocía a "la gente" y que Natanael y Axel seguramente estaban en un rancho enorme del noreste recibiendo entrenamiento o esclavizados, haciendo ciertas tareas de las cuales prefirió no entrar en detalles. El policía resultó un estafador que les robó cien mil pesos, dinero que el paramédico había conseguido tras vender un viejo camión de mudanzas que había comprado con sus ahorros y que rentaba en el barrio.

En realidad no hay quién entienda con claridad esta guerra o sepa bien cuáles son sus pasadizos correctos, en caso de que se tenga la necesidad de recorrer alguno de estos. Decían que el único que podía hacerlo era el general Arturo Acosta Chaparro, liberado de su encierro militar durante el gobierno de Felipe Calderón y comisionado para negociar con cárteles en las sombras. Pero el general fue asesinado en un taller mecánico del Distrito Federal.

En los bajos mundos policiales que el paramédico conoció mientras buscaba a sus hijos se dice que para tratar de entender algo que en realidad está todavía más enredado, a los del cártel de Sinaloa hay que llegarles a través del PAN, y a Los Zetas, a través de algunos pesos pesados del PRI.

$$\bullet \bullet \bullet$$

El 28 de agosto de 2010 aterrizó en Reynosa el avión comercial donde viajaba el paramédico que iba a buscar a sus hijos. En el aeropuerto alquiló un carro y supo que algunos de los cuerpos de los 72 muertos de San Fernando (que luego se sabrían que eran migrantes centro-americanos) los habían llevado a la funeraria La Paz. En la funeraria La Paz, improvisada como morgue, el hombre encargado de enseñar a los muertos le dijo: "Mire, con las características que usted me está descri-biendo no hay ninguna persona. Todos los cuerpos que están aquí ya tienen muchos días de haber muerto. Le recomiendo que vaya al Se-mefo de aquí, mientras, yo le investigo qué hay en Matamoros y qué hay en San Fernando porque nosotros estamos comunicados con todos".

El paramédico fue al Semefo de Reynosa acompañado por un vendedor de la funeraria La Paz, atento a ofrecer sus servicios en caso de que se necesitaran. Llegaron y no había nadie, nada más dos personas muertas, pero no con las características de Natanael ni de Axel: eran un hombre mayor y una mujer.

De regreso en la funeraria de La Paz, el paramédico volvió a insistir al dueño que le dejara ver los cadáveres.

—Pues es que no tiene caso que los vea, porque estos realmente ya tienen mucho tiempo. Sus hijos, en caso de que estuvieran muer-tos, estarían frescos. Éstos no lo están nada —le respondió— pero ya me comuniqué a San Fernando y tienen cuatro personas jóvenes. Esos sí tienen características de sus hijos.

El paramédico se fue a San Fernando, acompañado por una de sus hermanas y por su esposa. Antes de ir a las funerarias, llegaron a hospitales y preguntaron por heridos, pero nada. Luego enfilaron el auto rentado a la funeraria donde estaban los cuatro cadáveres, ninguno de sus hijos.

Como paramédico —además, de joven fue chofer de una ambulancia fúnebre de la Procuraduría de Justicia— le ha tocado ver el semblante de muchas personas muertas.

Ni su esposa ni su hermana entraban a las morgues de Tamaulipas.

El hombre que le enseñó a los cuatro jóvenes muertos era un tipo muy amable. Le dijo:

—¿Quiere que se los descubra?

Y ahí el paramédico se dio cuenta de que en San Fernando no tenían a los cadáveres como deberían. Los muchachos muertos estaban tirados en el suelo y no había charolas, ni nada. Era un bodegón sin refrigeración, en el que a los cadáveres solamente les echaban cal encima y ya.

El paramédico siguió ese día con sus investigaciones. En un restaurante le pasaron el tip de que habían encontrado dos cadáveres rumbo a Méndez. Y fue hasta allá, pero ya llegando se enteró de que ni siquiera había Ministerio Público. En el camino a Méndez, de los dos lados, vio muchas camionetas nuevas quemadas. Iba fijándose si no estaba ahí la camioneta Grand Caravan blanca en la que viajaban sus hijos cuando los desaparecieron.

Al regresar de noche a San Fernando, se topó con una patrulla de marinos.

—No, pues mire es que mataron al del Ministerio Público, aquí nadie te va a tomar el acta —le contestó uno de los mandos.

—¿Pero entonces qué hago?

—Nosotros te recomendamos que te vayas a Matamoros para que levantes el acta allá. Y ya no sigas haciendo tantas preguntas... Y ni vayas a nuestra sede, porque aquí luego la gente te puede seguir.

Antes de regresarse a Matamoros, el paramédico fue a Don Pedrito, el restaurante donde estaban sus hijos a punto de cenar unas arracheras y papas asadas envueltas en aluminio. Le contaron lo que ya sabía: que habían entrado unos hombres con armas largas y que se los habían llevado a la fuerza, así, sin más.

• • •

—¿Va a seguir buscándolos?

—Personas de Estados Unidos me dijeron que un conocido le habló a su familia después de un año de haber desaparecido. Les dijo: "Todo está bien, no se preocupen" y colgó... Tengo que seguirle. Tengo la esperanza de que están vivos, porque los dos tenían el don de ser buena gente, estaban estudiados... no es por menospreciar, pero casi todos los que agarran estos grupos son paisanitos. Tengo la esperanza de que la organización los tenga trabajando en algo.

Hay que hallarlos: Vivos o muertos.

• • •

Natanael: Elegido de dios, hebreo. Axel: Hombre fuerte, danés.

A Natanael le gusta leer y Axel prefiere la televisión. Antes de desaparecer, Natanael leía *Proceso* cada semana y todos los libros o escritos de Xavier Velasco que caían en sus manos. También las novelas de misterio del hijo de Stephen King, que firma como Hill para evitar ser una sombra de su padre.

Antes de desaparecer, Axel veía por las noches el programa de Fernanda Tapia en Dish TV. Se reía cuando la jocosa conductora presentaba la sección El Ejecútometro, sobre los muertos de la guerra del narco.

A Natanael le gusta la música contestataria. "Ellos dicen mierda" es una de sus canciones preferidas. Estudió ciencias de la comunicación en la ENEP Aragón, aunque nunca ejerció. Mejor anduvo en lo del *skate boarding*. Desde que era estudiante viajaba mucho, sobre todo al País Vasco, le encantaba estar ahí.

Cuando salió de la universidad se dedicó a buscar proveedores de patinetas en los shows de California, para venderlas en el centro del país. Puso una tienda en el centro histórico de la Ciudad de México, en un pasaje comercial de la calle Regina. La marca que él creó se llama Rasta Skate. La tienda y la marca Rasta Skate también desaparecieron junto con él.

• • •

No era la primera vez que Natanael y Axel atravesaban San Fernando. Natanael lo hacía dos o tres veces al año, cuando viajaba rumbo a Estados Unidos a comprar artículos para su tienda de *skate boarding*. Axel estudiaba el cuarto semestre de ingeniería en el Unitec y le pidió permiso a su papá para acompañar a su hermano a Estados Unidos durante el receso escolar. La intención inicial de Natanael y Axel era ir hasta San Antonio, pero en la aduana de McAllen les negaron el permiso para internase más allá de la frontera. Ante ello, durante dos días Natanael y Axel viajaron por la otra orilla del río Bravo, buscando tiendas en las cuales abastecerse. Además de cosas de *skate boarding* compraron una cuna y cosas para León, el hijo de Natanael que estaba por nacer y que finalmente vino al mundo el 31 de diciembre del año en que su papá fue desaparecido por la guerra.

De regreso, Natanael le habló a su papá después de cruzar el Puente Internacional de McAllen y Reynosa. Acababan de pagar los impuestos por la mercancía importada, en la cual habían gastado unos mil dólares. Eran las siete de la noche y le dijeron que iban a parar en San Fernando a cenar. Además de la buena carne, les gustaba tomar un refresco de cola sabor ponche característico de la región, marca Joya.

Esa fue la última comunicación que el paramédico sostuvo con sus hijos.

Luego supo que Axel alcanzó a enviar un mensaje de texto a uno de sus amigos de la universidad, en el cual le decía: "No mames güey, nos acaban de secuestrar. A mí me encajuelaron..."

14

Give me a cuerno de chivo

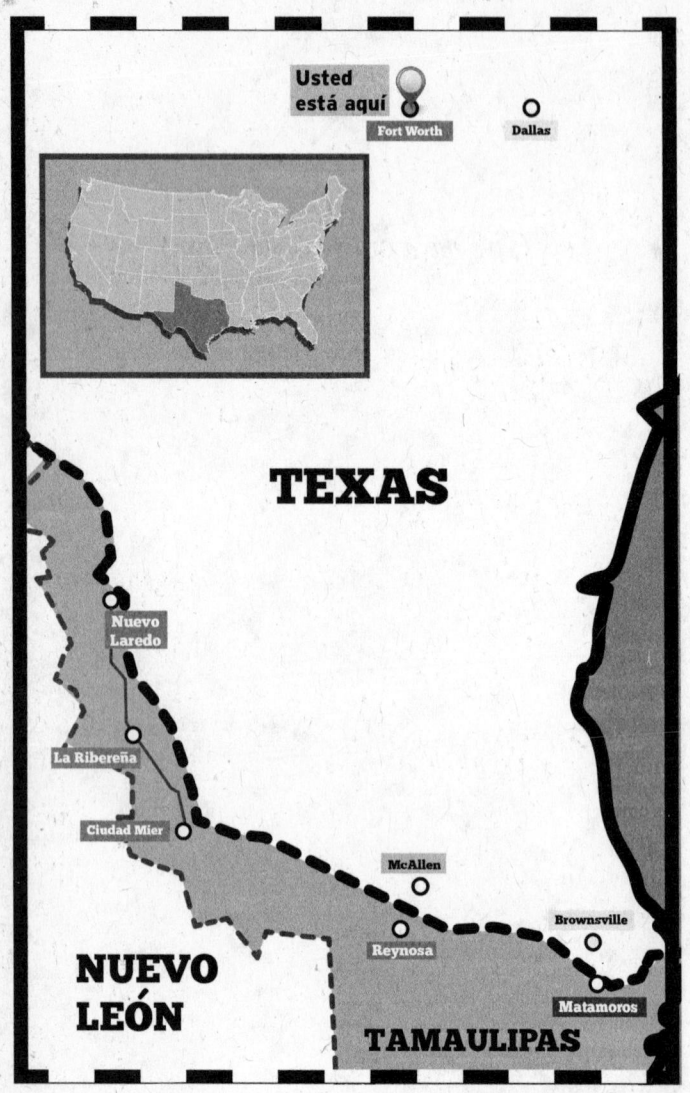

I

El hombre del pelo a rape y oro en el cuello, muñecas y en los dedos de las manos, te dice que te lleves ese *cuerno de chivo* con el que has estado jugueteando todo este tiempo. Irrumpe y escuchas. Él te dice que es estadounidense y tiene una licencia de conducir del estado de Texas, lo suficiente para comprártelo a cambio de cuarenta dólares extra que tendrías que darle a él. Dudas. Él dice que no tienes por qué preocuparte, que pasar armas a México es lo más fácil del mundo. Mucho más sencillo, incluso, que comprar un AR-15 en Texas. Hay dos maneras, te explica con tono pedagógico: si es por mayoreo, existen redes bien establecidas para ese tráfico; tanto, que nomás les falta ser legales. Todo en Estados Unidos es una industria, apunta, mezclando ahora el tono didáctico con uno más sabiondo y un poco altanero. No te agrada. Para acceder a esas redes, como todo, hay que preguntar, sigue contando. Él está en lo suyo. Debes preguntar una, dos o tres veces, pero no más. Y cuando tú preguntas, siempre encuentras gente dispuesta para todo. Pronto aparece el contacto y en menos de lo que piensas las armas que has comprado en esta Feria de Armas de Fort Worth, Texas, estarán en camino a tierras mexicanas. Luego se calla y te mira bien a la cara —te das cuenta de que tiene una cicatriz en el mentón—, y de alguna forma poco misteriosa se percata de que tú no quieres un arsenal. Por ahora. Algo te delatará para que él termine de confirmar que tú eres nuevo en este mundo del *Gun Show*, así es que ahora te habla de la segunda forma de llevar armas de Estados Unidos a tu país. La más idónea en tu caso: "La forma hormiga", dice. Piensas que si esa es la que te recomienda, hace un momento, cuando te veía a la cara y tú mirabas su cicatriz del mentón, él te estaba imaginando como una hormiga. Dejas pasar, ni modo que qué. Él sigue hablando. La mujer que te acompaña se hace la desentendida. Parece que en algún lugar aprendió esa máxima muy de moda en México: "Ver, oír y callar, si quieres vivir", aunque te parece que ella es un tanto extremosa, quizás hasta fundamentalista en la aplicación de las leyes del narco. Se aleja. Ni siquiera se queda a oír lo que dirá el hombre del pelo a rape y las cadenas de oro en el cuello, muñecas y en los dedos de las manos. No quiere comprometerse con nada, nadita. Tú comprendes: quién sabe cómo ha aparecido en esta historia, aunque tenga un arma en su casa y esté dispuesta a usarla si alguien hace algo contra alguna de sus dos lindas hijas, con los cabellos rubios siempre brillantes y sedosos. Antes de que él siga, preguntas por el AR-15. Él se incómoda. Lo mejor es el *cuerno de chivo*. El AR-15 se descompone mucho. Necesita mantenimiento constante. No te equivoques. Elegiste bien en un principio. El *cuerno de chivo* es el que se usa en Estados Unidos y en México. Los excéntricos, los pobres, y alguno que otro loco, compran AR-15. Un día de estos los van a descontinuar. Pero mientras tanto, un AR-15 es más barato. Cuesta ochocientos cincuenta dólares, frente a los mil quinientos del AK. La pistola nueve milímetros vale quinientos; una 38 Súper, quinientos veinte; y la Magnum 357, trescientos dólares. Para pasar el *cuerno de chivo* a México —te explica al fin— lo que debes hacer es separar el rifle en varias piezas. Su cargador, su mirilla, sus mangos, su punta, el gatillo, el cañón… todo. Luego vas a tener que pasar dos o tres veces por la aduana, con cada una de las partes. Si te hacen atravesar por el visor especial, no habrá problema porque no registrará ningún arma. Tú no llevas un arma, de hecho. Y si te detienen y la ven, no hay castigo importante, porque, recuérdalo, tú no llevas un arma. Después de pasar a México todas las piezas, hay muchos armeros en cualquier ciudad fronteriza. Y si no quieres pagar más, hasta por internet puedes aprender a armarlos. Deberías animarte, te dice. Tú escuchas.

II

En las oficinas de la Procuraduría General de la República (PGR), en la Ciudad de México, un funcionario de esos acreditados para hablar pero que no les gusta que los cites cuando escribes lo que te dicen, te explica que las armas que usan los sicarios al servicio de los cárteles de la droga, para hacerle la guerra al gobierno de México, no son conseguidas a través de un sofisticado entramado de traficantes o mediante la contratación de los servicios de mercenarios internacionales. Que la forma en la que se arman los ejércitos del narcotráfico es mucho más simple: lo hacen principalmente a través de ferias populares y públicas que se celebran con regularidad en la frontera con Estados Unidos, donde *cuernos de chivo*, rifles AR-15 y pistolas Beretta, entre muchas otras armas de alto poder prohibidas en México, son compradas por ciudadanos norteamericanos a los que sólo se les pide una copia de su licencia de conducir como requisito. Luego el funcionario, mientras toma la taza de café número diez del día (eso dice él), te entrega un manojo de papeles que él llama documento oficial de la PGR sobre "Tráfico de armas México-USA". Echas un vistazo. En Estados Unidos no hay grupos clandestinos que vendan armas, ya que a lo largo de toda la frontera norte de México existen más de cien mil permisionarios que las venden legalmente, en negocios preferentemente constituidos, o a través de las llamadas ferias de armas *Gun Shows*, que de la misma manera operan a lo largo de la frontera". El "documento oficial" sigue contándote que la modalidad

preferida de los traficantes de armas es comprarlas a ciudadanos estadounidenses o residentes legales a cambio de una cantidad determi-
nada de dinero. Luego las armas se pasan de la Unión Americana
ocultas en vehículos terrestres, en las llantas de refacción, respaldo
de asientos, oquedades fabricadas en las carrocerías. Después de
comprar el armamento en ferias y tiendas de armas los traficantes
las internan al país a través de diecinueve cruces de paso formales y
de los incontables cruces informales que existen a lo largo de tres mil
ciento cincuenta y dos kilómetros de frontera común entre México
y Estados Unidos. Los aseguramientos más significativos se realizan
no en la aduana, sino en México, como resultado de enfrentamientos entre grupos antagónicos, cateos o hallazgos, reconocen las
personas que escribieron este documento que lees, aunque resaltan
que existe el establecimiento de enlaces México-Estados Unidos para
el intercambio de información, en tiempo real, para la realización de
acciones en caso de la detección de introducción de armas de fuego
en proceso y para el rastreo del armamento asegurado.

III

No deja de sonreírte y de ser amable contigo en ningún momento.
Tiene un sombrero color marrón y una falda que casi le llega a los
pies. Hace ya mucho tiempo que cumplió quince años. Es pequeña
de estatura y tiene la voz ronca, como si por fuera hablara otra persona a través de su frágil cuerpo. La verdad es que te sorprendió
que sea la presidenta de la Asociación Nacional del Rifle en Fort
Worth, Texas. Esperabas a un tipo de 1.90, rubio, de pelo lacio, bigote y barba estilo ZZ-Top y algo gordo, pero no. Ella es la que te
está explicando por qué en Texas es más fácil para un jovencito
comprar un *cuerno de chivo* en un *Gun Show* que tomarse un trago en
un bar cuando no se han cumplido veintiún años. Te habla sobre la
Segunda Enmienda de la Constitución estadounidense. Usa palabras

de diputada o algo así. De hecho hace política contigo. Tú ya no quieres más rollos de políticos, por eso te has interesado en temas de violencia. Le dices de tajo que en México hay más de diez mil asesinatos en un año y que las armas con las que se cometen la mayoría de estos actos se compran en ferias de armas como en la que estamos, donde hay letreros por todos lados que dicen "Disparar es un deporte familiar". Ella sigue sonriendo contigo, sigue siendo amable, aun cuando tú te exasperas un poco. Esperas alguna mueca extraña pero no la encuentras. Los criminales siempre van a encontrar la forma de conseguir armas, te dice, con su voz ronca y calmada. Luego pregunta que quién tiene legalmente las armas en México y se responde a sí misma que la policía, que ellos son los que las poseen. Vuelve a preguntarte: ¿y ellos son buenos o son malos? No lo sabemos. ¿Qué pasa entonces? Que las personas malas son las que tienen las armas y las personas buenas en México no, no tienen ese derecho a defenderse de sus contrapartes malas. Si alguien se mete a tu casa, viola a tu esposa, mata a tus hijas, ¿qué puedes hacer?, ¿sólo ver? Tú escuchas con mayor atención. Ya no te está hablando una diputada, no cabe duda. Un adolescente pecoso aparece de repente en el módulo de la Asociación Nacional del Rifle. Ella detiene la explicación que te estaba dando. Se muestra igual de amable con el pelirrojo recién llegado con una bolsa de plástico, dos pistolas y unas cuantas cajas de municiones que le acaba de obsequiar su padre como regalo de cumpleaños. Lo registra como miembro de la asociación. Será el número cuatro millones y algo de esta organización. Cuando el mozalbete se va, preguntas por qué es importante el derecho a usar armas o algo por el estilo. Ella, la sonriente, responde que mucha gente en Estados Unidos usa armas desde hace mucho tiempo, y que una vez que se las quites al pueblo estadounidense, éste estará a merced de que haya un gobierno tiránico y que la gente esté subyugada. Otros países que no permiten el uso de armas no son una democracia. Sudamérica tiene la idea de que el gobierno es el que controla a la gente, y no la gente al gobierno, porque la gente no puede defenderse. Y es por eso que todo mundo quiere venir acá, a Estados Unidos. Luego para de hablar y de tu voz sale algo así como: ¿No cree que el uso de armas es algo peligroso? Ella contesta: Yo en mi cocina tengo cuchillos y no he matado a nadie. No es la pistola o el rifle los que matan, sino las personas. En cualquier taller hay una sierra, un martillo, herramientas que son muy peligrosas si las usas con maldad. Pero si no, ayudan mucho a la gente. En países donde no hay armas es porque la gente no tiene cómo defenderse en su casa de los criminales. Y los criminales siempre van a portar pistolas, aquí y en donde sea.

La frontera de la necropolítica

La máquina de la muerte, cuando se activa, tiene un sonido.
Detenerla implica escuchar ese sonido.
Oírlo, decirlo, es tarea del periodismo.

MÓNICA GONZÁLEZ,
seminario "Seguridad y vida cotidiana en las grandes ciudades",
Fundación Nuevo Periodismo Iberoamericano

1. *Raymundo Pérez Arellano*

El periodista Raymundo Pérez Arellano, engullido y luego liberado en Reynosa, Tamaulipas, por una máquina de guerra en marzo de 2010, describe a ésta como un convoy de siete camionetas Escalade negras encabezadas por una Cherokee gris. "Era la visión de un dragón, peligroso y seductor", relata en su testimonio, un texto demencialmente difícil de olvidar titulado "Voy a morir porque creen que soy un zeta".[1] Si el reportero —con experiencia en la cobertura de operativos del Ejército y la Marina Armada— no hubiera sabido que el jefe del comando que lo detuvo en la ciudad fronteriza con McAllen, Texas, era integrante del cártel del Golfo, como avisaban leyendas escritas en las ventanas laterales y traseras de los vehículos de la columna, dice que habría pensado que estaba frente a un militar de las fuerzas especiales mexicanas. El "comandante" ante el que el periodista fue llevado

> tenía el cabello corto, barba de candado, cuerpo fortalecido por horas y horas de gimnasio y varios tatuajes que recorrían sus brazos. Llevaba chaleco antibalas, pantalones *cargo*, una fornitura en su pierna con una escuadra nueve milímetros y, atravesando su pecho, un fusil AR-15 con un cargador de tambor doble, de los llamados "huevos de toro".[2]

El filósofo camerunés Achille Mbembe explica que a la par de los ejércitos tradicionales han surgido máquinas de guerra

> […] que se conforman por segmentos de hombres armados que se dividen o se suman entre ellos, dependiendo de la tareas por realizarse y las circunstancias. Organizaciones polimorfas y difusas, las máquinas de guerra se caracterizan por su capacidad de metamorfosis. Su relación con el espacio es móvil. A veces, gozan de vínculos complejos con estructuras del estado [desde la autonomía hasta la incorporación].

Una representación de esta analogía en México es el convoy armado que secuestró al periodista Raymundo Pérez Arellano o la caravana que asaltó de forma táctica Ciudad Mier, Tamaulipas, la mañana del 22

---

[1] "Voy a morir porque creen que soy zeta", *Esquire*, diciembre de 2011. "Quizás el error fue andar en un coche rentado con placas de Coahuila, luego de que los periódicos publicaron, sin revelar la fuente, que comandos de zetas provenientes de ese estado llegaron a Reynosa; o habrá sido mi corte a rape, mis lentes oscuros y el tatuaje en mi brazo. No lo sé. Lo único cierto es que voy a morir en Reynosa, y todo porque estos sicarios creen que soy un pinche zeta."

A nivel colectivo, los periodistas son muy poderosos, pero en lo individual están en constante peligro. Es una paradoja que resulta no sólo de la situación de violencia que se vive en varias regiones del país, sino también de la forma en que el desarrollo tecnológico ha modificado a los medios de comunicación en todo el mundo.

Los medios de comunicación son centros de poder y a la par de ese estatus están enfrentando retos económicos que todavía no queda claro cómo van a superar. A nivel individual esto repercute en condiciones laborales paupérrimas de muchos trabajadores. Al caso mexicano hay que añadirle que los reporteros deben enfrentar una violencia que ocurre

de febrero de 2010. Sin embargo, el motor de estos artefactos es menos fácil de identificar porque se encuentra oculto en una estructura necropolítica que cruza de forma transversal diferentes niveles de gobierno, desde el más alto hasta las zonas más bajas. Esta forma de organización produce las representaciones de las máquinas de guerra que recorren y siembran terror en territorios inmensos, como sucede en Nuevo León, Tamaulipas y Coahuila, una región del noreste mexicano cuya extensión equivale a más de la mitad de América Central.

Dos meses antes de la aparición masiva de máquinas de guerra como las que retuvieron a Pérez Arellano, ocurrió un hecho relevante en la situación de violencia que vive México: el asesinato del capo Arturo Beltrán Leyva y la exhibición de su cadáver como un trofeo mortuorio por parte de la Marina Armada. Este acontecimiento significó el comienzo de una nueva estrategia del gobierno de Felipe Calderón en el combate al crimen organizado. Tres años antes, el presidente, en medio de la mayor crisis política del México moderno, se vistió de general y se hizo fotografiar rodeado por cuatro mil soldados en un cuartel de Apatzingán, Michoacán. Ahí invocó el término *guerra en contra del narco* sin contar con una idea militar clara de lo que hablaba.[3]

A partir del asesinato de Beltrán Leyva, la estrategia —según un alto funcionario federal al que entrevisté— tendría "menos miramientos".[4]

---

dentro de una nebulosa de cárteles, corporaciones oficiales, intereses políticos y económicos muy difícil de despejar y que no ayuda en la tarea de contar lo que sucede realmente: el peligro de acabar con un tiro en la nuca es real.

• El capítulo "La batalla de Ciudad Mier" ahonda en esta historia.

• Raymundo Pérez Arellano, mi mejor amigo desde hace muchos años, a quien está dedicado este libro.

• Tocaban en el cuarto 22 del hotel El Tío, en Ciudad Miguel Alemán. Caminé a la puerta con miedo. La tarde anterior había llegado a la Frontera Chica de Tamaulipas, para averiguar sobre un operativo militar en Guardados de Abajo, ranchería en la que operaba una banda cuyo nombre —en aquel 2001— parecía una extravagancia literaria del narco: Los Zetas. Por la mirilla vi a un tipo flaco, de rostro alargado y lentes con el armazón chueco. Parecía más un distraído profesor escolar que un matón. Abrí la puerta: "Félix Fernández, periodista de aquí, de Tamaulipas. Tengo pruebas de la narcopolítica", dijo. Bromeé sobre su homónimo portero del Atlante con dotes de intelectual, pero Félix Fernández no

La noche del 16 de diciembre de 2009 un marino colocó con sumo cuidado billetes de quinientos pesos y cien dólares encima del cuerpo inerte del capo. Beltrán Leyva era un traficante sinaloense que decidió romper con el cártel de Sinaloa liderado por Joaquín *el Chapo* Guzmán, y emprender una empresa propia. Para concretar este negocio de altos vuelos pactó una sociedad con la organización de Los Zetas, con quienes transportaría cocaína colombiana por los estados colindantes con el Golfo de México, en los que sus asociados tienen presencia. La manipulación del cadáver del hombre que había roto el *statu quo* del narco en el país no fue un accidente o un evento casual ocurrido al calor de la batalla. Se trataba de un nuevo mensaje lanzado desde las zonas más belicosas y sombrías del gobierno federal. "¡Vamos a actuar como si estuviéramos en una situación de guerra porque lo estamos!", me dijo el funcionario que consulté por esos días. Incluso la difusión de las fotos del cuerpo del narcotraficante apodado *el Barbas* formaba parte de una nueva táctica en la estrategia, en la cual se haría "valer de manera contundente el monopolio de la fuerza que poseemos. El gobierno va a ir por los criminales y no va a tener miramientos, eso es lo que significa esa fotografía. Teníamos que tomar la decisión de entrar de lleno a combatir esta situación, como si fuera realmente una guerra y eso es lo que estamos haciendo ya".

Un día antes del asesinato de Beltrán Leyva, Javier Ibarrola —uno de los analistas mejor conectados con el Ejército y la Marina Armada—

---

se rió. Entró. Quería contarme de los nexos de políticos con el narco. En ese entonces el gobernador de Tamaulipas era Tomás Yarrington. Llevaba un sobre abultado de papeles y amarrado con un hilito rojo que se iba desdoblando mientras aclaraba que me había investigado y sabía que ni yo, ni Omar Hernández, el gran fotógrafo que me acompañaba, eramos narcoperiodistas. Pregunté qué cómo lo sabía y me dijo que no habíamos ido a la oficina en la que un abogado de la mafia daba fajos de dólares a ciertos reporteros. En dicho encuentro, el abogado entregaba dinero con la copia de una queja que habían hecho pobladores de Guardados de Abajo ante la Comisión Nacional de Derechos Humanos, en contra del Batallón que tenía sitiado el pueblo, en busca de Gilberto García Mena. Gilberto García Mena, *el June*, era un capo oculto en un escondite subterráneo, del cual no podía salir debido al cerco militar. La intención de su abogado era que con la presión de la prensa, la CNDH ordenara al Ejército quitar el sitio de la zona para que así, *el June* pudiera salir de su guarida. Para mala suerte del abogado, y de su cliente, el refugio fue descubierto y *el June* detenido.

publicó un texto que intuía este viraje estratégico al retratar la atmósfera que existía entre altos mandos castrenses. De acuerdo con el periodista, a finales de 2009, al interior de las Fuerzas Armadas se estaba exigiendo un cambio en la táctica de combate al narco. Un jefe militar citado por Ibarrola explicaba que un "enemigo" así tenía que ser enfrentado de manera decidida, "y los únicos [entes] organizados, capacitados, equipados e integrados, y con verdadera unidad de doctrina como lo establecen las leyes, y cuya responsabilidad es 'garantizar el orden interno', además de otras obligaciones que complementan sus funciones, son las fuerzas armadas, en sus correspondientes ámbitos de acción".

En realidad la exigencia de cambiar la estrategia ya había sido atendida para cuando Ibarrola publicó su columna.

Beltrán Leyva fue abatido por el equipo de marinos con un M-4, rifle muy parecido al famoso AR-15. Se trataba de una operación para matarlo, no para capturarlo y conseguir información clave sobre la forma en que el capo pudo corromper estructuras oficiales a lo largo de treinta años de carrera delictiva, o sobre otros enigmas relacionados con la profunda raíz política del crimen organizado. Murió con tenis blancos y mucho más gordo que en las fotos conocidas de él, siempre sonriente, enseñando la dentadura. Beltrán Leyva, sobre todo en los dos años previos a su muerte, se convirtió en una especie de abstracción del mal, y las abstracciones carecen de asidero lógico con

---

Le dije a Félix que qué tal que nosotros no hubiéramos ido a la oficina del abogado, porque no nos habíamos enterado. Hizo una sonrisa que pudo haber significado cualquier cosa y dijo que se había informado con gente de Monterrey. Luego mencionó el nombre de dos respetables colegas de allá. "Además te faltan unos años para que seas corrupto", remató. En ese entonces yo tenía veinte años. Trabajaba para el *Diario de Monterrey*. El operativo en Guardados de Abajo era la primera cobertura que hacía sobre narcotráfico. Recuerdo que al llegar al poblado había encarado con torpeza a un teniente que no permitía el paso de reporteros, y que había dispuesto para ello una fila de soldados en posición de firmes. La realidad quedaba protegida por una muralla humana verdeolivo, hasta que apareció un hombre vestido de civil (pantalón de mezclilla azul, camisa celeste de manga larga, cinto y mocasines color guindo, sin calcetines). Dijo que era el fiscal a cargo: José Luis Santiago Vasconcelos. "¿Quieres acción? En una hora paso por ti." Una hora después pasó por nosotros. Subimos a su Durango blindada y entramos al pueblo. Presenciamos el asalto militar de casas de apariencia modesta por fuera, aunque atiborradas de armas y droga por

la realidad: el cuarto donde cayó abatido se encontraba atiborrado de juguetes y su televisor, marca Disney, era rosa y tenía dibujos de princesas (una escena difícil de imaginar). La otra habitación —donde dormía— mostraba un enorme cuadro del Señor de Chalma y tenía un ropero con pantalones y camisas vaqueras, entre decenas de fotografías, principalmente de artistas y grupos de música norteña.[5]

"El Estado puede, por propia mano, transformarse en una máquina de guerra. También puede apropiarse de una máquina de guerra existente o ayudar a crear una", explica Mbembe.

Vista a la distancia, la operación que aniquiló a Beltrán Leyva —más allá de que el comando marino que lo acribilló haya recibido instrucciones estadounidenses—[6] anunciaba la propagación de máquinas de guerra como la que se tragó a Raymundo Pérez Arellano cuando éstas extendieron sus prácticas delictivas en Tamaulipas, Coahuila y Nuevo León, el corazón estratégico de los aliados de Beltrán Leyva: Los Zetas.

2. *Arturo Beltrán Leyva*

Cuerno III fue el nombre secreto que recibió la operación militar de Cuernavaca. La conformaron doscientos diez integrantes de la Brigada

---

dentro, o bien de dinero en efectivo y equipo de espionaje. Guardados de Abajo era una mentira: parecía un caserío sin agua, sin embargo era un sitio cuya pobreza se usaba como fachada para operaciones narcas del noreste mexicano.

En aquellos días, con aquel fiscal Vasconcelos y aquel periodista Félix, me di cuenta de que el narco no escapaba de la máxima de la vida que dice que nada es lo que parece.

Nunca lo es.

Aquella semana de 2001 acompañé a José Luis Santiago Vasconcelos durante el operativo de Guardados de Abajo. El fiscal me explicaba la lógica real del mundo narco. Me lo decía, no para contarlo en las notas que mandaba al día siguiente a la redacción de mi diario, sino para que entendiera de qué trataba el asunto. "Si se publicara toda la verdad en los periódicos, la gente estaría muerta de miedo. Hay que decirla, pero de a poquito", filosofó. Vasconcelos asumió el papel de maestro. Era algo muy cercano a un policía científico, una cosa inusual en las salvajes comandancias mexicanas. Después supe que Félix Fernández, el periodista que me había visitado en el hotel El Tío, era uno sus "discípulos".

de Fusileros Paracaidistas y de las Fuerzas Especiales de la Armada de México. El rango de los miembros del grupo comandado por dos almirantes, era de cinco capitanes, catorce oficiales y ciento ochenta y nueve infantes. La operación del grupo élite de la Secretaría de Marina requirió además de un helicóptero MI-17, cuatro vehículos comando, cuatro camionetas *pickup* artilladas y doce unidades encubiertas que le dieron una atmósfera de fortaleza asediada a Cuernavaca, antes conocida como la ciudad de la eterna primavera. De acuerdo con testimonios recopilados y un reporte enviado de forma directa al presidente Felipe Calderón —al cual tuve acceso—[7] la Operación Cuerno III comenzó a las tres y media de la tarde del 16 de diciembre de 2010 con una incursión aérea al condominio Altitude, en la colonia Lomas de la Selva, ubicada en el centro de Cuernavaca. A esa misma hora otro grupo de marinos implementó un cerco de seguridad en el Hospital del Niño Morelense.

No se explica en ninguna de las hojas del documento oficial consultado la razón por la cual se nombró Cuerno III a la operación especial, pero algunos expertos del mundo militar me explicaron que la denominación de éstas puede basarse lo mismo en apodos de mandos que en cuestiones geográficas, del clima, e incluso en asuntos que nada tienen que ver con los objetivos que se persiguen en las mismas.

Me fui de la Frontera Chica y mantuve contacto con el periodista Félix y con el fiscal Vasconcelos (después zar antidrogas a nivel nacional) hasta que ambos murieron. Primero Félix, al año siguiente, atacado con varios cuernos de chivo al salir de un restaurante; tiempo después Vasconcelos, a causa de un accidente aéreo increíble.

Ni Vasconcelos ni Félix eran profesionales pulcros con una casa en las colinas de la ciudad y una mujer tocando el arpa. Eran dos hombres que apostaron sus vidas por el control del narcotráfico y el periodismo, respectivamente. Esto hay quienes se lo reconocen a Vasconcelos.

Sin embargo, no es el caso de Félix. Su nombre está perdido en la lista de periodistas mexicanos asesinados, e incluso, hay quienes a veces escatiman incluirlo. Félix es uno de esos periodistas asesinados dos veces. Primero con cuernos de chivo canallas y luego cuando "colegas" justifican sus muertes diciendo que andaban en malos pasos.

En México la mafia (que abarca narcos, políticos y empresarios) mata periodistas con la complicidad de colegas ruines. He ahí la tragedia de Félix.

Y del periodismo de aquí, de México.

La lengua de fuego del enfrentamiento con granadas y armas de alto poder entre los pistoleros de Beltrán Leyva y los integrantes de la operación especial —según el informe— inició hasta las nueve de la noche de ese día en el que un penetrante olor a pólvora inundó el aire fresco. "En el enfrentamiento se logró dar muerte a Arturo Beltrán Leyva junto a seis de sus sicarios", sentencia el reporte oficial.

Sobre las personas detenidas —días después liberadas— se dice que Catalina Castro López tiene cuarenta y cuatro años y es originaria de Puebla pero vivía en Cuautitlán Izcalli, Estado de México; en cuanto a Gabriela Vega Pérez, de dieciocho años, se informa que nació en Acapulco, Guerrero, y era estudiante de la Universidad La Salle. Los marinos buscaron en los sistemas de Información Criminal de la Plataforma México registros de las dos mujeres y no encontraron antecedente penal alguno de Catalina, pero sí uno del fuero común, por robo, en contra de la joven que acababa de cumplir la mayoría de edad. De la decoración del cadáver de Arturo Beltrán Leyva con billetes y joyas no se menciona nada en el reporte. Se informa que en el departamento del capo se hallaron cuarenta mil dólares en efectivo, así como armas y vehículos, que fueron decomisados.

A las once de la noche de ese largo día, la sangre aún estaba húmeda en el suelo del apartamento ubicado en el segundo piso del condominio Altitude.

---

[2] "Las máquinas de guerra funcionan tomando prestado de ejércitos regulares e incorporando nuevos elementos bien adaptados al principio de segmentación y desterritorialización. Los ejércitos regulares, en cambio, pueden fácilmente apropiarse de algunas de las características de las máquinas de guerra. Una máquina de guerra combina una pluralidad de funciones. Tiene las características de una organización política y una empresa mercantil". Archille Mbembe, *Necropolítica*, Melusina, Tenerife, 2011.

[3] "La mejor manera de solucionar un problema es creando otro problema", reza un dicho de la política tradicional. De manera sencilla podría decirse que Calderón tenía un problema (una crisis política desatada luego de que el candidato perdedor de los comicios —por apenas medio punto porcentual— se niega a reconocerlo como presidente), y en lugar de resolverlo decidió encubrirlo con otro problema (la "amenaza" del narcotráfico). Puede consultarse más información al respecto en *La guerra fallida* (Temas de Hoy, 2009) de Rubén Aguilar Valenzuela y Jorge G. Castañeda. En *El cártel de Sinaloa: Una historia del uso político del narco* (Grijalbo, 2009) también desarrolló este punto, particularmente en el

3. *Melquisedet Angulo Córdova*

Sobre las bajas militares en Cuernavaca se reportaron inicialmente tres heridos al fragor del combate, que duró menos de una hora. Uno de ellos fue Melquisedet Angulo Córdova, a quien médicos navales atendieron de una hemorragia interna profunda por lesiones en bazo, páncreas, colon, hígado, intestino y estómago. Cuatro horas más tarde se convertiría en el único oficial fallecido durante la Operación Cuerno III, tras recibir infructuosamente la transfusión de once paquetes de sangre en el área de urgencias de un hospital naval. Al otro marino herido le estalló el bazo a causa de las esquirlas de la refriega; sin embargo, logró sobrevivir. Minutos después de quedar inconsciente, sin poder respirar ya por sí mismo a causa de la lesión, el oficial fue trasladado, bajo la supervisión de un médico intensivista, un internista y una enfermera, al Hospital General de Cuernavaca en una ambulancia de terapia intensiva equipada con ventilador artificial. El tercer herido solamente sufrió lesiones superficiales y salió del nosocomio naval por su propio pie una noche después, aunque se movía como un rinoceronte alcanzado por un dardo tranquilizante.

Con tres médicos militares a bordo, Angulo Córdova fue llevado de urgencia en un avión Lear Jet 25D AMT-202 versión ambulancia. El piloto de la aeronave que trasladaba al marino tuvo que pedir a la

---

capítulo final. Cuando ambas publicaciones aparecieron, justo en 2009, no era usual la crítica en medios a la estrategia del presidente Calderón. Ambos libros fueron señalados, incluso, de ser "protonarcos". En 2012 las cosas han cambiado, casi se ha vuelto un deporte cultural torpedear la guerra calderonista. Hasta férreos defensores de antaño han sabido acomodarse a la nueva "circunstancia".

[4] Publiqué en diciembre de 2009 una versión inicial de esto en la revista *M Semanal*, con el título "Comenzó la cacería oficial".

[5] Entre los personajes que supuestamente aparecían fotografiados con Beltrán Leyva estaban, entre otros, el cantante Joan Sebastian. En abril de 2004, mientras investigaba los vínculos de un jefe de la policía de Morelos, Agustín Montiel, con el cártel de Juárez, surgía constantemente el nombre de José Manuel Figueroa (nombre real del cantante grupero). En las entrevistas que hacía en Cuernavaca o en los documentos oficiales que iban llegando a mí se le mencionaba una y otra vez. Cuando publiqué una historia al respecto, Joan Sebastian despotricó contra mí y contra *Milenio*, el diario donde yo trabajaba en ese momento.

comandancia del aeropuerto de Cuernavaca y a la Guardia de Permanencia de la 24ª Zona Militar que le iluminaran la cabecera de la pista con vehículos acorazados; ¿la causa? La terminal aérea estaba cerrada y en penumbras esa medianoche del miércoles 16 de diciembre. A la misma hora en que se daban las maniobras para salvar la vida de los marinos heridos, de la sede nacional de la Secretaría de la Marina, en Coyoacán, Distrito Federal, salió un convoy conformado por dos vehículos comando y dos Suburban de la Subprocuraduría de Investigación Especializada en Delincuencia Organizada (SIEDO). El contingente llegó a Cuernavaca a las tres con veinticinco de la madrugada del jueves 17 de diciembre. Cuando el sol de invierno todavía no calentaba, a las ocho de la mañana con veinticinco minutos, el helicóptero AMHT-200 despegó de la capital morelense con destino a la Base Aérea Naval de la Ciudad de México, transportando a las dos mujeres detenidas, así como a un tercer hombre, del cual no se precisa su nombre. Tras el aterrizaje, alrededor de las diez de la mañana, los tres ingresaron a las instalaciones de la SIEDO para ser interrogados.

Una vez confirmada la muerte del marino Melquisedet, un avión matrícula AMT-201 despegó a las diez de la mañana del 17 de diciembre de la base aérea con destino a Villahermosa, Tabasco, para trasladar a la capital del país a la familia del oficial. Sin embargo, casi a las once, el piloto reportó a la comandancia que era imposible despegar de la

---

Días después, el subprocurador José Luis Santiago Vasconcelos anunció en conferencia de prensa que Joan Sebastian sería citado a declarar ante la Subprocuraduría de Investigación Especializada en Delincuencia Organizada (SIEDO), ya que existían indicios de que en su rancho, Juliantla, habían aterrizado aviones cargados de cocaína proveniente de Colombia. En realidad todo indica que la relación de Joan Sebastian con personajes del mundo del narco no fue de negocios. Era más bien amistosa y, en buena medida, basada en la admiración que algunos capos sentían por el cantante grupero.

[6] Véase *wilkileaks.org*, apartado México. En el cable número 240473 (escrito por el entonces embajador de Estados Unidos en México, Carlos Pascual) se alaba la labor de la Secretaría de Marina y se cuestiona la incapacidad del Ejército. El documento revela que la DEA hizo llegar al Ejército mexicano la información necesaria para capturarlo pero no actuó.

[7] Se anexa al final del libro para consulta.

[8] En el ensayo "La narcomáquina y el trabajo de la violencia: Apuntes para su decodificación", publicado en la revista *E-misférica* de la Universidad de Nueva York, Rossana Reguillo

capital tabasqueña por falta de visibilidad. Debido a las inclemencias del tiempo el tripulante cambió el destino de la ruta de vuelo y se dirigió a Ciudad del Carmen, Campeche, lugar al que horas después arribó la familia, trasladada vía terrestre por elementos de la Zona Naval número 5; todo para que estuvieran en la Ciudad de México durante el acto de la Presidencia de la República en honor a Melquisedet.

Además del homenaje de héroe caído con que despidió a Melquisedet, el presidente Felipe Calderón difundió a partir del asesinato de Beltrán Leyva una campaña de promoción de su guerra a través de *spots* televisivos, desplegados, cabildeos con columnistas y entrevistas con la prensa.

Después de su breve estancia en la Ciudad de México, los Angulo Córdova regresaron con el cuerpo de su familiar a Paraíso, Tabasco, para enterrarlo en el modesto cementerio municipal la tarde del lunes 21 de diciembre.

A la una con cuatro minutos del día siguiente, el capitán en permanencia de la Quinta Zona Naval llamó a la Ciudad de México para notificar que en el domicilio de la familia de Melquisedet había ocurrido un ataque armado. La información preliminar reportaba una persona muerta y cuatro más heridas. Minutos después, el comandante del Batallón de Infantería de la Marina se dirigió al lugar fuertemente escoltado, al mismo tiempo que ordenó reforzar la se-

---

—brillante investigadora del Instituto Tecnológico de Estudios Superiores de Occidente—, al comparar las máquinas del narco con los comandos nazis describe la naturaleza fantasmagórica de estos últimos: "Mientras el poder nazi instala edificaciones y sus criados son claramente percibibles y sostiene una localización para la realización de su trabajo de violencia, el narco se deslocaliza, su poder apela justamente a la dimensión más densa del sentido de la máquina: su ubicuidad ilocalizable, que actúa de manera silenciosa pero eficaz: su presencia es fantasmagórica. La máquina narco es un fantasma. Su dominio deriva de ocupar un espacio insimbolizable (en el sentido freudiano) deslocalizado, que apela y despierta las más profundas fisuras entre lo que concebimos como real y los temores que se dislocan. La imposibilidad de la simbolización trabaja en el imaginario, en la obturación de cualquier posibilidad de significación. La máquina narco es ubicua, elusiva, fantasmagórica y permanece ahí, por más que aparezcan y sean —momentáneamente— sometidos, sus criados".

[9] Periódico *Vanguardia*, Coahuila, México, 13 de enero de 2011. De diciembre de 2006 al final de 2010 hubo treinta y cuatro mil seiscientos doce crímenes, de los cuales treinta mil

guridad en el puerto cercano de Dos Bocas, ante la posibilidad de otro ataque sorpresa.

El primer parte informativo sobre la masacre de la familia de Melquisedet se envió esa madrugada a la Ciudad de México desde la Quinta Zona Naval. Así se sintetizaba lo acontecido:

1. La familia de Melquisedet se encontraba durmiendo en el interior de la vivienda y su casa se encontraba cerrada.
2. Los agresores abrieron la puerta usando la fuerza y empezaron a disparar sobre las camas.
3. Fueron tres personas con armas largas las que entraron al domicilio y efectuaron los disparos.
4. En el domicilio se encontraron casquillos de 5.56 mm y 9 mm, en el patio y en el interior de la casa.
5. Una línea de información indica que los agresores se transportaban en dos vehículos, una camioneta negra cerrada y un vehículo blanco.
6. Otra línea de información indica que los agresores se transportaban en un vehículo blanco.

Las primeras reacciones del gobierno tras el ataque contra la familia de Melquisedet en Tabasco fueron el reforzamiento de la seguridad

---

novecientos trece son casos señalados como "ejecuciones" (*sic*); tres mil ciento cincuenta y tres son denominados como "enfrentamientos" y quinientos cuarenta y cuatro están en el apartado "homicidios-agresiones". Alejandro Poiré —en ese entonces secretario técnico del Consejo de Seguridad Nacional— presentó la base de datos oficial elaborada por expertos.

10 En 2007 fueron encontrados treinta y ocho cuerpos en catorce fosas; en 2008, treinta y seis cuerpos en catorce fosas y en 2009, sesenta y cinco cuerpos en veinticinco fosas. La cifra quedó rebasada por mucho en poco más de medio año: de enero a agosto de 2010 fueron hallados doscientos tres cadáveres en cuarenta y cinco cementerios clandestinos. Nuevo León fue el sitio donde se encontraron más fosas ilegales, con veinticuatro en total. Luego Michoacán con dieciocho y Guerrero con diecisiete. Nuevo León es también el estado donde aparecieron la mayoría de los cadáveres enterrados de manera ilícita, con noventa y uno; luego Guerrero con ochenta y seis y Michoacán con cuarenta y nueve. En 2011 hacer la comparación histórica ya no tenía sentido alguno porque con un solo hallazgo ocurrido en abril en San Fernando, Tamaulipas, se superó todo el registro del año anterior.

en la Unidad Habitacional de la Armada, la alerta para que se mantuvieran vigilantes las guardias perimetrales del Batallón de Fusileros Paracaidistas y una vigilancia extrema en la sede nacional de la Secretaría de la Marina, en la Ciudad de México.

Mientras tanto se inició la movilización de tres bases de operaciones de la 30ª Zona Militar del Ejército Mexicano a Paraíso, Tabasco. La Quinta Zona Naval coordinó con la Secretaría de la Defensa Nacional, la Procuraduría General de la República (PGR) y la procuraduría de Tabasco, el establecimiento de retenes en diversos puntos de la entidad del sureste. Esa madrugada, un vehículo —al parecer con hombres al servicio del narco conocidos como *halcones*— fue detectado por militares que vigilaban el traslado de los sobrevivientes del ataque a un hospital. En un documento oficial se asienta:

> Por información del personal de escolta que efectuó el traslado de los heridos a Villahermosa, manifestaron que observaron [*sic*] un vehículo Tsuru color blanco con cristales polarizados, como sospechoso, boletinando citada información a personal que se encuentra desplegado, incluyendo personal de la 30ª Zona Militar.

Las personas asesinadas esa noche fueron la madre de Melquisedet, Irma Córdova Pérez, de cuarenta y cuatro años; su hermana Yolidavey

---

11 El capítulo "Hacienda Calderón" ahonda al respecto.

12 El de Melquisedet no fue el primer sepelio de un militar mexicano al que me tocó asistir. Durante el verano de 2007 estuve en el cuarto donde el soldado Armando Aguilar vivía antes de ser asesinado en Tierra Caliente, Michoacán, presuntamente por un comando de zetas. El lugar no tenía piso terminado, era concreto en bruto, implacable con los pies descalzos. El colchón de la cama donde se acostaba con Celia, su mujer, permanecía rajado por todos lados. Los soportes del lecho en el que el cabo de infantería pasaba sus noches antes de morir no tardarían en desmoronarse. Para poder bañarse en las madrugadas antes de ir al cuartel de la 21 Zona Militar Armando tenía que usar una jícara y agua apilada en una tina. La colonia La Cruz —donde se localiza su casa— apenas tenía dos calles más o menos asfaltadas. Mucho pedir que alguien instalara un servicio de agua potable funcional para el soldado y los demás vecinos del barrio; en su mayoría, campesinos que sobrevivían no del campo, sino de las remesas enviadas desde Estados Unidos. Lo que más lucía en la modesta vivienda del militar —acribillado el 1° de mayo de 2007— eran los adornos que él y Celia solían colocar en los muros sin

Angulo Córdova, de veintidós; su tía Josefina Angulo Flores, de cuarenta y dos; y su hermano Benito Angulo Córdova, de treinta y un años.

Era la venganza por el asesinato de Beltrán Leyva.

Otra de las máquinas de guerra mexicanas aparecía en el nuevo escenario necropolítico creado a partir de finales de 2009.[8]

• • •

La operación de las máquinas de la guerra a cargo de la Armada comenzó poco antes del asesinato de Beltrán Leyva. El 4 de diciembre de 2009, el presidente Felipe Calderón encabezó el desayuno de fin de año de la Marina. Ese mismo día un comando marino ejecutó una misión en tierra firme y asesinó en Benito Juárez, Nuevo León, a Ricardo Almanza, *el Gori 1*, uno de los líderes zetas del noreste del país, así como a una decena de personas que estaban con él. La humillante forma en que los marinos presentaron sus cadáveres a los reporteros daba una idea de lo que vendría después en Cuernavaca.

Ese mismo día, durante un fastuoso desayuno con el presidente Calderón, el almirante Mariano Francisco Saynez, secretario de Marina, pronunció un discurso en el cual hizo un balance de la primera mitad del sexenio. Recurrió a metáforas del mar, y como si previniera los juicios que sin duda habrá en el futuro por su actuación y la

---

pintar de la habitación. Aquí un querubín lanzando su flecha, acá una Virgen de Guadalupe y allá la litografía de un ángel de la guarda encargado de cuidar a Luis Armando, el avispado niño de tres años de edad que tuvieron el cabo y su pareja. También resaltaban del interior del domicilio en el que vivió este soldado —recordado como "héroe" por el presidente Felipe Calderón Hinojosa— los retratos de su familia, una de las estampas de la forma en que viven algunos de los que están en la primera línea de combate de esta llamada "guerra" contra el narcotráfico. La familia de Armando me mostró unas fotografías de él: aquí lo vemos sentado sobre la tierra, sin el casco puesto y con las piernas abiertas, rodeando una metralleta de las llamadas *fijas* porque tienen una especie de soporte que hace más cómodo el trabajo de disparar decenas de balas en menos de un minuto. Junto a él están otros militares, son dos de sus mejores amigos. Uno de ellos permanece en posición de flor de loto con un rifle HK, y el otro está sentado igual que Armando con su AK-47 junto a las rodillas. Parece que posan frente a uno de los tantos bosques de Michoacán que el Ejército trata de defender de las bandas de talamontes. Todos sonríen ante la cámara que los está capturando en imagen. Se ven contentos.

de los hombres a su cargo, de forma reiterada asignó al presidente Calderón la responsabilidad de los actos de las fuerzas armadas.

Luego de tres años de intensa actividad, los marinos podemos decir que estamos a la mitad de la singladura. La tormenta está pasando y aún existe resaca con oleaje y viento adverso, pero la mar es así. Quienes queremos un México mejor tenemos la certeza de que al navegar en **la dirección que usted** nos marca lograremos sortear cualquier marejada con profesionalismo. **Señor presidente**: la estela que va dejando la nave **que usted conduce**, sólo la aprecian los que siguen **su rumbo**. Los logros por México están presentes a pesar de los problemas. A los derrotistas les digo que no es tiempo de lamentos sino de mucho trabajo y unidad. Seguro estoy de que el coraje y entusiasmo que imprime a **su liderazgo**, tendrá como respuesta el esfuerzo de todos los mexicanos para obtener el progreso y bienestar que tanto anhelamos.

Desde ese día el gobierno dio un giro en su estrategia de combate al narco. Tamaulipas y Nuevo León sufrirían los estragos de forma particular. El fantasma de las máquinas de matar, como aquella con la que se topó el periodista Raymundo Pérez Arellano y como la que le cobró la vida a la familia del marino Melquisedet Angulo Córdova, se multiplicó y la violencia creció aún más en el noreste del territorio

---

—¿Cuándo fue la última vez que usted habló con él? —pregunté a Celia, la mujer de Armando.

—El 30 de abril. Nos vimos en el cuartel porque era la fiesta para los hijos de los soldados.

El día anterior a su muerte en Carácuaro, Armando lo pasó con su familia en el cuartel de Morelia. En la mayoría de las zonas militares del país, los mandos organizan un festejo para la tropa y sus seres queridos, con motivo del Día del Niño. A la 21 Zona, a la que pertenecía Armando, esa ocasión llevaron payasos, juegos inflables y muchos juguetes para los pequeños.

—¿Qué le decía él? ¿Estaba tranquilo? ¿De qué hablaron?

—Sí, estaba tranquilo, pero de hecho él nada más pensaba durar ahí en el batallón todo este año para juntar, porque tenía piensos de casarnos, y acabar la casa porque todavía no está terminada.

—Entonces, ¿Armando quería dejar el Ejército?

—Sí, porque como ya tenía ocho años, ya no deseaba estar.

—¿Y por qué no quería ya?

nacional. El siguiente fue el año más violento del sexenio y de la historia reciente de México:[9] quince mil doscientos setenta y tres homicidios vinculados con el crimen organizado, cincuenta y ocho por ciento más que los nueve mil seiscientos catorce registrados en 2009 de acuerdo con la estadística del propio gobierno federal.

En 2010, a la par de la nueva estrategia militar ordenada por el presidente Felipe Calderón, creció significativamente también el número de cadáveres enterrados en cementerios clandestinos.[10] La fosa más grande que se halló en Nuevo León estaba en el municipio Benito Juárez. Por cierto, en un predio de nombre Hacienda Calderón.[11]

4. *Carlos Romero Deschamps*

¿Cómo actuó la otra máquina de guerra, la que arrasó con la familia del único marino cuyo nombre sabemos que participó en la aniquilación de Beltrán Leyva? Viajé a Paraíso, Tabasco, para recabar información.

El 21 de diciembre de 2009, el comando de sicarios irrumpió a la medianoche en la parcela donde nació y vivió Melquisedet antes de irse a la Armada. Tras destruir el zaguán de la casa, los asesinos

---

—Porque como dura mucho tiempo fuera, pasa mucho rato sin venir a ver a la familia y él ya quería estar más conmigo y con su familia y con nuestro hijo.

Estuve en la casa de Armando toda una tarde. En sus paredes había más fotos: ahora Armando aparece junto a un arroyuelo, lavando su uniforme de campaña y sus enormes botas militares, mientras muestra una sonrisa de oreja a oreja. Junto a esa imagen enmarcada vemos ahora a un Armando muy serio, cargando su fusil frente a un sembradío de mariguana. Y a lado de esta foto colgada está otra en la que el militar porta un traje de camuflaje del cual penden las tiras verdes parecidas a hojas de árbol, con las cuales un soldado puede despistar a un enemigo en la selva o en el bosque. En la foto siguiente el soldado aparece de civil, frente a la tapia de una iglesia, cargando a su hijo Luis, momentos antes de ser bautizado. No es ninguna de todas éstas, sin embargo, la foto que más resalta en estos momentos.

Durante la celebración del Día del Niño en el cuartel de Morelia, un compañero de Armando le tomó una foto al lado de Celia, su mujer. Ambos aparecen abrazados, se ven más jóvenes de sus de por sí noveles veinticuatro años de edad. Como en la mayoría de las

dispararon en diez ocasiones al cuerpo de Josefina Angulo Flores, una mujer de cuarenta y seis años de edad, tía del marino caído. Antes de morir ella atendía una papelería en este pueblo asentado a la orilla del mar. Los pistoleros avanzaron y descargaron siete balazos de AR-15 contra Yolidavey Angulo Córdova, una joven de veintiún años, morena, delgada y bajita de estatura, que horas antes había encabezado los funerales del marino. Melquisedet era el mayor de sus hermanos.

El comando continuó el asalto de la humilde choza. Según la autopsia, Irma Córdova —la madre de Melquisedet— sólo recibió un balazo a corta distancia y en la sien.

Los otros dos hermanos del marino, Benito y Miraldeyi, no se toparon de frente con los verdugos de su familia pero también fueron heridos. A Benito, de veintisiete años de edad, le entró una bala por la axila y murió seis horas después en un hospital. Con Miraldeyi ocurrió lo mismo.

El Ejido Quintín Arauz es una ranchería tropical a la orilla de la carretera que da la bienvenida a Paraíso. Un pueblo de la costa del Golfo que tiene puerto y en donde los oficios de petrolero, marino y pescador son destino habitual de los jóvenes nativos. La parcela en la que sucedió la matanza de la familia Angulo Córdova está dividida con postes de un metro de altura y rejas con púas. Dentro

---

fotos exhibidas a los visitantes, Armando aparece feliz también en esta imagen. La última que se tomó antes de morir.

Su viuda Celia platicaba que ella estaba en contra de la guerra lanzada por el gobierno federal para combatir el narcotráfico. No, no es que no quisiera que se acabara con el crimen organizado que tanto daño causa. No. Celia pedía eso y además exigía castigo para los asesinos de su pareja, pero decía que lo que no quería era que por esta guerra siguieran muriendo más y más personas.

"Que busque el gobierno otras formas también, no nada más van a estar los soldados y los policías muriéndose y tanta gente así, porque luego hay mucho dolor en las familias... Yo no voy a dejar que mi hijo sea soldado", señala Celia.

—¿Pero y si él quiere serlo?

—No, no. Quiero verlo vivir mucho tiempo.

13 Como dice John Gibler en su estupendo libro *México rebelde* (Debate, 2011): "No es que México sea un narcoestado controlado por hombres con abrigos de *mink* y collares

hay tres edificaciones principales, y una a medio terminar. Otra de las construcciones era empleada como papelería: La Jireh, en la cual un pequeño cartel exterior anunciaba que se hacían engargolados, copias, y se engrapaban libros. Los Angulo Córdova dormían en la tercera edificación, cuyas paredes están pintadas de rosa y amarillo, además de tener rimbombantes artesanías de barro colgando en los cimientos. En la entrada principal, justo por donde incursionó el comando, hay árboles de plátano, ciruela y de papaya, así como un montículo de veinte sillas de plástico, bolsas negras con basura y una lona que se había usado por la tarde para cubrir del sol a las personas que velaban a Melquisedet.

Poco antes de que los agresores entraran a la casa, los lugareños de Paraíso pudieron presenciar los funerales más imponentes de su historia. Del citado domicilio al cementerio municipal, bloqueando el paso de la carretera, cerca de doscientos deudos y amigos caminaron un kilómetro y medio detrás del ataúd de Melquisedet. El féretro fue alzado por cuatro compañeros de armas y escoltado por otros ocho miembros de la Armada que caminaban a los lados, con paso marcial, vestidos con trajes especiales. Dos camiones blindados, uno adelante y otro atrás, completaban la ceremonia luctuosa que paralizó al pueblo, no más de lo que lo hizo en las horas siguientes la zozobra provocada por la matanza.

---

de esmeraldas; más bien, la participación de policías, militares y funcionarios del gobierno en las redes del narcotráfico ha sido tan extensa y tan persistente a lo largo del tiempo que el concepto de *corrupción* pierde su poder descriptivo".

14 El alto grado de penetración y colusión del narcotráfico con las instituciones públicas trasciende a la anécdota o al dato personal al quedar asentado que ambos (narco y gobierno) comparten un proceso estructural. En diversos estudios puede entenderse que el narco es un fenómeno que se agudiza en la medida que existe una crisis de mando y continuidad en los organismos policiacos y judiciales. Se trata de una cultura en la medida que existen usos y costumbres que permiten a los mandos altos y medios jugar el doble papel de perseguidores e implicados. Algunos reportes del Observatorio Geopolítico de las Drogas con sede en Francia son todavía más contundentes. Advierten que "la ausencia de una auténtica transición democrática y las consecuencias del desmembramiento de las estructuras antiguas de poder (léase PRI) facilitan la reproducción de modelos de narcopoder regionales con un alto grado de sofisticación tecnológica y una gran capacidad para adaptarse a las con-

Durante el entierro varias personas tomaron la palabra y pidieron a sus familiares más cercanos recordar al marino muerto con alegría, ya que había fallecido con honores, en cumplimiento de su deber, tal y como lo había dicho a unos reporteros la madre de Melquisedet. Encima de la modesta cripta compartida por el héroe caído con su abuelo, quedaron más de una docena de coronas y ramos de flores frescas; al centro, una bandera de México elaborada con hojas de plátano verde y flores silvestres blancas y rojas.

Al otro día de la masacre, la parcela de los Angulo Córdova era custodiada por ocho miembros de las fuerzas armadas. Los pobladores, aunque se acercaban a mirar la casa, escudriñándola, advertían a la menor provocación: "Yo no sé nada, nada. Ni se me acerque, joven". Tenían mucho miedo. Unos pájaros enjaulados y un perro que ladraba entre los soldados en guardia producían los únicos ruidos que le quedaban al Ejido Quintín Arauz.

Por la colonia petrolera del pueblo, cerca de la calle Carlos Romero Deschamps, un modesto templo de la Iglesia adventista —de la cual eran miembros los Angulo Córdova— estaba custodiado por casi veinte marinos, mientras se velaban los restos de la mamá, la tía y los hermanos de Melquisedet. Entre los parientes del marino caído existía malestar con los reporteros que se aproximaban. Uno de ellos, joven y de brazos fornidos, decía amablemente: "Les vamos

---

diciones de la alternancia". En este contexto queda evidenciada la permeabilidad de los gobiernos del PAN para dejarse infiltrar por el crimen organizado, en especial por el más poderoso: el narcotráfico. "No es difícil convencer a nadie de que el gobierno necesita herramientas eficaces para combatir el delito pero, ¿qué pasa cuando éste se gesta en algunas oficinas destinadas a combatirlo? Es sabiduría popular advertir que con ciertos policías no necesitamos delincuentes pero, ¿qué mecanismos institucionales es preciso desarrollar para vigilar eficazmente a nuestros vigilantes? Si bien el entuerto preocupa hoy a todas las sociedades, el caso mexicano le agrega una nota perturbadora: un aparato de Estado construido sobre el silencio y la lealtad secreta, cerrado al juicio público y en muchos casos impermeable al contralor ciudadano, ¿qué posibilidades tiene de autocorregirse?", dice un texto de Antonio Camou, investigador asistente que ha colaborado con la ONU en varios temas relacionados con el narcotráfico. Análisis hechos por el mismo Observatorio Geopolítico de las Drogas establecen que alrededor del narcotráfico existe una dinámica compleja caracterizada por una íntima relación entre estructuras criminales y estatales que se percibe en el plano

a pedir que no tomen fotos de los presentes. Por esas fotos y por la publicidad que hicieron de Melquisedet ya vieron lo que sucedió. Hoy en un periódico hasta sacan encerrada en un circulito la cara de los familiares que estaban en el entierro".

Cuando otro de los reporteros le comentó que el gobierno federal fue quien hizo pública la identidad de Melquisedet, el familiar endureció la cara y dijo: "Ese presidente está loco".[12]

5. *Felipe Calderón Hinojosa*

Desde el día en que Felipe Calderón tomó protesta como titular del Poder Ejecutivo (1° de diciembre de 2006) hasta el 31 de diciembre de 2011, en promedio —por lo menos— una persona fue asesinada cada hora en México, en el contexto de la llamada "guerra del narco". ¿Víctimas de una guerra o de una forma de hacer política? ¿Víctimas de la justicia divina o de una limpieza social? ¿Víctimas del combate al crimen o del cumplimiento de un acto de legalidad?

¿Quiénes son esos muertos de los que no existe ni siquiera una lista oficial que pueda consultarse para saber la totalidad de sus nombres?

¿Esto es una guerra? Reviso mis libretas de apuntes y resuena el coro de respuestas:

---

conceptual en esquemas de "protección e involucramiento" gubernamental. "El fenómeno de la corrupción, impulsado desde las estructuras traficantes para garantizar su protección, se proyecta hacia los cuerpos de control de drogas y la justicia, y hacia la arena política, la corrupción en ese nivel puede expresarse de carácter individual, colectivo, sistemático o institucional; su grado depende del monopolio que ostente sobre la lucha antidrogas un cierto cuerpo de seguridad, y del sistema de impunidad que protege al corrupto." En cuanto al "involucramiento" oficial, se detectan estructuras realmente mixtas, "criminales" y "oficiales", en las que altos funcionarios de cuerpos de seguridad juegan un papel significativo en la organización logística del tráfico y otras formas de delincuencia altamente organizada.

15 Michel Foucault, *Defender la sociedad*, Fondo de Cultura Económica.

16 En las entrevistas que dio Diego Fernández de Cevallos tras ser liberado, además de citar al Quijote, contó pocos detalles de los siete meses de su plagio. De sus captores no habló mucho, aunque concedió que junto con la demanda económica tenían "supuestos" motivos ideológicos para privarlo de la libertad. Nunca dijo que antes de ser liberado pidió por

Hoy nuestro país libra una guerra muy distinta a la que afrontaron los insurgentes en 1810, una guerra distinta a la que afrontaron los cadetes del Colegio Militar hace 161 años; pero la entrega y la valentía, la rectitud, la dignidad, la lealtad y la vocación de servicio de nuestros soldados son las mismas [...] Inspirados en el ejemplo de los Niños Héroes de Chapultepec, todos los mexicanos de nuestra generación tenemos el deber de declarar la guerra a los enemigos de México [...] Por eso, en esta guerra contra la delincuencia, contra los enemigos de México, no habrá tregua ni cuartel [...] Es imprescindible que todos los que nos sumamos a ese frente común pasemos de la palabra a los hechos y que declaremos, verdaderamente, la guerra a los enemigos de México y vayamos por la victoria que la Patria reclama y a la que tiene derecho. Estoy convencido que esta guerra la vamos a ganar y la vamos a ganar con el apoyo y la participación de todos. (PRESIDENTE FELIPE CALDERÓN. RECOPILACIÓN DE LA REVISTA *NEXOS*.) Dicen que es una guerra. Yo la verdad no sé. Así ha sido siempre aquí. Pura guerra. No sé dónde está la novedad. (MARTÍN G., *BURRERO* DE LA COLONIA INDEPENDENCIA, MONTERREY. ENTREVISTA DIRECTA.) No. Hay una retórica guerrerista para conseguir atención mediática y para tratar de imponer lo que Hermann Herlinghaus definió como la cultura de la excepción. (MARCO LARA KLAHR, PERIODISTA Y ACADÉMICO. ENTREVISTA DIRECTA.) La guerra es el asesinato organizado por parte de actores políticos. Cuando un Estado declara la guerra quiere decir que no va a proseguir con la

---

escrito que le perdonaran la pena de muerte a la que había sido condenado. El comunicado "Posdata y proemio", firmado por la Red Global por la Transformación, dio a conocer lo anterior, y el propio Cevallos lo confirmó horas después. Ante las pocas pistas sobre el perfil de estos secuestradores que en definitiva se escapan del común de los criminales de hoy que torturan, mutilan, despedazan y decapitan a sus secuestrados (rasurarle la barba o no a Cevallos se convirtió en el centro de la discusión durante el cautiverio), Fernando Montiel T., profesor asociado en la Universidad de Basilea, Suiza, publicó en el *blog* Nuestra Aparente Rendición un ensayo en el que revisa la prosa de los documentos emitidos por los secuestradores. Montiel detectó la calidad desigual de la escritura de los, en su momento, llamados Misteriosos Desaparecedores. Estos desequilibrios lo llevaron a plantear que en la redacción del texto "Epílogo de una desaparición" (difundido al tiempo de ser liberado Fernández de Cevallos) intervinieron dos personas. Montiel reflexiona que pese a participar en actos extremos y casi inconcebibles ("el secuestro es extremo en sí mismo, pero secuestrar a Diego Fernández de Cevallos fue una acción casi demencial") el discurso del escritor del comunica-

política ritualizada; es decir, la política es la guerra bélica ritualizada sin muertes. Cuando se declara una guerra bélica —[o sea], que va a utilizar instrumentos que causan la muerte a otros— éste es el asesinato legitimado por la sociedad, o bien, con excusas religiosas o nacionalistas, o una combinación de las dos. No conozco el caso de México a detalle, pero si se declara una guerra a un fenómeno como el narcotráfico (como George W. Bush, que declaró la guerra contra el terrorismo, a un fenómeno), esto es un poco como declarar la guerra contra los tornados o a los sauces. Bueno, a los sauces probablemente podrías lograr talarlos a todos, a los tornados es más difícil, pero el tornado es un poco comparable con un fenómeno como es el narcotráfico o el terrorismo. Declararle la guerra a un fenómeno es una formulación política de una intencionalidad. Lo hizo en su momento Bush con el terrorismo después del 11 de septiembre y hubo consecuencias desastrosas. Otros ya lo han hecho antes también. Me olvido ahora quién fue el primer mandatario norteamericano que declaró una guerra contra las drogas. Me parece que fue Reagan. En realidad nunca ha habido guerras como tal, porque la guerra implica algo sin límites, mientras que nosotros vivimos en una realidad atenuada, muy politizada. Las guerras no son guerras. (JON LEE ANDERSON, CORRESPONSAL DE GUERRA DE LA REVISTA THE NEW YORKER. ENTREVISTA DIRECTA.) Ellos nos declararon la guerra y ahora no la ven llegar porque están situados en territorios donde no se pueden mover para ningún lado, y por eso necesitan de sus alianzas con otros

---

do que acompañó la liberación del abogado del PAN no es propio de un fanático irracional o irreflexivo. Con agudeza detectivesca, Montiel diseccionó estilos literarios, ortografía, ritmo, lecturas de los secuestradores, y fundamentalmente, el pensamiento de los mismos, hasta llegar a la siguiente conclusión: Los Desaparecedores no son marxistas clásicos ni anarquistas, como se pensaría. Montiel descubre que "lo que hay en realidad es la tipología de la violencia del fundador de los Estudios de la Paz, el teórico noruego Johan Galtung, la cual se compone de tres elementos: violencia directa, violencia estructural y violencia cultural; todos, presentes en la misiva de los plagiarios". El profesor de la universidad suiza explica: "Dicen los Misteriosos Desaparecedores: 'Así, la violencia visible-directa, la invisible-estructural (de la que parece no haber ningún responsable) y la cultural son promovidas y sustentadas por los gobiernos...'. Incluso el uso de los guiones asociativos ('visible-directa', etc.) fueron tomados prácticamente de forma textual de las publicaciones del sociólogo nórdico. Y lo mismo pasa con las definiciones de cada una: tanto en el caso de la violencia cultural ('... esta difusión forma parte de la violencia cultural que promueve, legitima y justifica la violencia directa

cárteles para defenderse, pero no saben que sus aliados los terminarán exterminando primero a ellos. (LOS ZETAS. COMUNICADO REPARTIDO EN TAMAULIPAS.) Si ves en la televisión, en el periódico o en internet imágenes de asesinatos y masacres, te darás cuenta de que por lo regular los cadáveres casi siempre son de hombres desarmados. ¿Cuál guerra es esta si solo hay un bando disparando? (JULIÁN ÁLVAREZ, ACTIVISTA). No hay una guerra contra el narcotráfico. Hay una guerra por el control del narco. Lo quieren todos: los militares, los policías, los empresarios... Es mucho dinero, pero mucho dinero el que proveen los consumidores estadounidenses, y todos en México quieren la tajada más grande. (CHARLES BOWDEN, ESCRITOR DE EL PASO, TEXAS. CIUDAD DEL CRIMEN [Grijalbo, 2010].) Cuando empezamos sabíamos que esta guerra contra el crimen organizado tomaría tiempo, dinero, y que también costaría vidas humanas. (PRESIDENTE FELIPE CALDERÓN. RECOPILACIÓN DE LA REVISTA NEXOS.) Esto no es una guerra. Esto es una matazón. (HABITANTE DE CIUDAD MIER, TAMAULIPAS. ENTREVISTA DIRECTA.)

6. *El Partido Revolucionario Institucional (PRI)*

Un colaborador de Felipe Calderón trató de explicarme que la guerra contra el narco era, en el fondo, declararle la guerra al PRI, y que eso, en parte, descifraba la violencia tan profunda en Tamaulipas, férreo

---

que el gobierno sostiene...') como en el de la violencia estructural ('Sin embargo, la violencia más sofisticada... la que menos reconocemos como violencia, es la que parece no venir de ninguna persona; es la violencia estructural *invisible* presentada siempre como *estragos*, *golpes* o *crisis internacionales*'). ¿La bibliografía básica? De Johan Galtung, el libro *Trascender y transformar: una introducción al trabajo de conflictos*".

[17] En un apartado de la primera carta de una interesante correspondencia sobre ética y política que mantuvo en 2011 el subcomandante Marcos con el filósofo Luis Villoro, titulada "Apuntes sobre las guerras" (www.ezln.org.mx), el líder del EZLN analiza este punto: "En los primeros cuatro años de la 'guerra contra el crimen organizado' (2007-2010), las principales entidades gubernamentales encargadas (Secretaría de la Defensa Nacional —es decir: Ejército y Fuerza Aérea—, Secretaría de Marina, Procuraduría General de la República y Secretaría de Seguridad Pública) recibieron del Presupuesto de Egresos de la Federación una cantidad superior a los 366 mil millones de pesos (unos 30 mil millones de dólares al tipo de cambio actual). Las cuatro dependencias gubernamentales federales recibieron: en 2007

e impenetrable bastión priista al que diversos reportes de inteligencia incluso han definido como *narcoestado*.[13] El político cercano al presidente me decía que la transición política iniciada en 2000, con la derrota del PRI y la llegada del Partido Acción Nacional (PAN) a través de Vicente Fox, pasaba por el control real de las instituciones de seguridad pública y de seguridad nacional, las cuales, en su mayoría, seguían obedeciendo a grupúsculos priistas. Y esa transición obviamente tendría que ser violenta. Puso como ejemplo la resistencia priista a la iniciativa de Ley de Mando Único, impulsada por el gobierno panista, bajo la cual todas las corporaciones municipales y estatales quedarían supeditadas a un poder federal, como sucedía de facto durante el régimen presidencial del PRI, pero no con los gobiernos panistas de Vicente Fox y Felipe Calderón.[14]

Las leyes emergen de la sangre y el fango de las batallas. Foucault describe:

> [Las leyes] no nacen de la naturaleza, junto a los manantiales que frecuentan los primeros pastores; la ley nace de las batallas reales, de las victorias, las masacres, las conquistas que tienen su fecha y sus héroes de horror; la ley nace de las ciudades incendiadas, de las tierras devastadas; surge con los famosos inocentes que agonizan mientras nace el día".[15]

....

más de 71 mil millones de pesos; en 2008 más de 80 mil millones; en 2009 más de 113 mil millones y en 2010 fueron más de 102 mil millones de pesos. A esto habrá que sumar los más de 121 mil millones de pesos (unos 10 mil millones de dólares) que recibirán en 2011. Tan sólo la Secretaría de Seguridad Pública pasó de recibir unos 13 mil millones de pesos de presupuesto en el 2007, a manejar uno de más de 35 mil millones de pesos en el 2011 (tal vez es porque las producciones cinematográficas [alusión a montajes de Genaro García Luna, secretario de Seguridad Pública Federal] son más costosas). De acuerdo con el Tercer Informe de Gobierno de septiembre del 2009, al mes de junio de ese año, las fuerzas armadas federales contaban con 254 705 elementos (202 355 del Ejército y Fuerza Aérea y 52 350 de la Armada. En 2009 el presupuesto para la Defensa Nacional fue de 43 mil 623 millones 321 mil 860 pesos, a los que sumaron 8 mil 762 millones 315 mil 960 pesos (el 25.14% más), en total: más de 52 mil millones de pesos para el Ejército y Fuerza Aérea. La Secretaría de Marina: más de 16 mil millones de pesos; Seguridad Pública: casi 33 mil millones de pesos; y Procuraduría General de la República: más de 12 mil millones de pesos. Total de presupuesto para la 'guerra

El importante colaborador calderonista aseguraba: "Nuestro reto no es acabar con el narcotráfico: el nuestro es un reto mayor. Es combatir al priista que todo mexicano lleva dentro, y que tanto daño le hace al desarrollo del país". Hacia el final del sexenio de Felipe Calderón, la Ley del Mando Único estaba lejos de ser aprobada e implementada mediante una vía que no fuera fáctica, como se iba haciendo de forma gradual en Nuevo León y Tamaulipas.

En cambio, "la terapia social" impulsada por el gobierno de Felipe Calderón perduró hasta el final del sexenio e incluso cobró formas nuevas y aún más preocupantes. Durante la Semana Santa de 2012, en decenas de colonias populares del área metropolitana de Monterrey aparecieron colgadas en tiendas Oxxo, Seven Eleven y pequeños locales de abarrotes, mantas con leyendas de supuestos zetas en las que se advertía a los habitantes que después de las diez de la noche estaba prohibido andar en las calles. Una especie de toque de queda que ni las fuerzas armadas, ni el gobierno ni nadie, salieron a desestimar. El porqué de la desidia no es claro; sin embargo, algunos vecinos tenían su hipótesis: tal vez se trataba de que los promotores eran las propias autoridades.

La idea de que algunos actores principales de la estrategia de guerra contra el narco la ven en esencia como una "terapia social" surgió tras contar los detalles del supuesto objetivo de aniquilación

---

contra el crimen organizado' en 2009: más de 113 mil millones de pesos. En el año 2010, un soldado federal raso ganaba unos 46 380 pesos anuales; un general divisionario recibía 1 millón 603 mil 80 pesos al año, y el secretario de la Defensa Nacional percibía ingresos anuales por 1 millón 859 mil 712 pesos. Si las matemáticas no me fallan, con el presupuesto bélico total del 2009 (113 mil millones de pesos para las cuatro dependencias) se hubieran podido pagar los salarios anuales de dos millones y medio de soldados rasos; o de 70 mil 500 generales de división; o de 60 mil 700 titulares de la Secretaría de la Defensa Nacional".

18 El profesor Carlos Resa Nestares, investigador español con quien tengo correspondencia casi desde que empecé a reportear, y quien a partir de 2002 analiza a Los Zetas —antes, mucho antes de que esta banda adquiriera la notoriedad actual—, me contestó vía correo electrónico en el verano de 2011 una serie de preguntas que hago en el texto "Un joven zeta mexicano" —con el cual inicia el viaje de este libro: "Cuando te preguntas '¿qué es un zeta?', tengo la impresión de que la respuesta es: cualquiera que muera en circunstancias que resultan inexplicables al ojo humano y, si no está muerto, cualquiera que

priista tras la guerra del narco al investigador Fernando Montiel T., uno de los más destacados discípulos del sociólogo noruego Johan Galtung,[16] mediador en más de cincuenta conflictos en el mundo. Montiel me remitió a *Vigilar y castigar: El nacimiento de la prisión* (Siglo XXI, 2008), libro en el que Foucault rescata el vínculo entre la prisión como institución y la ortopedia como terapéutica. Dice Foucault: "La ortopedia es el arte de prevenir y de corregir en los niños las deformidades corporales". El filósofo francés retrata este punto en la primera y en la última ilustración que contiene esa obra suya: en el primer grabado se ve a tres niños en torno a una nodriza que sostiene una regla que reza en latín *Haec est regula recti* (Esta es la regla del derecho). En el segundo se distingue un palo recto enterrado en el piso; a él se encuentra atado el retoño torcido de un árbol. El mensaje es claro: a los niños se les endereza con la regla del derecho de la misma forma en que a los árboles se les corrige deformidades conforme van creciendo. El control del cuerpo que impone por igual la disciplina militar y la escuela están inspirados por la misma lógica que la prisión y los psiquiátricos: los primeros —milicia y escuela— cumplen una función preventiva; el segundo —la prisión—, una función terapéutica y el último —el manicomio— se destina para los casos sin remedio. Se trata de tres caras del mismo fenómeno: ortopedia institucional para el cuerpo social.

---

un funcionario o un periodista o un extorsionador considere que bautizarlo como zeta le generará algún tipo de beneficio personal (en forma de titulares más grandes, de una carrera política más acelerada o una extorsión más fácil). La falsificación del término *zeta* ha sido de tal cantidad y calidad que lo firmaría cualquier empresa china. No se puede explicar la realidad sin hacerlo con microhistorias, que tan poco abundan en la prensa en general, donde los muertos parece que están todos bien muertos ('algo habrá hecho') y que forman parte de un ejército de conspiradores malignos con el que el gobierno justifica sus propios fracasos y la prensa cultiva el gusto popular por las grandes conspiraciones. Sólo el sexo vende más en los medios que la mafia (cualquiera que sea su nombre) y la rentabilización pecuniaria que muchos realizan es despreciable. Por supuesto, toda esta parrafada no sería justo si no recordase los casos de personas que murieron por una cosa tan simple como informar... pero todos ellos estaban informando sobre casos muy micros".

19 Un caso notorio: cierta noche de 2010 se oyen disparos en la avenida Eugenio Garza Sada. Hay otro enfrentamiento en las calles de la capital de Nuevo León, ahora muy

Ésta es la estructura de la biopolítica, idea a la que Mbembe contrapone la necropolítica.

En el análisis de Montiel sobre el planteamiento de Foucault hay algo más.

Para controlar terapéuticamente todo, es menester verlo todo. He ahí la razón de existencia del panóptico. Foucault analiza y encuentra la razón del panóptico de Jeremy Bentham adoptado para la arquitectura de hospitales y prisiones. ¿Cómo eran los panópticos? Construcciones circulares. En los márgenes, camas o celdas según correspondiera, un espacio o patio circular al centro y una torre o estación de vigilancia también circular en el eje. 360 grados de control. Imposible esconderse, imposible no ver. Es esta la estructura de la deificación del poder: el celador o el médico como Dios: todo lo puede, ¿por qué? Porque todo lo sabe, ¿por qué? Porque en todos lados está. Omnipotencia, omnisciencia, omnipresencia.

¿Cómo encaja esto en lo que me refirió Montiel en este epílogo sobre la frontera de la necropolítica? Si la interpretación que él hizo de Foucault es correcta, las *máquinas de guerra* no sólo tienen pluralidad de funciones y flexibilidad como dice Mbembe —además de ser deslocalizadas y fantasmagóricas, como afirma Reguillo—, sino que además

---

cerca del campus principal del Tec de Monterrey. En los bares cercanos los clientes se tiran al piso, los despachadores de los Oxxo a la redonda apagan las luces de las tiendas y en las vecinas instalaciones del Canal 12 de la televisión local hay algunos trabajadores que entran en pánico con el ruido de guerra. A la medianoche regresa el silencio, un silencio inquietante, de dudas, y se reporta que dos zetas cayeron durante una refriega con el Ejército. Para los medios de comunicación ya son tantos los muertos que no importa cómo se llaman ni de dónde eran, lo trascendental es que el concierto de las balas llegó ahora al corazón de uno de los principales sistemas educativos privados de América Latina. He ahí lo importante. Pero al día siguiente se sabe que hay familiares de los supuestos zetas reclamando los cadáveres y diciendo que sus muertos no eran sicarios. Al contrario, se trataba de Jorge Antonio Mercado Alonso y Javier Francisco Arredondo Verdugo, alumnos de excelencia de la escuela donde ocurrió la balacera. Uno de los pocos casos conocidos de falsos zetas, de los tantos que es probable que hayan ocurrido en el país en estos nebulosos años.

son omnipotentes, omniscientes y omnipresentes. Es decir, son todo aquello que el Estado *debería ser* y no es. La máquina de guerra tiene la ofensiva y el Estado está a la defensiva, explica Montiel. Por esto son los cárteles (narcos, policiales, militares…) y sus brazos quienes dictan cómo se ha de regir la sociedad. Son ellos los que controlan la necropolítica en México: ellos dicen quién vive y quién muere; quién sale, cómo, cuándo y a dónde, y quién no —si no, véase el caso de Raymundo Pérez Arellano—. Lo pueden todo porque lo saben todo, y lo pueden y lo saben todo porque en todos lados están. Éste es el monopolio que arrebataron al Estado y que Calderón con su "nueva estrategia" buscaba recuperar "sin miramientos": el monopolio de la violencia, legítima o ilegítima —a estas alturas ya no importa la que sea—, pero la violencia al fin y al cabo. Por eso actúan como sus enemigos: "Mira, yo puedo jugar tu mismo juego del mismo modo, pero lo juego mejor". Si las mafias se arrogan el derecho a dictar la vida en sociedad, el gobierno se adjudicó el derecho de dictar su muerte.

7. *Arturo Zaldívar Lelo de Larrea*

En realidad, el argumento de que la declaración de la guerra contra el narco hecha en enero de 2007 era en esencia una especie de decla-

---

20 Otra de las formas en las que se aborda la violencia que vive México es reproduciendo la información proveniente de los grupos enfrentados, ya sean las corporaciones oficiales del gobierno o los mensajes emitidos por el narco mediante mantas, videos de internet y mensajes de correo electrónico. La falta de información recolectada y analizada por los propios medios de comunicación permite que éstos puedan terminar siendo utilizados mucho más fácilmente, tanto por uno u otro bando de la guerra. La investigación directa acerca de lo que sucede es imprescindible. Aunque por seguridad el resultado de una investigación propia no se pueda revelar al momento, es indispensable que los medios sepan lo que está pasando a través de sus propios mecanismos de recolección de información y no solamente a través de la información generada por los grupos en pugna. Hoy en día, cuando se da a conocer un hecho relacionado con el crimen organizado, es común que las notas contengan descripciones abundantes acerca del tipo de cadáver encontrado (decapitado, descuartizado, ejecutado…), del tipo de coche en el que iba el muerto y del número de sesos regados en el pavimento, pero se contará poco sobre el marco del cual

ración de guerra cultural contra el PRI, parece, a la luz de lo sucedido, haber sido elaborado a contracorriente en la residencia presidencial de Los Pinos. Cada vez hay más elementos para pensar que Felipe Calderón se vistió de militar e invocó la palabra *guerra* porque tenía miedo. Miedo no sólo a las protestas crecientes de los seguidores de López Obrador o a los conflictos sociales de Oaxaca y Atenco, así como a la huelga nacional del beligerante sindicato minero, sino también a poderosos grupos empresariales que llegaron a considerar en 2006 la posibilidad de impulsar una presidencia interina y hasta barajaron un nombre para ello: el del ex rector de la Universidad Nacional Autónoma de México, Juan Ramón de la Fuente. Temeroso, en ese contexto, Calderón recurrió a las fuerzas armadas. Éstas le mostraron su lealtad y a cambio de ello, para empezar, el presidente decretó aumentos salariales, en algunos casos de casi cincuenta por ciento, lo mismo a soldados rasos que a generales, además de gestionar los mayores presupuestos en la historia para la Marina y el Ejército.[17]

Para "vivir", el gobierno de Felipe Calderón necesitaba de una guerra. Por eso se vistió de militar al inicio de su mandato y por eso invocaba de manera constante la palabra *guerra*. ¿Y qué es una guerra? La guerra es, fundamentalmente, muerte y destrucción. No puede haber guerras en las que no haya muertos. Para "vivir" el gobierno de Felipe Calderón necesitaba matar.

---

presuntamente provendrían sus posibles asesinos. Difícilmente se investigará —con familiares o amigos— la vida del muerto, a menos de que sus deudos hagan una denuncia contundente relacionada con los sucesos. De miles de personas asesinadas durante la guerra contra el narco, apenas recordamos un puñado de nombres. Un día después de ser abiertos, los casos ya son olvidados. Esta cobertura no proviene de la ingenuidad de la prensa. La pornografía de la violencia se ha convertido en la única forma en que el periodismo mexicano puede registrar hechos del narco y al mismo tiempo autoprotegerse, sobrevivir.

21 Recurrí al filósofo español Reyes Mate para tratar de dimensionar lo que sucedía en México. Reyes Mate analizaba la resignificación de los muertos a partir de la Guerra Civil española. "Nadie imaginaba —dice el profesor ibérico— que estas víctimas tuvieran algo que decir. Eran invisibles, o mejor, 'in-significantes'. La política es de los vivos y con los muertos sólo cabía el gesto piadoso de darles honrosa sepultura. Pues bien, lo que ha cambiado desde 1979 hasta hoy es que los muertos son políticamente significativos y esto

La guerra empuja una sociedad a la prehistoria, al salvajismo o —como decía Foucault— a sus fronteras misteriosas. El pensador francés se preguntaba en la década de los setenta "¿cómo se puede no sólo hacer la guerra a los adversarios sin exponer a nuestros propios ciudadanos a ella, hacer que se maten por millones (como pasó justamente desde el siglo XIX, desde su segunda mitad) si no es, precisamente, activando el tema del racismo?"

¿Y si el tema del racismo en aquella década lo cambiamos por el del narcotráfico?, ¿si en lugar de activar el racismo se activa el tema del narco?; ¿si se persigue a comunidades enteras no por ser "negros", sino por ser "nidos de zetas"?[18] Instrumentos, mecanismos y la tecnología de normalización del derecho a matar de forma masiva se fueron implementando poco a poco a partir de diciembre de 2006.[19] De forma visible quedará el surgimiento de *ejecutómetros*[20] en los diarios. También están las lamentables declaraciones presidenciales en las que se aseguraba, sin dato científico ni averiguación previa de por medio, que nueve de cada diez muertos de la guerra del narco eran delincuentes.[21]

Las decenas de miles de asesinatos ocurridos entre 2006 y 2012 no serán siempre una montaña de estadísticas. Con el paso del tiempo empezarán a relatarse sus historias y con ellas vendrá una verdad más completa. Este libro trata de contribuir a ello. Por ahora,

---

no por obra de la creencia en la resurrección de los cuerpos, sino en nombre de una nueva concepción de la justicia. Ésta es la novedad. Durante siglos las teorías de la justicia nada quisieron saber del pasado." En su escrito explica que desde Aristóteles hasta Habermas o Rawls, pasando por Santo Tomás o Rousseau, la justicia significaba castigar al culpable o reparar el daño al afectado, pero si moría el culpable, no había justicia posible, y si había que juzgar un asesinato se daba por hecho que la reparación era imposible. La idea predominante entonces era: "Los muertos son el pasado y con lo que ha sido sólo cabe pasar página". "Eso —explica Reyes Mate— es lo que ha cambiado en las dos últimas décadas. La reflexión sobre las víctimas del Holocausto ha colocado en el epicentro de la justicia la significación de las víctimas. Gracias a la memoria se hace presente el pasado. No cualquier pasado, sino el pasado de los vencidos (el de los vencedores siempre está presente). De esta suerte se amplía el campo de la justicia que deja de ser la búsqueda de un equilibrio entre las partes que están presentes; es decir, entre los vivos." Como se ha mencionado ya en este libro, para justificar las críticas desatadas en contra de su administración por el

los muertos están enterrados, y aunque ya hay quienes escarban sus historias, prevalecen los que echan más tierra para que éstas no se sepan. Pero en cierto momento inevitable se instalarán las preguntas fundamentales: ¿*Casus belli* de Calderón? Para algunos la respuesta es legitimidad, pero la exploración de lo que sucedió en 2006 debe ser más profunda. Este presidente debe dar una explicación de lo que lo llevó a decidirse a gobernar con la sangre. Una explicación exhaustiva y sincera, un reto que quizá solamente el paso de los años le ayude a encarar con dignidad. Quizá. O que tribunales de justicia nacional o internacionales lo obliguen a que lo haga.

En medio de acontecimientos como los que ha vivido México suelen suceder cosas horribles que son imposibles de documentar al momento. Existen indicios de algunas, pero es complicado conocerlas a detalle. Nunca me imaginé que alguna vez soñaría con un *bulldozer*. La primera vez que lo hice fue en Guadalajara. Ocurrió después de una reunión en la que una persona se me acercó para contarme lo que había sucedido el verano de 2010 en su pueblo. Por órdenes oficiales un par de hombres cavaron un hoyo en el llano con una de esas máquinas niveladoras. Luego enterraron ahí a un montón de cadáveres, sin cruces ni lápida alguna encima. En los siguientes días, ambos trabajadores huyeron horrorizados a Estados Unidos, perseguidos por la conciencia. Esto, que habría ocurrido en

---

dramático aumento del número de muertes impunes en México, el 21 de julio de 2010 el presidente Felipe Calderón aseguró públicamente que noventa por ciento de los muertos de la guerra eran narcotraficantes. En ese entonces el inexacto conteo nacional marcaba treinta mil muertos. Más allá de que hasta la fecha no existe sustento legal ni científico para una afirmación de este tipo, lo que dijo el mandatario abre la puerta para investigar cómo y por qué razones murieron más de tres mil personas que, según la clasificación presidencial, no eran narcotraficantes. Se tomaría la cifra de tres mil muertos, claro, si es que se le cree a Felipe Calderón que el narco se quedó sin veintisiete mil elementos gracias a la necropolítica del calderonato. Reyes Mate menciona también en su escrito lo importante que es hacerse cargo del pasado, incluyendo a las víctimas: "Si queremos que la historia no se repita no basta controlar a los neonazis. Lo que procede es cambiar de lógica política que lleva a la catástrofe: que la historia progresa inevitablemente sobre las víctimas. Ese cambio no se substancia sólo cambiando los sistemas totalitarios del siglo xx con democracias respetuosas con la libertad, que fue lo que ocurrió, sino también incorporando ese

la frontera entre Jalisco y Zacatecas, algún día saldrá a la luz. Un día la cifra de muertos entre 2006 y 2012, a causa de la llamada guerra del narco, será verdad.

Después conocí otras historias parecidas, pero en lugares del noreste de México. Volví a soñar máquinas amarillas moviendo sus garras arriba abajo, depositando en abismos invisibles nuestra realidad nacional: miles de muertos escondidos en las profundidades de un país incierto.

El *bulldozer* con el que más he soñado es el que reveló el empresario y político del PAN Mauricio Fernández Garza ante la cámara de un documental de nombre *El alcalde* (Bambú-Instituto Mexicano del Cine), que dirijo con Carlos Rossini y Emiliano Altuna, buenos amigos y magníficos cineastas.

Yo me entero de eventos, por alcaldes, por amigos míos ganaderos, por gentes que dicen: "Pues llegaron y entraron con helicópteros y mataron a todos". Y eso no sale en ningún medio de comunicación. De esos casos conozco muchísimos: en la frontera, viniendo de la frontera, en Tamaulipas… Amigos míos a los que les ha tocado en sus propiedades intervenciones importantes del Ejército. Vaya, yo te diría: no las estoy cuestionando, lo único que te aseguro es que no hay información sobre ellas. Yo creo que lo que sale público es lo inevitable.

---

pasado luctuoso a nuestro presente. Nada tiene que ver esto con menoscabar la importancia de la transición. Se trata más bien de hacernos cargo de esa parte del pasado, el de las víctimas".

Cuando Enrique Peña Nieto asuma la presidencia en diciembre de 2012 deberá hacerse cargo de esto, de ese pasado luctuoso reciente en que se convertirá, en el futuro, nuestro trágico presente. Al tiempo.

22 Imaginemos a un hombre que cierta noche bebe más alcohol de lo normal y después se sube a su coche al cual le fallan los frenos. Al poco tiempo de arrancar da vuelta en una esquina con poca luz y atropella a otro hombre que está cruzando la calle en la madrugada para comprar cigarros. No estoy haciendo una analogía del sexenio de Felipe Calderón, aficionado a las copas de más (véase *De cuerpo entero*, libro de Julio Scherer [Grijalbo, 2012]) y conductor de un gobierno sin frenos que recorre un país con poca visibilidad atropellando a más de cincuenta mil personas, algunas de ellas amantes de las caminatas nocturnas riesgosas. No, no me refiero a eso, sino a un ejemplo que pone el profesor E. H. Carr en su

Por muchísimas cosas que yo me entero, también en Nuevo León han matado a una barbaridad de gente. No sé si será cierto o no, pero un alcalde me decía: "Oye, nos pidieron de no sé dónde un *bulldozer* para enterrar cadáveres de un operativo del gobierno federal". Será cierto o no será cierto, yo no estoy cuestionando, simplemente estoy comentando cosas que me toca escuchar. O en un rancho de un amigo que, igual, entraron con helicópteros y básicamente mataron a todo mundo. No dejaron ni cadáveres ni casquillos.

Sí hay operativos que se están haciendo pero mucho de lo que pasa no sale. Además de que dentro del propio crimen organizado hay cantidad de víctimas, entre pleitos de ellos mismos, que los meten y disuelven en ácido, o entierran, o desaparecen, o cualquier cosa. De esos tampoco te enteras. Entonces, si tú me dijeras: son cincuenta mil los muertos oficiales, pues yo creo que fácilmente estamos hablando de un cuarto de millón de muertos, digo, por decirte. Yo creo que sería como un cinco a uno, entre lo del crimen organizado que no te enteras y entre lo del gobierno que no te enteras.

Aunque no tengo ningún elemento para decirte por qué, simplemente por las cifras que conozco: que matan a treinta, que matan a cuarenta, según me cuentan los alcaldes [de Nuevo León], aquí yendo a la frontera. En China, o General Bravo, no me acuerdo cuál, el alcalde me dijo: "Ni vayas a Estados Unidos, hubo treinta muertos este fin de

---

libro *¿Qué es la historia?*, cuando explica la casualidad última: "¿Quién es el responsable de la muerte del hombre atropellado? ¿El hombre que tomó una copa de más, el perezoso revisor de los frenos, las autoridades locales que no arreglaron la curva peligrosa o el fumador que decidió cruzar para satisfacer su mala costumbre?"

23 Epigmenio Ibarra, productor de telenovelas como *Nada personal* y series como *Capadoccia*, reporteó como pocos periodistas las guerrillas centroamericanas de los ochenta. Jon Lee Anderson, corresponsal de guerra de *The New Yorker*, me había platicado fascinantes historias de la forma en la que Epi trabajaba, cámara en mano, sobre el pantanoso terreno nicaragüense y salvadoreño. "Epigmenio estaba en todos los lugares donde sucedían las cosas y conocía a todos. Siempre iba por delante. Es increíble que no haya muerto y qué bueno que no", me platicó Jon Lee. Se conocieron en esos años de la efervescencia revolucionaria en Centroamérica. Del manantial social emanaban jóvenes queriendo asaltar el cielo. Quizá fue cuando el idealismo latinoamericano del siglo xx alcanzó su máximo esplendor. A la par emergió una robusta camada de corresponsales recordada por Jon Lee

semana, hubo veinte muertos el otro fin de semana", y en los medios de comunicación de aquí en Nuevo León, no salió. Y si son cincuenta y ni uno más, o son un cuarto de millón, ¿qué es más, mi estimado?, es lo mismo. No es por muertos que vamos a arreglar al país.

El alcalde de San Pedro Garza García, Nuevo León —el municipio más rico de América Latina— dijo lo anterior en noviembre de 2011.

Meses después de que Mauricio Fernández habló de ese *bulldozer* y de esa cifra de fallecidos, el secretario de la Defensa de Estados Unidos, León Panetta, calculaba en ciento cincuenta mil el número de muertes por la violencia ocurrida durante el mandato de Felipe Calderón, nombrado "el sexenio de la muerte" por el analista Jesús Silva Herzog-Márquez. Todavía no sabemos cuántos asesinatos hubo en realidad. Pasó así en Vietnam, en los años de la guerrilla en Perú, así como también en Colombia con los paramilitares y en Ruanda durante el genocidio con el que se pretendió exterminar a la población tutsi.

Mientras tanto, hay quienes en México sueñan a diario máquinas acorazadas que abren la tierra en la noche: son las máquinas de la necropolítica mexicana.

Alguien tendrá que hacerse responsable de las miles de muertes acontecidas en este sexenio a causa de una guerra decretada desde Los Pinos (que hacia el final, Calderón trató de decir que no había sido tal).

---

y Epigmenio, cuando se reencontraron, veinte años después, en una cafetería de avenida Nuevo León, en la colonia Condesa de la Ciudad de México. Jon Lee hizo una escala en Distrito Federal, tras un largo periplo por Venezuela, Sri Lanka, Afganistán e Irán, donde consiguió ser el primer periodista occidental en hacer una amplia entrevista a Mahmud Ahmadineyad; mientras que Epigmenio estaba por viajar a Miami para trabajar en *Capadoccia* y en *Noticia de un secuestro*, la adaptación cinematográfica de la novela de Gabriel García Márquez en la que se relatan los años colombianos de reinado y guerra del capo Pablo Escobar. Los dos gladiadores recordaron a compañeros de aquellas guerras como Natchwey, el intrépido fotógrafo que hizo un célebre documental con una microcámara de video diseñada en Japón, integrada a su equipo fotográfico. Mencionaron también a John Carlin, autor de *Factor humano*, libro en el que se basó la película hollywoodense sobre Nelson Mandela; así como al escritor Salman Rushdie, quien estuvo tres semanas en Centroamérica y luego, con gran habilidad literaria, escribió el raro libro *La sonrisa del jaguar*. La de los corresponsales de guerra es una tribu difícil de entender con los ojos de la normalidad. De por sí el

Habrá otras preguntas: ¿qué tan responsable de la muerte de un niño en un retén de Reynosa es un soldado que le dispara pensando que es un narco?, ¿qué tan responsable fue el presidente al enviar a un militar a hacer labores policiales para las que no está capacitado, y en las cuales está potencialmente expuesto a fallar?

El presidente implementó políticas públicas que, al no estar bien planeadas ni sustentadas técnica ni legalmente, se convirtieron en fuente inagotable de tragedias.[22]

En este sentido, el informe elaborado por Arturo Zaldívar Lelo de Larrea, ministro de la Suprema Corte de Justicia de la Nación, acerca del siniestro de la Guardería ABC en el cual murieron cuarenta y nueve niños, es una piedra de toque. Será necesario leerlo de nuevo. Como también todo el material de Teoría de la Responsabilidad Penal que han desarrollado y aplicado ya jueces y magistrados en decenas de países donde el sistema judicial no es rehén de una clase política tan corrupta.

En 2010 el documento preparado por el ministro Zaldívar fue rechazado por el pleno de la Suprema Corte. Días antes, el entonces secretario de Gobernación, Fernando Gómez-Mont, se reunió con los otros ministros para discutirlo. Uno de los amagues que solía hacer era:

---

periodista de sucesos cotidianos suele considerarse un ser disfuncional socialmente ya que tiene una agenda de vida caótica, de confrontaciones psíquicas permanentes en la cual convive con paradojas como la de que, al ser parte de un entramado mediático, goza de un enorme poder, pero que en lo individual sabe que es un ser sumamente frágil. Los corresponsales de guerra, en cierto modo, son todavía más *freaks*. Un reportero al que nunca le ha tocado sentir el vértigo de una balacera, o la incertidumbre de caminar por una zona de emboscadas, recoger el cadáver de alguien caído durante una situación tensa o encontrar una fosa clandestina, no entendería las complicidades reporteriles que aparecen durante dichas coberturas, hermandades sin nombre nutridas de historias políticamente incorrectas y quizás imposibles de ser contadas al momento.

Con esas experiencias encima, Epigmenio criticó la forma de conducir la supuesta guerra contra el narco del gobierno de Felipe Calderón, obligando al Ejército a montar un desastroso despliegue operativo en lugares como Ciudad Juárez o Tamaulipas, el cual hace que los soldados sean torpes, previsibles y criminales en su accionar. Jon Lee recordó su

Si ustedes aprueban ese informe hecho por el ministro Zaldívar [en el que los altos funcionarios Juan Molinar Horcasitas y Daniel Karam son responsabilizados de la muerte de cuarenta y nueve niños de la Guardería ABC por no instrumentar políticas públicas obligatorias que habrían evitado el siniestro] están dejando abierta la puerta para que el presidente Calderón pueda ser responsabilizado también por la muerte de una familia en Reynosa durante un operativo militar.

Gómez-Mont, de acuerdo con el testimonio de por lo menos dos ministros, usó exactamente ese ejemplo y les dio a entender que con la aprobación del Informe Zaldívar podría abrirse la caja de Pandora en México y derivar todo en una crisis constitucional, ya que hacia el interior de las fuerzas armadas había mucha preocupación.

La presión contra este documento fue tal, que la noche previa a su discusión en el pleno de la Suprema Corte, el ministro Zaldívar dijo a su equipo de colaboradores que si por alguna inesperada razón él no podía llegar a la sala al día siguiente, llevaran el informe y dieran la pelea hasta el final.

En los últimos meses del sexenio de Calderón el país empezó a aprender que el lenguaje de guerra no era heroico; que encubría sangre, trozos humanos, pánico, llanto, zozobra, dolor y monstruo-

---

encuentro con mafiosos de las favelas de Brasil, algunos de los cuales habían leído su biografía sobre el Che Guevara y le decían que los jóvenes de ahora ya no eran como los de antes: nacían con armas pero sin ideología alguna.

Fue una cátedra informal de dos maestros. También estaban el editor de la revista *Etiqueta Negra*, Julio Villanueva Chang, y Sarah Aguilar, una joven que conoció las guerras centroamericanas en el vientre de su madre y al lado de su padre, Rubén Aguilar Valenzuela. [Esta amable mención de Chang y de Sarah Aguilar estuvo a punto de ser eliminada por el poeta Andrés Ramírez, pero Enrique Calderón, editor del libro, decidió mantenerla.]

Para acompañar el reencuentro, cada uno de los dos gladiadores se bebió un capuchino. Ambos me ayudaron mucho en el proceso de concepción de este libro.

De los escritores y su vínculo con la realidad política es más difícil tener una idea clara. Al respecto, quizá sea pertinente recordar *2666*, la monumental y maravillosa novela de Roberto Bolaño, cuando Amalfitano (personaje inspirado en el sabio chileno Julio César Montané) le cuenta a Norton su opinión sobre los intelectuales mexicanos: "La relación con el poder de los

sidades. Que no era lo mismo vestirse de militar y emplear la retórica de guerra que la guerra.[23]

8. *El Vaquero Galáctico*

Un Vaquero Galáctico cubre a Melchor de la tupida lluvia de septiembre que se deja caer por las calles de San Cristóbal de las Casas. Melchor marcha al frente con la pisada dura, el moreno cuerpo macizo mojado y el bigote espeso perlando agua. Mientras camina relata la historia que lo movió de su casa, en el centro del país, hasta acá, al sur de México. Cuando el aguacero amaina, endereza la pancarta que lo protege y muestra la imagen del Vaquero Galáctico, el hijo que le desapareció "la guerra", allá en el noreste.

Una mañana antes de salir a vender artículos para el hogar, Melchor vio en el televisor a un poeta con el payaso Brozo. El poeta le comentaba al payaso sobre una caminata que haría de Cuernavaca a la Ciudad de México contra "la guerra". Melchor no sabía dónde estaba su hijo pero sí estaba seguro de que "la guerra" no sólo se comió al Vaquero Galáctico, sino también el esfuerzo que él, durante casi dos años, había hecho para encontrarlo, visitando oficinas y cuarteles en los que el desdén estaba sentado del otro lado de los escritorios. Por "la guerra" el

---

intelectuales mexicanos viene de lejos. No digo que todos sean así. Hay excepciones notables. Tampoco digo que los que se entregan lo hagan de mala fe. Ni siquiera que esa 'entrega' sea una entrega en toda regla. Digamos que sólo es un empleo. Pero es un empleo con el Estado. En Europa los intelectuales trabajan en editoriales o en la prensa o los mantienen sus mujeres o sus padres tienen buena posición y les dan una mensualidad, o son obreros y delincuentes y viven honestamente de sus trabajos. En México, y puede que el ejemplo sea extensible a toda Latinoamérica, salvo Argentina, los intelectuales trabajan para el Estado. Esto era así con el PRI y sigue siendo así con el PAN. El intelectual, por su parte, puede ser un fervoroso defensor del Estado o un crítico del Estado. Al Estado no le importa. El Estado lo alimenta y lo observa en silencio. Con su enorme cohorte de escritores más bien inútiles, el Estado hace algo. ¿Qué? Exorciza sus demonios, cambia o al menos intenta influir en el tiempo mexicano. Añade capas de cal a un hoyo que nadie sabe a bien si existe o no existe. Por supuesto, esto no siempre es así. Un intelectual puede trabajar en la universidad o, mejor, irse a trabajar a una norteamericana, cuyos departamentos de literatura son tan malos como los de las universidades mexica-

Vaquero Galáctico había desaparecido y "la guerra" era también el pretexto que le daban a Melchor para no buscar a su hijo: una burocracia armada desataba la vorágine y otra burocracia encorbatada la encubría. "La guerra" se convirtió en el enemigo de Melchor. Cuando vio que un poeta estaba enfrentándola, él también se animó a hacerlo.

Melchor se perdió un rato antes de llegar a la Paloma en la que el poeta había citado. Antes de eso jamás tuvo oportunidad de estar en Cuernavaca. Encontró la estatua en una glorieta colmada de gente. Entre el gran tumulto vio un tumulto más pequeño, en el que había un hombre acorralado por periodistas. Después de abrirse paso entre la muchedumbre, Melchor descubrió que era el poeta que buscaba. Cuando le quitaron los micrófonos y las grabadoras de la cara, se paró enfrente y se presentó. Dijo solamente que estaba ahí para sumarse a la caminata. No habló del Vaquero Galáctico ni de "la guerra" ni de nada más. El poeta le respondió con voz seca que estaba bien y que en quince minutos empezaría la caminata.

La lluvia arrecia de nuevo antes de que la marcha agarre para el centro de San Cristóbal de las Casas y se salga de la avenida que más adelante se transforma en una carretera que curvea y sube hasta Ocosingo. El Vaquero Galáctico vuelve a tapar a Melchor, quien ahora, para seguir relatándome la historia que lo movió hasta aquí, tiene que levantar el volumen de la voz empapada por el sonido del agua

---

nas, pero esto no lo pone a salvo de recibir una llamada telefónica a altas horas de la noche y que alguien que habla en nombre del Estado le ofrezca un trabajo mejor, un empleo mejor remunerado, algo que el intelectual cree que se merece, y los intelectuales *siempre* creen que se merecen algo más. Esta mecánica, de alguna manera, desoreja a los intelectuales mexicanos. Los vuelve locos. Algunos, por ejemplo, se ponen a traducir poesía japonesa sin saber japonés y otros, ya de plano, se dedican a la bebida. Almendro, sin ir más lejos, creo que hace ambas cosas. La literatura en México es como un jardín de infancia, una guardería, un *kindergarten*, un parvulario, no sé si lo puedes entender. El clima es bueno, hace sol, uno puede salir de casa y sentarse en un parque y abrir un libro de Valéry, tal vez el escritor más leído por los escritores mexicanos, y luego acercarse a casa de los amigos y hablar. Tu sombra, sin embargo, ya no te sigue. En algún momento te ha abandonado silenciosamente. Tú haces como que no te das cuenta, pero sí que te has dado cuenta, tu jodida sombra ya no va contigo, pero, bueno, eso puede explicarse de muchas formas, la posición del sol, el grado de inconsciencia que el sol provoca en las cabezas sin sombrero, la cantidad de alcohol ingerida, el movimiento

cayendo. Nunca había pisado Chiapas. Aunque desde que está en el movimiento, prácticamente se convirtió en un *trotapueblos* de México, siente raro andar por las mismas calles sobre las que marcharon el 1º de enero de 1994 miles de indígenas armados. El EZLN era un suceso arrumbado en sus recuerdos, pero desde que llegó aquel día a la Paloma de Cuernavaca, el EZLN, como más cosas que en su imaginación siempre fueron remotas, se volvieron cercanas. Hasta cierto punto.

A la mañana siguiente, cuando la marcha ya había dejado atrás Cuernavaca, hubo un momento en que el poeta se acercó a Melchor y le preguntó qué lo había llevado hasta ahí. Entonces Melchor le habló del Vaquero Galáctico. Le dijo que su hijo era un veinteañero muy deportista que vivía de hacer estatuismo callejero; es decir, personificaba en plazas y parques a un atlético héroe de *Los halcones galácticos*, una serie televisiva de caricaturas transmitida durante los años noventa. Que emigró a Monterrey a trabajar en eso, en donde le iba muy bien porque se había vuelto bastante popular con la gente que paseaba por el centro, y debido a eso hasta en la televisión local le realizaban reportajes. Que de repente un día dejó de tener noticias de él y alguien le dijo que lo habían secuestrado. Que hizo las catorce horas de viaje en camión de Toluca a Monterrey para averiguar qué pasaba. Que según sus propias investigaciones, el Vaquero Galáctico fue detenido al salir de su casa por la policía de Monterrey,[24] pero en

---

como de tanques subterráneos del dolor, el miedo a cosas más contingentes, una enfermedad que se insinúa, la vanidad herida, el deseo de ser puntual al menos una vez en la vida.

"[...] Ellos sólo escuchan los ruidos que salen del fondo de la mina. Y los traducen o reinterpretan o recrean. Su trabajo, cae por su peso, es pobrísimo. Emplean la retórica allí donde se intuye un huracán, tratan de ser elocuentes allí donde intuyen la furia desatada, procuran ceñirse a la disciplina de la métrica allí donde sólo queda un silencio ensordecedor e inútil. Dicen pío pío, guau guau, miau miau, porque son incapaces de imaginar un animal de proporciones colosales o la ausencia de ese animal.

"—No entiendo nada de lo que has dicho —dijo Norton.

"—En realidad sólo he dicho tonterías —contestó Amalfitano."

[24] El 7 de agosto de 2000 fue el primer día de trabajo de la Policía Regia. En la redacción del periódico donde yo empezaba a trabajar, en un arrebato inspirado en Günther Wallraff, quise saber acerca de la integridad de la nueva corporación policial. Se sabía —aunque no estaba comprobado— que el director del organismo recién creado había

las oficinas del gobierno le informaban que no existían reportes de nada. Que tenía los números de las patrullas (538, 534 y 540) que tripulaban los policías regios que se lo habían llevado. Que su hijo era gente buena. Que en Monterrey tuvo oportunidad de conocer a otras personas buscando a familiares que también habían sido detenidos un día por autoridades, y después no supieron más ellos. Que cuando viajó al norte pudo ver mucho dolor. Que también abundaba la impunidad. Que ya había buscado a bastantes funcionarios y que no lo atendían, o cuando lo recibían le decían que se resignara porque eran tiempos de guerra. Que de igual manera acudió con senadores, la CNDH y TV Azteca, y lo mismo: nada. Que todo estaba muy sucio en el gobierno. Que como no se resignaba se había venido a la marcha. Que por eso estaba ahí: porque quería encontrar a su hijo.

Melchor y el poeta hablaron esto caminando abrazados durante dos kilómetros. A veces el poeta le daba besos a Melchor. Melchor nunca había estado tan cerca de un poeta. Pensó esa vez que los poetas podían ser como padres que consolaban el dolor de quienes como él, un día violentamente dejaban de saber de sus hijos. Ese día pararon en un pueblito donde los recibieron con una ceremonia especial. A Melchor lo llamaron para recibir una ofrenda. Era la primera vez que estaba en un templete. Una estudiante de secundaria, a nombre del pueblo, le dio una rosa azul. Melchor la guardó para el Vaquero Galáctico.

---

cerrado el proceso de capacitación previa con un discurso en el que exigía a los flamantes guardianes de la ley conseguirle una cuota semanal "de la forma que ellos decidieran". La Policía Regia estaba diseñada, desde su inicio, con una euforia secreta para ser un nido de ratas. Poco antes de la medianoche llegué a la Macroplaza con una cerveza Tecate en la mano. Oficiales de la patrulla 18 me abordaron a los pocos minutos, cuando caminaba por la calle Juan Ignacio Ramón, frente del Palacio de Justicia. Al ver que tenía la bebida en la mano el vehículo oficial se orilló. El copiloto me cuestionó:

—¿Qué pasó, güero?, ¿qué anda haciendo con eso?

—Nada —dije.

El otro policía se bajó y se dirigió a mí.

—¿Cómo que nada? Estás bien torcido. Vamos a subirte para llevarte a la delegación. Andas muy mal —acusó.

Subí y quedé en medio de los dos patrulleros. La camioneta avanzó unos metros sobre la avenida Juan Ignacio Ramón hasta llegar a la esquina con Doctor Coss.

Melchor sigue sin saber de su hijo, pero desde que llegó a la Paloma de la Paz de Cuernavaca tiene hermanos, un movimiento. Así lo externa mientras recorre calles principales de San Cristóbal de las Casas, resbaladizas por tanta agua, y adornadas con cordones rojos, verdes y blancos porque hoy es 15 de septiembre de 2011: doscientos un año después de su Independencia, ese país que todavía se llama México vive una democracia sucia que necesita de la muerte para funcionar. Es un artefacto gigantesco pero difícil de ver porque lo cubren toneladas de papelería con diversos sellos oficiales; además, una burocracia procura, con una maldad de corte impersonal, que los papeles institucionales se sigan acumulando para que no se vea la máquina que está debajo.

Pero hay tiempos en que la máquina se asoma poco a poco. Hay gente que ya la ve.

Melchor está en Chiapas porque ya la vio. A esa máquina de la muerte le dice "la guerra".

La marcha llega a la plaza principal de San Cristóbal de las Casas. Arremete la lluvia, crecen los gritos de protesta y sube el volumen de la música de una banda duranguense, contratada por el ayuntamiento para tocar esta noche. A unos metros de un Oxxo y de una tienda de artículos de montaña se improvisa un pequeño templete en el que el poeta dará un mensaje alternativo. Enfrente, el gobierno chiapaneco tiene su escenario, que parece más el de un programa de

---

—N'ombre, güero, andas bien mal, estás faltando a la ley de policía y buenas actitudes (*sic*). ¿Qué hacemos con el güero, oficial?

—No, pos está difícil, está bien torcido.

—Qué hacemos contigo, güero; tú dinos, porque debes estar consciente de que la regaste.

—Yo no estaba bebiendo, nomás traía la cerveza.

—Te vamos a tener que llevar a la delegación y ahí vas a pagar una infracción y ya, como trescientos o cuatrocientos pesos, nomás.

Después, los uniformados simularon que hablaban con la central policial a través de la frecuencia de radio que estrenaban ese día. Mencionaron algunas claves sin presionar nunca el botón indicado. Luego la patrulla arrancó hasta dar vuelta en Diego de Montemayor, donde giró una vez más en Allende y reinició la negociación, mientras el coche avanzaba lentamente.

—No, güero, dime qué vamos a hacer contigo, porque sabes que estás mal y la regaste gacho. Quiero que me digas qué vamos a hacer.

—No me lleve a la delegación.

MTV que el de la celebración de un país liberado. Melchor se arrima al pequeño estrado con el Vaquero Galáctico encima de su cabeza. Aparece el poeta. No se trata de un mensaje divino, pero cuando empieza a hablar, por fin para la lluvia. El poeta se refiere con respeto y admiración a la insurrección zapatista, antes de hablar del dolor nacional. En algunos momentos su voz se entremezcla con la del animador del festejo gubernamental.

El animador anuncia, por cierto, que esta noche tocará Exterminador.

9. *Ahmed*

"Lo que me gustó de Ahmed es que era un chico muy seguro de sí mismo pese a que no tenía nada. Tú sabes que por ser palestino no tienes nada: ni derechos ni nada, pero a pesar de eso, Ahmed siempre estaba sonriendo y siempre se mostraba muy seguro de sí mismo", me dijo Marcela, una hermosa mexicana a la que conocí en 2008 en un campo de refugiados palestinos del sur de Líbano, al que viajé con Raymundo Pérez Arellano. El hombre del que hablaba, Ahmed, era su esposo.

Ahmed era traductor y trataba de vivir de eso en el campo de refugiados. Cuando lo conocí no hacía aspavientos, como muchos

---

—No, güero, pero entonces, ¿qué quieres que haga contigo?

—No me lleve... traigo dinero.

—No, no, güero, nadie te está pidiendo dinero.

—Bueno, discúlpeme, oficial, pero no quiero ir a la delegación y no tengo por qué ir.

—¿Qué van a decir tus papás?, ¿te llevas bien con ellos?

—No quiero que sepan.

—Híjole, pues tienes diecinueve años y pues ni modo.

Al dar vuelta en Doctor Coss, el policía que manejaba la unidad soltó:

—Bueno, pues ya, ¿cuánto traes?, ¿cuánto le vas a dar a mi compañero?

—No, pues tengo como ciento sesenta pesos.

—¡Nooo! Eso no, güero, ¿qué vamos a hacer contigo? —repetía por enésima vez.

Hubo un breve lapso de silencio y el oficial conductor fijó su mirada en la cartera de donde yo había sacado el dinero que les ofrecía. Observó en especial la tarjeta de débito Banorte que llevaba ahí, una que empezaron a dar a todos los alumnos de la Universidad

otros palestinos. Una tarde antes el presidente de Estados Unidos, George W. Bush, iniciaba un recorrido por Medio Oriente amenazando con ampliar la invasión de Irak a Siria e Irán si se seguían portando mal. Le pregunté a Ahmed su opinión y él afirmó: "Los pájaros, unos segundos antes de morir, dan los aletazos más fuertes".

En 2011 recordaba mucho de Ahmed, mientras me enteraba de la primavera árabe que recorrió Túnez y Egipto, y también cuando viajé a Chiapas a conocer a Melchor. En especial recuerdo una historia que me contó cuando le pregunté lo que pensaba sobre la guerra, así, a secas, esa palabra que volvió a ser común en México y que también lleva cincuenta años siendo habitual —de manera más dramática que en ningún otro sitio del mundo— en Palestina.

Ahmed acomodó su cuerpo como si me fuera a relatar una larga e intrincada historia. Empezó diciendo que los musulmanes acostumbran, cuando un familiar muere, velar su cuerpo durante tres días seguidos sin parar. Tres días en los que se bebe y se bebe café para mantenerse despiertos, como indica la tradición. No cualquier café logra eso. En los velorios musulmanes se toma un café especial que ayuda mucho a mantener la vigilia. Antes este café era preparado exclusivamente por alguien de la familia, así lo indicaba la tradición. Sin embargo, ahora hay musulmanes con dinero que contratan a personas para que se encarguen de dar este servicio en los funerales

---

Autónoma de Nuevo León para *bancarizarnos*, aunque apenas tuviéramos para pagar las cuotas semestrales, siempre en aumento.

—Ahh, pos se me hace que va a ser más fácil así. ¿Dónde hay un cajero de esos?

—Hay uno ahí por Zaragoza y Washington, cerca del Café Nuevo Brasil —señalé.

El policía enfiló la patrulla hacia allá.

—N'ombre, güero, nos estamos arriesgando demasiado por ti; para que veas que somos buena onda... si alguien nos ve ya valimos.

Al llegar, me dejaron bajar. Entré al cajero de Banorte, saqué cien pesos, regresé a la unidad policial, les entregué el monto y me despedí.

—Para la otra no sea tan pendejo, güero —me aconsejaron y se retiraron.

Un fotógrafo del periódico nos había seguido todo el tiempo, escondido desde algún punto cercano, y pudo tomar imágenes que probaban el acto de corrupción entre el ciudadano (yo) y los representantes de la ley. Al día siguiente del primer día de operaciones de la Policía Regia, la portada del diario decía: "Policía nueva, viejos vicios".

de sus muertos. A cambio de doscientos dólares nunca falta café para cumplir el rito.

Ahmed me dijo:

No es difícil imaginar que quizás algunas noches estas personas que se dedican a servir café en los funerales, cuando rezan, le pidan a Alá que tengan más trabajo. O sea, que haya más muertes. Así como pasa con esas personas, sucede con los líderes políticos palestinos y los de otras partes del mundo: de forma inconsciente o consciente necesitan de muertos para seguir manteniendo sus trabajos. Por eso las luchas aquí y en muchos otros lados son a final de cuenta luchas contra la muerte.

10. *Enrique Peña Nieto*

En la tienda de abarrotes Tres Hermanos, una casa habitación pintada de amarillo canario, se instaló el 1° de julio de 2012 la casilla de votaciones de la colonia La Ribereña, en San Fernando, Tamaulipas. La Ribereña es uno de esos fraccionamientos mexicanos típicos. Tiene años de ser habitado por cientos de personas pero aún no termina de

---

La mañana de ese 7 de agosto de 2000, el alcalde Jesús María Elizondo presidió con funcionarios federales y estatales una ceremonia por el inicio de operaciones del cuerpo policial al servicio del gobierno de la capital de Nuevo León. Antes de esa fecha, la seguridad pública en las calles de Monterrey estaba a cargo de la policía del estado. Policía Regia: el nombre del nuevo grupo represivo —derivado del gentilicio de regiomontano— sin duda era chocante pero tal vez *ad hoc* para una ciudad cuyos líderes empresariales alguna vez pidieron a Plácido Domingo, Luciano Pavarotti y José Domingo Carrera que interpretaran al unísono el corrido de la ciudad. Algo a lo cual, obviamente, se negaron los tres tenores, quienes nunca se presentaron juntos en esta urbe. Con ese nombre se rotularon los uniformes de los miles de agentes y en los costados de las patrullas Malibú.

En 2010, una década después de aquel día, la policía regia acumuló un hemorrágico historial y quedó sumida en una espantosa corrupción, con decenas de desapariciones y ejecuciones extrajudiciales cometidas por sus miembros, hasta llegar a ser una fuerza criminal en sí misma.

Ahora está reducida a una mínima expresión, con una dirección militar, y seguro sería la primera de las policías locales en ser absorbida por el modelo de Mando Único si consigue implementarlo el secretario de seguridad pública federal, Genaro García Luna.

quedar bien construido: hay tuberías de agua estropeadas bordeadas por cables de luz descarapelados y calles de tierra que cruzan avenidas a medio asfaltar, por las que ahora circulan convoyes militares que entran y salen de algunas de las casas solitarias del lugar.

En estas casas abandonadas, hasta hace no mucho, vecinos de La Ribereña oían gritos de migrantes centroamericanos martirizados, mujeres violadas, gente sufriendo. Nadie hacía nada. Si acaso, algunos rezaban. Pensar en avisar a la policía que en el barrio diversos inmuebles eran centros de tortura de Los Zetas constituía una idea demencial.

A veces los gritos dejaban de escucharse por días. A la semana siguiente volvían.

Atrás de esta colonia está el ejido La Joya, cuyos linderos fueron por mucho tiempo el depósito de la basura de todo el pueblo de San Fernando; hasta que un día los ejidatarios levantaron la cabeza, protestaron, y el ayuntamiento tuvo que prohibir tirar desperdicios aquí.

Sin embargo, a partir de febrero de 2010, los límites de La Joya se volvieron algo peor: un cementerio clandestino: quizás el más grande de México. Una incalculable cantidad de víctimas de la guerra de Los Zetas que se desató en febrero de 2010 fueron enterradas aquí. De ese año a la fecha se han descubierto cerca de quinientos cadáveres. Las estimaciones sugieren que todavía hay muchos más.

En el proceso electoral de 2012 ningún candidato presidencial visitó San Fernando, Tamaulipas, ni tampoco hicieron mención alguna en sus discursos de este lugar en el que han ocurrido las mayores matanzas del siglo XXI no sólo en México, sino en todo el hemisferio occidental.

La necropolítica triunfó en el proceso para elegir al nuevo presidente mexicano. A lo largo de la contienda y en los debates hubo silencio sepulcral sobre la guerra que desgarró al país. Ni Enrique Peña Nieto ni Andrés Manuel López Obrador ni Josefina Vázquez Mota hablaron con claridad acerca del tema, más allá de lugares comunes.

Hay probabilidades de que con el regreso del PRI a la presidencia la suerte deje de ser una de las principales tácticas de encarar el tema del narco. El azar con el que actuó el gobierno de Felipe Calderón Hinojosa podría ser hasta gracioso, pero no lo es porque, a merced de esta guerra fallida, murieron asesinadas con extrema crueldad miles de personas durante los seis años de su mal gobierno. Tras casos risibles como el de la detención del falso *Chapito* Guzmán, unos días antes de la jornada electoral, se enfilan más de treinta mil desaparecidos en el noreste de México.

Enrique Peña Nieto no necesitó pometer ninguna medida especial para detener la guerra y conseguir apoyo del electorado porque un buen número de mexicanos estaba convencido de que su mera llegada al poder apaciguaría las cosas. Casi al final del periodo electoral, Peña Nieto hizo un movimiento interesante: dio a conocer que el general colombiano Óscar Naranjo, uno de los hombres clave del Plan Colombia implementado por Estados Unidos, sería su asesor antidrogas. Un anuncio dirigido, más que al electorado común, a los entes de seguridad estadounidenses, que no saben si podrán seguir con la injerencia que han tenido hasta la fecha en la agenda antinarcóticos mexicana, y que obviamente desean mantener de 2012 a 2018, periodo en el que, además, es muy probable que ocurra (por fin) la despenalización de la mariguana en México y diversos países del mundo, con lo cual se reducirá la influencia y el presupuesto de la agencia norteamericana.

Resultaba paradójico que en el verano de 2012 Peña Nieto insistiera en decir públicamente que su partido no pactaría con el narco, ya que buena parte de los votos que recibió genuinamente (no cooptados a cambio de despensas o dinero) se dieron con la esperanza de que sí lo hiciera. Por eso los mexicanos votaron por él, para acabar con el miedo que hoy gobierna ciudades y pueblos de varias regiones del país, para terminar con la necropolítica.

• • •

Previsiones un tanto tontas, que, ante las circunstancias, deberían tomarse en cuenta, como escoger la ropa idónea, tan discreta que uno de los matorrales del monte junto a la carretera de Monterrey a Reynosa resulte menos llamativo que tú. Si una patrulla zeta te detiene, no debe considerar, bajo ningún motivo, que eres enviado de *la Contra* explorando su territorio. Aplica lo mismo si te paran los de uniforme oficial.

Pasas por restaurantes carreteros de viejo esplendor, ahora con paredes resquebrajadas y ventanas rotas y solitarias. Después lo haces por las instalaciones relucientes de la policía federal, en las que esta mañana tampoco hay nadie a la vista. Hace rato que en los caminos del noreste de México se cierran comedores populares a la misma velocidad que se abren cuarteles. En la radio, un corrido norteño te invita a que vayas a votar por el nuevo presidente hoy domingo 1° de julio de 2012.

La cajera de la autopista, en la caseta de Cadereyta, te devuelve el cambio con un rasguño accidental. A las ocho de la mañana sus largas uñas están recién pintadas de rojo menstrual. De Cadereyta a China casi no hay autos. Topas más lugares fantasmas a la orilla del camino: ex vulcanizadoras, ex ranchos, ex casas...

El escáner de la radio del coche capta una sabrosa cumbia cristiana que ponen en una estación de Gustavo Díaz Ordaz, municipio de Tamaulipas de nombre poco ilustre. En el Seven Eleven, junto a la Garita de Reynosa, hay dos camionetas estacionadas de la compañía Schulemberg. Vendedores de bolsas de camarón seco con sobres de salsa botanera extienden sus brazos asoleados a los tripulantes.

Hay poca gente aquí, pero es gente real, no hologramas académicos ni milésimas porcentuales electorales. Gente a la que nunca le oirás usar el término *democracia* en su habla. Las casillas de su vocabulario están ocupadas por palabras más importantes: *la renta*, por ejemplo; *levantón, las axilas, la tanda, el pasaje*, o muchas otras más. Las necesarias en el día a día.

Diez hombres en bicicleta y vestidos como si participaran en el Giro de Italia pero que van tan lento que no han de ser ciclistas profesionales, recorren la carretera. Ahora en la radio hay una mesa de debate entre analistas de Reynosa. Acaba de estallar otra vez un coche bomba, esta vez en Nuevo Laredo, y ellos hablan de las inundaciones que dejó un chubasco en Matamoros.

En realidad es grave lo del chubasco. Hasta en Reynosa hubo estropeos. En una taquería que está por la tienda Coppel se coló el agua por el techo de la letrina y se inundó el hoyo para hacer las necesidades. No se puede hacer del baño.

De Reynosa a San Fernando hay un granero y una gasolinera abandonados. Resalta pintura de grafiti tan brillosa que parece que fue usada hace apenas una hora para poner "CDG" (las siglas del cártel del Golfo). El monte que te ha acompañado a lo largo del trayecto se vuelve un paisaje de cosechas verdes. Se trata de un verde distinto al de los convoyes militares que también pasan seguido por aquí.

Ya en San Fernando platicas con un amigo que regresa de ir a votar. Hablan de muchas cosas. Recuerdan uno de los casos trágicos comunes del amplio repertorio que tiene Tamaulipas: el del ex tesorero municipal que fue a Estados Unidos a pedir refugio político; se lo negaron, regresó a San Fernando y, como nada es imprevisible en este lugar, lo mataron. Se llamaba Saúl de Anda.

En el restaurante Pizza Beats, propiedad de un suizo casado con una sanfernandense, preguntas si hay chistes típicos del pueblo. Parece que a San Fernando le queda un poco de cruel autoironía. Después de que en marzo de 2011 fueran desenterrados los cuerpos de casi quinientas personas (oficialmente se dijo que menos), algunos chicos ponían en sus páginas de Facebook: "Ven, San Fernando te espera con las fosas abiertas".

Al día siguiente de la elección, te contarán en Reynosa otro chiste igual de brutal pero con el añadido machista: "Aquí en Tamaulipas todos los gobernadores luchan contra el narco... Y también, aquí en Tamaulipas, todas las mujeres son vírgenes". (Imaginar luego la desagradable risa estentórea del autor.) Pero más que chistes, la comidilla, aunque se les menciona poco en diarios y radios, son los tres ex gobernadores acusados de vínculos mafiosos. Uno de ellos, Manuel

Cavazos Lerma, perdió la elección para senador. De los otros dos, Eugenio Hernández y Tomás Yarrington, no se sabe dónde votaron, si es que lo hicieron.

En un predio ejidal no muy lejano del palacio municipal de San Fernando estaban las fosas. Una de las máquinas de guerra que operan en la región retenía y torturaba a sus víctimas en casas de la contigua colonia La Ribereña, y luego las enterraba aquí. Cinco sepulturas fueron descubiertas en marzo de 2011, pero la gente dice que hay muchas más a lo largo del valle. Es una tierra chupasangre a la que te lleva un camino que hoy, 1º de julio, está lleno de zopilotes. También hay basura, campos arados y aguas anegadas alrededor. "San Fernando es un camposanto", dijo alguna vez el poeta en duelo Javier Sicilia. No lo sé. A esta hora —la hora mágica, le dicen los fotógrafos poetas al atardecer y su luz perfecta— hay un fulgor desafortunado iluminando las alas de las nauseabundas aves carroñeras que parecen un cliché inventado para el cierre de este libro, pero es cierto —y es patético que sea así— que están aquí, frente a ti. No fotografías de cerca a los zopilotes. No quieres añadir más horror a las brechas de San Fernando, donde hoy hay silencio; un silencio rabioso, porque éstos no son los caminos espirituales de *Los vagabundos del dharma*, de Jack Kerouac.

Apéndice

Noticia bibliográfica y complicidades

Inmersión

Hacer un viaje intermitente a lo largo de estos años por pueblos y ciudades de la frontera noreste de México con Estados Unidos hubiera sido imposible sin la ayuda de Guillermo Osorno, editor general de la revista *Gatopardo*, donde aparecieron las primeras versiones de algunas de las crónicas de este libro. La convención del periodismo narrativo indica que para tratar de entender y contar una realidad, el primer paso a seguir es la inmersión. Aunque nací en Monterrey y viví en la región durante los primeros 21 años de mi vida, poder registrar su transformación a partir de la guerra de Los Zetas, desatada cruentamente en febrero de 2010, implicó, desde entonces, regresar más veces y planear estancias muy silenciosas y más prolongadas, lo cual me impedía continuar en la trinchera del periodismo cotidiano. Para tomar esta decisión radical de abandonar las notas diarias e inmiscuirme al máximo en ciertos temas que me parecen importantes, conté con el consejo de Guillermo Osorno, no sólo como un buen amigo listo para escuchar los titubeos y las zozobras de la decisión, sino también como conspirador de misiones periodísticas arriesgadas —en lo personal, en lo periodístico y en lo económico—, las cuales acabaron en la forma de este libro.

Estructura

En este sentido agradezco también al *Ornitorrinco* (periodista, historiador, analista, poeta...) Froylán Enciso, quien, al igual que Guillermo Osorno me ha ayudado a hacerme las preguntas fuertes en cuanto a la forma en que hay que abordar el manoseado políticamente tema del narco. Froylán me alentó además, a lo largo de los años recientes, a apostarle a la segunda cosa que se exige en el periodismo narrativo: estructura. Además de Enciso, para estructurar mi cobertura y visión del problema derivado por el combate al narcotráfico conté con la ayuda de la maestra Rossana Reguillo y Fernando Montiel T., cuyas visiones (después de buscar en muchos lados, me di cuenta de ello) eran de las más valiosas que existen para entender lo que pasa en este momento en México.

Voz

Este libro tiene una estructura de viaje, pero cada texto sobre cada ciudad o pueblo tiene a su vez una estructura distinta. Esa variación no es azarosa: es parte de otra búsqueda. La tercera exigencia del periodismo narrativo es tener una voz propia para contar lo que sucede. Como muchos periodistas de mi generación, fui embrujado por Ryszard Kapuściński hace muchos años, cuando tuve la fortuna de que cayera en mis manos uno de sus libros. Antes de Kapuściński, mi mundo literario estaba muy limitado: eran los libros vaqueros de Lafuente Estefanía, por lo que en la búsqueda de una voz propia camino ahora con la sombra gigantesca de Kapuściński. Otros escritores que intencionalmente enlistaré en un orden contradictorio y que tengo en el altar de mis lecturas son: John Berger, Joaquín Hurtado, Roberto Bolaño, Christopher Hitchens, Eduardo Antonio Parra, David Foster Wallace, Cormac McCarthy, Mariano Azuela, Askildsen, Franz Fanon, Mark Kramer, Robert Fisk, Samuel Noyola,

Norman Mailer y *el Viejo* Antonio. La búsqueda de mi voz propia para este libro estuvo acompañada por dos aparentes casualidades: la primera es que mientras acababa de armarlo pasé un par de temporadas con el escritor John Gibler viajando por Estados Unidos, o bien escribiendo en la colonia Roma, en el Distrito Federal, por lo que las conversaciones de estilo y fondo del periodismo narrativo en general ocurrieron muchas veces e influenciaron la versión final de este libro. La otra aparente coincidencia es que lo terminé al mismo tiempo en que concluyó la realización del documental *El alcalde*, una película basada en una de las historias de este libro, en la cual participé en la dirección, junto a Carlos Rossini y Emiliano Altuna, con quienes aprendí a desarrollar más esa voz propia, pero a través de la mirada del cine.

PRECISIÓN

La cuarta y última demanda del periodismo narrativo es la precisión. En este apartado conté con la ayuda de lectores externos como el filósofo Marco Lagunas y de personas de Tamaulipas y Nuevo León, cuyos nombres, por cuestiones de su propia seguridad, no puedo revelar por aquí, pero ellos sabrán quiénes son cuando vean estas líneas en las que les agradezco que hayan tenido la paciencia y la energía de leer manuscritos y confrontarme con visiones o ideas acerca de mi forma de percibir y contar la guerra de Los Zetas que padece esta región del país.

BIBLIOTECA

Quisiera referir también que consulté con frecuencia a lo largo de estos años de trabajo en la presente obra: Varios autores, *Guernica variaciones,* Guijón, Semana Negra/Pepsi; John Gibler, *México rebelde*;

Franz Fanon, *Los condenados de la tierra;* Ryszard Kapuściński, *Cristo con un fusil al hombro;* Alonso Salazar, *No nacimos pa semilla;* Rossana Reguillo (ed.), *E-misférica,* núm. 2 *Narcomáquina* (con la colaboración de Marcial Godoy); Achille Mbembe, *Necropolítica;* Michel Foucault, *Defender la sociedad;* "Cartas del subcomandante Marcos a Luis Villoro", en *Rebeldía;* Cristina Rivera Garza, *Dolerse: textos desde un país herido;* Magda Coss Rivera, *Tráfico de armas en México;* Manuel Leguineche y Gervasio Sánchez (comps.), *Los ojos de la guerra;* Marshal Berman, *Todo lo sólido se desvanece en el aire;* Francisco Goldman, *El arte del asesinato político;* Roy Gutman y David Rieff (comps.), *Crímenes de Guerra;* Lolita Bosch (comp.), *Nuestra aparente rendición;* Alejandro Almazán, Óscar Camacho y Daniel Aguilar, *Palestina. Historias que Dios no hubiera escrito;* Moisés Naim, *Ilícito;* Charles Bowden, *Ciudad del crimen;* Naomi Klein, *La doctrina del shock;* Human Rights Watch, "Ni seguridad ni derechos. Ejecuciones, desapariciones y tortura en la guerra contra el narcotráfico en México", informe de Seguridad, 2011; Mentor Tijerina y César Hidalgo, *Redes y narcotráfico.*

COMPLICIDADES

Este libro también fue hecho con la complicidad de muchas personas a lo largo de todos estos años. En especial la de mis hermanos lobos Alicia Cárdenas, Alba Calderón, Alejandro Almazán, Alejandro Sánchez, José Luis Valencia, Manuel Larios, Paola Sánchez y Yuridia Torres.

También la del camarada Enrique Calderón y de Andrés Ramírez, el poeta conspirador más querido de todo el condado.

Y con la de Haydee, que llegó a tiempo con la risa y lo demás.

Los treinta y un zetas originales

El núcleo original de Los Zetas, de acuerdo con reportes de la Procuraduría General de la República (PGR), testimonios de víctimas y documentos de la Secretaría de la Defensa Nacional (Sedena), desclasificados a raíz de diversas solicitudes hechas a través del Instituto Federal de Acceso a la Información (IFAI), es el siguiente:

ARTURO GUZMÁN DECENA
• *Z1*
Nació en Puebla, Puebla, el 13 de enero de 1976. Perteneció al Grupo Aeromóvil de Fuerzas Especiales (GAFE), donde se convirtió en experto en explosivos, inteligencia militar, contraespionaje, y en anulación de guerra de guerrillas.

Se da de baja del Ejército en 1998. Es considerado el fundador de Los Zetas. Reclutó militares de los batallones de infantería 15 y 70, así como del 15° Regimiento de Caballería Motorizada con sede en Reynosa, Tamaulipas.

Murió durante un enfrentamiento con el Ejército en Matamoros, Tamaulipas, el 21 de noviembre de 2002.

MIGUEL ÁNGEL SOTO PARRA
• *El Parra*

Entró al Ejército el 2 de mayo de 1994 y se dio de baja el 1º de mayo de 1999. Los últimos tres años de servicio, de 1997 a 1999, estuvo comisionado a la Policía Judicial Federal en Tamaulipas.

Fue detenido en la colonia Villas de Coyoacán, Distrito Federal, el 7 de enero de 2009, por delitos de delincuencia organizada, integrados en la averiguación previa PGR/SIEDO/UEIDCS/011/2009.

DANIEL PÉREZ ROJAS
• *El Cachetes*
Entró al Ejército el 23 de mayo de 1997 y desertó el 26 de noviembre de 1999. Recibió entrenamiento de guerra sicológica y operaciones especiales, impartido en la base militar de Fort Bragg, Estados Unidos.

Fue detenido en Guatemala, en el poblado Mixco. Primero se identificó como Juan González Díaz.

Estuvo recluido en el Centro Preventivo de la zona 18 de Guatemala. Cien soldados y ciento sesenta agentes de las Fuerzas Especiales de la Policía Nacional Civil (FEP) custodiaron su estadía, mientras se realizaba el trámite de extradición.

JAIME GONZÁLEZ DURÁN
• *El Hummer*
Entró al Ejército el 16 de octubre de 1993 y desertó para operar en McAllen, Texas. Se le adjudica la autoría del asesinato del cantante Valentín Elizalde.

Fue detenido días después del avionazo en el que murieron Juan Camilo Mouriño y José Luis Santiago Vasconcelos. Inicialmente se consideró la posibilidad de que estuviera implicado en "el accidente".

NABOR VARGAS GARCÍA
• *Débora*
Ingresó al Ejército el 28 de junio de 1995 y se dio de baja el 1º de julio de 1999. Era cabo y se encargaba de cocinar para el Cuerpo de Guardias Presidenciales. Detenido.

Mateo Díaz López
• *Comandante Mateo*

Cuarenta pesos cuesta una tanda de seis cervezas servidas dentro de una cubeta de aluminio con escarchas de hielo. En La Palotada, un cuchitril sucio y oscuro, se bebe para olvidarse de todo. Algunos lo hacen también para resistir el despiadado calor tropical de Cunduacán, el pueblo de maíz y cacao de Tabasco donde La Palotada da albergue las veinticuatro horas del día, los trescientos sesenta y cinco días del año.

Mateo Díaz López conocía el tugurio. La Libertad, el ejido donde nació, está a unos kilómetros de ahí. Entre 1996 y 1998, cuando estaba en el 15º Regimiento de Caballería Motorizado del Ejército, a Mateo le gustaba visitar lugares de mala muerte como La Palotada. Su vida cambió cuando desertó y en Nuevo Laredo comenzó a matar bajo las órdenes de Los Zetas. De pistolero ascendió a jefe de *estacas*, como le dicen en sus claves a los sicarios del grupo criminal. Como gerente de matones pudo cambiar tugurios por *table dance* fronterizos con bailarinas extranjeras.

Sin embargo, la madrugada del 16 de julio de 2006 parecía no tener fin en La Palotada. Mateo y su compañero de parranda, el paramilitar nicaragüense Darwin Bermúdez, llevaban horas de tragos y droga.

Un mesero del lugar, viendo cómo se abultaba la cuenta, les pidió pagar por adelantado. Mateo le mostró la pistola que llevaba en la cintura. El mesero, habituado a casos así, comprendió: un borracho más al que había que darle una lección. De inmediato salió del sitio y avisó a los tres policías coordinados con el tugurio que un par de ebrios no querían pagar. Los agentes entraron, los sometieron y se los llevaron a la cárcel local, donde los arrumbaron con los demás ahogados del día.

Horas después la borrachera amainó y Mateo consiguió un celular dentro de la pequeña cárcel. Al colgar, le gritó a los celadores y policías que lo liberaran de una vez porque en quince minutos iban a llegar por él y los matarían a todos. Nadie se inmutó.

Diez minutos después —no quince— salió disparado el primer bazucazo. Un policía murió calcinado dentro de su vieja patrulla. Los sicarios entraron después de una balacera de media hora en la que los cargadores de R-15 caían como envolturas de papel. Ya dentro de la cárcel, no pudieron abrir a balazos la cerradura antigua de la celda donde estaba Mateo, *el Comandante Mateo*. Los fracasados intentos dieron tiempo para que llegara un convoy del Ejército. La batalla continuó. Dos policías murieron, tres sicarios recibieron disparos en el pecho y cayeron. Malheridos o muertos, se los llevaron sus compañeros en la retirada. Al que dejaron ahí fue a Mateo.

Horas después, *el Comandante Mateo* ya estaba en la Subprocuraduría de Investigación Especializada en Delincuencia Organizada (SIEDO) y el paramilitar Bermúdez deportado a Nicaragua. A los pocos días apareció tirado con veinte balazos el cuerpo de Carlos Mario Cruz Magaña, alias *el Cati*, zeta que se encargaba de la seguridad del *Comandante Mateo*.

Y en La Palotada, pocos son los borrachos que ahora se niegan a pagar la cuenta.

OMAR LORMENDEZ PITALÚA
• *El Pita*

Entró al Ejército el 21 de julio de 1991 y se dio de baja el 26 de noviembre de 1999.

Fue detenido el 21 de septiembre de 2005, en Lázaro Cárdenas, Michoacán.

EDUARDO SALVADOR LÓPEZ LARA
• *Z-48*

Se enroló en el Ejército el 1º de mayo de 1995 y se dio de baja el 1º de junio de 1998.

Custodiaba cargamentos de cocaína en Tamaulipas y Nuevo León, los cuales llegaban en aeronaves que aterrizaban en una pista clandestina ubicada en el rancho Las Amarillas, en China, Nuevo León.

ALFONSO LECHUGA LICONA

• *El Cañas*

Entró al Ejército el 1º de diciembre de 1991 y se dio de baja el 19 de agosto de 1994.

Fue detenido en San Luis Potosí el 29 de octubre de 2004.

ISIDRO LARA FLORES

• *El Colchón*

Ingresó al Ejército el 16 de agosto de 1996 y se dio de baja el 16 de mayo de 2001. Fue detenido el 11 de septiembre de 2005.

JOSÉ RAMÓN DÁVILA LÓPEZ

• *El Cholo*

Entró al Ejército el 16 de abril de 1995 y se dio de baja el 16 de febrero de 2001.

Trabajó en el Servicio Panamericano de Protección y fue cabo de infantería de las fuerzas armadas.

Fue detenido el 2 de febrero de 2007 en Tamaulipas.

En su dorso porta un tatuaje que dice "General Villa", en el que se observa una pintura del Centauro del Norte.

HERIBERTO LAZCANO LAZCANO

• *El Lazca* o *el Verdugo*

Se enroló en el Ejército el 5 de junio de 1991 y se dio de baja el 27 de marzo de 1998.

Formó parte del Grupo Aeromóvil de Fuerzas Especiales (GAFE).

El 5 de septiembre de 2007 se le dio por muerto tras un enfrentamiento con militares en Tamaulipas.

La revista *Details* lo incluyó en su lista de los cincuenta personajes más poderosos del mundo. La publicación lo puso al nivel del cantante Eminem y el golfista Tiger Woods.

De acuerdo con información de la Secretaría de Marina, fue muerto a tiros en Progreso, Coahuila, el 7 de octubre de 2012.

JORGE LÓPEZ
• *El Chuta*

Es considerado uno de los principales instructores de los nuevos zetas incorporados a partir de 2002. Es especialista en artes marciales y explosivos.

GALINDO MELLADO CRUZ
• *El Mellado*

Entró al Ejército el 1° de septiembre de 1992 y se dio de baja el 1° de mayo de 1999.

JESÚS ENRIQUE REJÓN AGUILAR
El Mamito

Ingresó al Ejército el 5 de abril de 1993 y desertó el 26 de noviembre de 1999. Fue el padrino de la primera generación de zetas egresados de los ranchos de entrenamiento que montó la organización en el noreste mexicano. Un informe de la Subprocuraduría de Investigación Especializada en Delincuencia Organizada (SIEDO) lo señala como el responsable de la contratación de *kaibiles* como los profesores militares de los nuevos zetas. Fue jefe de una célula importante en Nuevo Laredo, Tamaulipas.

SERGIO ENRIQUE RUIZ TLAPANCO
• *El Tlapa*

Entró al Ejército el 6 de marzo de 1998 y se dio de baja el 16 de noviembre de 1999.

Fue mando de Los Zetas en el sureste mexicano, donde montó diversas células con ex policías judiciales de Tabasco y Quintana Roo. La Procuraduría General de la República (PGR) llegó a ofrecer un millón de dólares por él.

GONZALO JEREZANO ESCRIBANO
• *Z-18*

Entró al Ejército el 25 de abril de 1992 y desertó el 11 de mayo de 2000.

GUSTAVO GONZÁLEZ CASTRO
• *El Erótico*
Estuvo ocho años en el Ejército. Se le adjudicó el atentado con granadas durante el grito de Independencia en Morelia, Michoacán.

FLAVIO MÉNDEZ SANTIAGO
• *El Amarillo*
Ingresó al Ejército el 16 de octubre de 1993 y se dio de baja el 4 de julio de 1997.

El periódico guatemalteco *Prensa Libre* publicó el 30 de agosto de 2008: "Autoridades mexicanas sospechan que Flavio Méndez Santiago, alias 'El Amarillo', lugarteniente de la organización de Osiel Cárdenas Guillén, del cártel del Golfo, está en Guatemala, y que las autoridades guatemaltecas pudieron haberlo ayudado a escapar".

Supuestamente Flavio Méndez tuvo el control de una parte de la frontera norte del país, desde Reynosa, Tamaulipas, hasta Piedras Negras, en Coahuila.

CARLOS VERA CALVA
• *El Vera*
Ingresó al Ejército el 11 de octubre de 1989 y se dio de baja el 16 de noviembre de 1999.

VÍCTOR NAZARIO CASTREJÓN PEÑA
Entró al Ejército el 1º de septiembre de 1988 y se retiró el 30 de septiembre de 1999.

BRAULIO ARELLANO DOMÍNGUEZ
• *El Gonzo*
Ingresó al Ejército el 22 de febrero de 1993 y se dio de baja el 21 de junio de 1999.

ROGELIO GUERRA RAMÍREZ

• *El Guerra*

Ingresó al Ejército el 25 de agosto de 1989 y se dio de baja el 18 de abril de 1999.

EDUARDO ESTRADA GONZÁLEZ

• *Piti*

Fecha de alta en el Ejército: 22 de julio de 1993. Desertó el 25 de octubre de 2001.

Estuvo preso doce años por homicidio.

ERNESTO ZATARÍN BELIZ

• *El Traca*

Entró al Ejército el 1º de mayo de 1993 y se dio de baja el 16 de febrero de 1998. Fue oficial de transmisiones adscrito hasta 1998 al Grupo Aeromóvil de Fuerzas Especiales (GAFE), en la base de la comandancia de la Octava Zona Militar, en Reynosa, Tamaulipas. La Base GAFE 308, de la cual varios integrantes se pasaron a Los Zetas, fue disuelta por el gobierno de Vicente Fox. Ernesto Zatarín es considerado como el responsable de crear una amplia red de telecomunicaciones interna de Los Zetas, cuya base era Nuevo Laredo.

RAÚL ALBERTO TREJO BENAVIDES

• *El Alvin*

Entró al Ejército el 3 de mayo de 1991 y se dio de baja el 16 de marzo de 1999. Murió abandonado en un hotel de Matamoros, tras un enfrentamiento. Se le adjudica ser uno de los asesinos del cantante Valentín Elizalde.

LUIS ALBERTO GUERRERO REYES

• *El Guerrero*

Se enroló en el Ejército el 1º de marzo de 1987 como soldado de infantería. Ascendió a cabo del arma el 1º de noviembre de 1990, realizó el curso de paracaidista del 11 de abril al 17 de junio de 1988 y finalmente ascendió a sargento segundo del arma el 1º de marzo de 1992. Fue especialista de manejo de explosivos, artes marciales, uso de fusiles, lanzagranadas y morteros que lo llevaron a ser aceptado como integrante de la Brigada de Fusileros Paracaidistas (BFP), considerada de élite antes de la fundación en 1991 del Grupo Aeromóvil de Fuerzas Especiales.

Desertó el 4 de enero de 1999. Murió asesinado de cincuenta balazos al salir de la discoteca Wild West ubicada en la calle Sexta de Nuevo Laredo. No pudo usar la granada que llevaba colgada en el cuello como si fuera un ajuar. Iba acompañado de tres jóvenes, una de dieciséis años, quienes también murieron.

ÓSCAR GUERRERO SILVA
• *El Winnie Pooh*
Fue miembro del Agrupamiento de Servicios Generales del Estado Mayor de la Secretaría de la Defensa Nacional y murió de un disparo en la cabeza en Guadalupe, Nuevo León.

EFRAÍN TEODORO TORRES
• *El Z-14*
Desertó del Ejército el 13 de septiembre de 1998. Murió durante un enfrentamiento el 3 de marzo de 2007 en la villa El Villarín, ubicada en el poblado de Santa Fe, Veracruz. Su cuerpo fue sepultado y horas después un comando armado acudió al cementerio y lo exhumó.

Al respecto, en el libro *Crónicas de sangre* de Ricardo Ravelo se relata la historia de la ejecución del *Z-14* durante una de las carreras de caballos que le aportaban millones de dólares en apuestas:

A la distancia parecían espejos en movimiento deslumbrando al sol...

Sólo quienes, entre la tupida vegetación, podían sortear el camino y acercarse a la explanada, disolvían el espejismo: así resplandecían los medallones y parabrisas de más de 200 vehículos de lujo, entre los que, orondas, prepotentes, destacaban las "cuatro por cuatro" de llantas enormes

—Ranger, Yukon, Avalanche, Lobo— estacionadas desordenadamente, aquella tarde del 3 de marzo de 2007, en un paraje de Villarín, Veracruz.

A la entrada de esa comunidad veracruzana de unos 300 habitantes, que recientemente había saltado a la fama por celebrar carreras de caballos de acaudalados ganaderos y poderosos narcotraficantes, se avistaban ya las trocas verde olivo o negro metálico de formidables defensas y se percibía una mezcla del olor a barbacoa, carnitas y carne asada de venado que, a la sombra de la arboleda, consumían algunos de los asistentes pendientes de sus Hummers, las camionetas más codiciadas por los narcotraficantes de todos los pelajes que habían llegado procedentes de Nuevo León, Tamaulipas, Chiapas, el Distrito Federal y McAllen, Texas. Su propósito: poner a competir finos caballos pura sangre y apostar cantidades que podrían sumar millones de dólares.

EDUARDO COSTILLA SÁNCHEZ

• *El Coss*

Fue policía municipal de Matamoros, creó la banda de Los Sierra y luego participó en la fundación de Los Zetas.

GREGORIO SAUCEDO

• *El Caramuela*

Se desempeñó como agente de la policía ministerial de Tamaulipas, donde fue comisionado para la custodia de Osiel.

Documentos de Operación Cuerno III

A continuación se presentan documentos de la Operación Cuerno III, con la cual, en diciembre de 2009, la Marina Armada aniquiló a Arturo Beltrán Leyva, momento en que la estrategia del gobierno federal dio un giro de ciento ochenta grados. En pueblos de Tamaulipas y Nuevo León se dice de forma coloquial que a partir de entonces "la Marina actúa más que nunca, pero nunca tiene detenidos". Los nombres de los oficiales que participaron en la operación han sido eliminados para protegerlos, así como a sus familias.

ARMADA DE MÉXICO
ESTADO MAYOR GENERAL
GUARDIA DE PERMANENCIA

TARJETA INFORMATIVA NUM. 945/09.

México, D.F., a 17 de diciembre del 2009.
Hora de elaboración: 05:15 "S".

ASUNTO: Se informa sobre el desarrollo de la Operación **"Cuerno III"** realizada en la Cd. de Cuernavaca, Mor., por personal de BIMFUSPAR y FESCEN.

I.- INFORMACION:

A.- **16 actual,** se implementó la O.O. **"Cuerno III"** en la Cd. de Cuernavaca, Mor., con el fin de lograr la detención de Arturo Beltrán Leyva, participando en la operación 210 elementos de FUSPAR y F. ESP. (2 Alms., 5 Caps., 14 Ofls. y 189 Clasmar); un helicóptero MI-17 (AMHT-222), cuatro vehículos comando, cuatro Pick Up artilladas y doce vehículos encubiertos.

B.- **161530 "S"** dio inicio el asalto por incursión aérea al edificio denominado "Altitud" en la colonia Lomas de la Selva en el centro de Cuernavaca y cerco de seguridad al Hospital del Niño Morelense, en Cuernavaca, Mor., iniciándose el **162100 "S"** enfrentamiento entre personal Naval y sicarios del cartel de Sinaloa.

C.- En el enfrentamiento se logró dar muerte a Arturo Beltrán Leyva junto a seis de sus sicarios, y se aseguraron a tres presuntos delincuentes: Catalina Castro López de 44 años originaria de Puebla, Pue. y con domicilio en Cuautitlán Izcalli; Gabriela Vega Pérez de 18 años originaria de Acapulco, Gro., estudiante de la Universidad La Salle'; y una persona del sexo masculino que no ha podido ser interrogado debido a su estado. Así mismo, en la acción se logró también asegurar un numerario de $ 40,000.00 USD., y una cantidad no determinada de armas y vehículos.

D.- También resultaron heridos en el enfrentamiento los: 3/er. Mtre C. G. F. ESP. Melquisedet Angulo Córdova (Muy Grave, con hemorragia interna profunda por lesiones en bazo, páncreas, colon, hígado, intestino y estomago). Cabo C.G. IM. (Muy Grave, con estallamiento de bazo por esquirla) y Cabo G.G. IM. ~~(Estable, con heridas que no ponen en riesgo su vida).~~

E.- **161850 "S"** El AMHT-222 aterrizó en BASANMEX debido a su limitante para efectuar operaciones nocturnas, quedando listo para despegar el **170820 "S"** fin concentrarse a la 24/a. ZM y dar cobertura aérea al convoy en el que retornarán las fuerzas participantes en la Operación.

F.- **162155** despegó de citada base el MI-17 AMHT-200 fin concentrarse a la 24/a. ZM y efectuar la extracción del personal asegurado en la Operación, aterrizando en la 24/a. ZM y dar cobertura aérea al convoy en el que retornarán las fuerzas participantes en la 24/a. ZM, aterrizando en esa instalación Militar el **162303 "S".**

G.- **162200 "S",** Salieron de BIMFUSPAR 76 elementos de Fusileros Paracaidistas de IM., fin reforzar a las fuerzas desplegadas en la ciudad de Cuernavaca, arribando a esa ciudad el **170130 "S".**

H.- **170030 "S"** despegó de BASANMEX el Avión LearJet 25D AMT-202 en versión ambulancia fin trasladar al 3/er. Mtre. Angulo Córdova a esta ciudad, coordinándose con la Comandancia del Aeropuerto de Cuernavaca y la Guardia de Permanencia de la 24/a ZM., la iluminación de la cabecera de la pista con vehículos militares, en virtud de encontrarse citado Aeropuerto cerrado, aterrizando el **170105 "S".**

I.- **170035 "S"** El director de la Sección Sanitaria de la 24/a ZM., informó que el Mtre. Angulo Córdova se encuentra con un estado de salud de muy grave luego de ser intervenido quirúrgicamente, a fin de estabilizarlo y tratar de detener la hemorragia interna que presenta. Habiendo recibido hasta ese momento la transfusión de 11 paquetes de sangre.

J.- Los Cabos ____ y ____ se encuentran siendo atendidos en el Hospital General de Cuernavaca, habiendo sido intervenido quirúrgicamente el primero de ellos, fin detener la hemorragia interna que por el estallamiento del bazo presenta.

Continúa en la Hoja Dos...

HOJA "DOS" DE LA TARJETA INFORMATIVA NUM. 945/09.

K.- **170110 "S"** Salió de esta Secretaría un convoy integrado por dos vehículos tipo comando y dos vehículos Suburban de la Subprocuraduría de Investigación Especializada en Delincuencia Organizada (SIEDO), transportando 18 elementos de esa dependencia y 30 elementos de FUSPAR, con destino a la ciudad de Cuernavaca. Arribando **el 170325 "S"**.

L.- **170125 "S"** el AMT-202 despegó de Cuernavaca transportando al Mtre. Angulo Córdova junto con tres médicos militares, aterrizando en BASANMEX el **170140 "S"**.

M.- **170149 "S"** salió de BASANMEX con destino al HOSNAVGEAES, la ambulancia Naval de Terapia Intensiva trasladando al herido, arribando a ese nosocomio de Alta Especialidad el **170213 "S"**.

N.- **170218 "S"** El Médico de Guardia de DIGASAN informó al EMG-SCC el fallecimiento del 3/er. Mtre C.G. F. ESP. Melquisedet Angulo Córdova con hora oficial del deceso el **170200 "S"**, habiendo el paciente arribado al área de urgencias del Hospital sin signos vitales, no logrando el equipo de médicos recuperarlo.

O.- **170215 "S" el AMT-202** despegó nuevamente con destino al Aeropuerto de Cuernavaca, fin trasladar a esta ciudad a los dos elementos heridos restantes, aterrizando el **170235 "S"**.

P.- **170320 "S"** El Director de la Sección Sanitaria de la 24/a ZM, informó que no se puede efectuar el traslado de los heridos del Hospital General de Cuernavaca al Aeropuerto, en virtud de ser necesaria una ambulancia de Terapia Intensiva equipada con ventilador para el Cabo _____ . quien se encuentra muy grave e intubado al no poder respirar por el mismo.

Q.- Se coordinó con la Dirección del HOSNAVGEAES el envío de una ambulancia de terapia intensiva equipada con ventilador con equipo médico integrado por un intensivista, un internista y una enfermera intensivista con destino al Hospital General de Cuernavaca, escoltada por un vehículo Pick Up con una escuadra de IM a bordo, saliendo los vehículos antes mencionados de ese hospital el **170410 "S"**.

II.- **ACCIONES EMGA**:

A.- Se están efectuando todas las coordinaciones y enlaces de comunicación necesarios al evento con: el Estado Mayor General de la SEDENA, Cuartel General de la 24/a. ZM, Hospital Naval General de Alta Especialidad, Hospital General de Cuernavaca, Subprocuraduría de Investigación Especializada en Delincuencia Organizada y Aeropuerto de la Ciudad de Cuernavaca.

B.- Se buscó en los Sistemas de Información Criminal de la Plataforma México, registros a nombre de las dos mujeres aseguradas con los siguientes resultados:

1.- Catalina Castro López: no cuenta con registros criminales.

2.- Gabriela Vega Pérez: Cuenta con un mandamiento del Fuero Común por Robo.

C.- Se estableció el enlace entre el HOSNAVGEAES y el Hospital General de Cuernavaca, a fin de establecer la no movilización de los elementos heridos hasta el arribo de los medios sanitarios Navales, quienes valorarán su estado y factibilidad de traslado.

PARA SUPERIOR CONOCIMIENTO DEL MANDO: _____

JHPG/JLVJ/ENDT/JMBC/rcms

"2009, Año de la
Reforma Liberal"

ARMADA DE MÉXICO
ESTADO MAYOR GENERAL
GUARDIA DE PERMANENCIA

Tarjeta Informativa número 971-A/09.

México, D.F. a 22 de diciembre de 2009.
Hora de elaboración: 02:58 "S".

ASUNTO: Ampliación sobre agresión en domicilio particular del extinto 3/er. Mtre. C.G. F. ESP. Melquisedet Angulo Córdova.

I.- INFORMACIÓN:

A.- ZN-5 coordinó con SEDENA y autoridades Federales, Estatales y Municipales para el establecimiento de puestos de control para la localización de los posibles agresores.

B.- ZN-5, rectificó que el ataque fue perpetrado en el domicilio de la Sra. Madre del extinto 3/er. Mtre. Angulo Córdova y que el saldo hasta el momento es de dos fallecidos del sexo femenino en el domicilio (la señora madre y hermana del extinto) y otro fallecido de sexo femenino en el Hospital Civil de Paraíso, Tab., (al parecer cuñada del extinto); así como, tres heridos, dos en el Hospital Rovirosa en Villahermosa, Tab., (hermana y hermano del extinto) y otro herido en el Hospital Santa Martha en Paraíso, Tab.), al parecer familiar del extinto.

C.- En ambos Hospitales se mantiene seguridad con personal del BIM-11.

II.- ACCIONES DEL EMGA:

A.- 220125 "S", se giró instrucciones a ZN-5 para reforzar la seguridad en la Unidad Habitacional de la Armada; así como, instalaciones propias.

B.- 220127 "S", se alertó a BIMFUSPAR para que refuercen sus servicios de guardia perimetrales.

C.- 220130 "S", se giró instrucciones a CUGAM a fin de que refuerce:
1.- La seguridad perimetral de las Instalaciones de esta Secretaría, Polígono de San Pablo Tepetlapa y del HOSGENAES.
2.- La seguridad en las Unidades Habitacionales.
3.- La seguridad de los domicilios de los familiares y enfermos que tuvieron parte en el operativo.

D.- 220140 "S", se coordinó con CUGAM para que envié al servicio de vigilancia para que alerte y verifique la seguridad de las Instalaciones de la Institución, cerciorándose que el personal de guardia cuente con chaleco y casco antibalas.

PARA SUPERIOR CONOCIMIENTO DEL MANDO: _____

JHPG/JLVJ/LAES/ARR/dlhg.

ARMADA DE MÉXICO
ESTADO MAYOR GENERAL
GUARDIA DE PERMANENCIA

Tarjeta Informativa número 971-B/09.

México, D.F. a 22 de diciembre de 2009.
Hora de elaboración: 07:59 "S".

ASUNTO: Ampliación sobre agresión en domicilio particular del extinto 3/er. Mtre. C.G. F. ESP. Melquisedet Angulo Córdova.

I.- INFORMACIÓN:

A.- **220250 "S"**, se le principió a dar seguridad a la esposa, hijos, una hermana y su esposo, en las instalaciones de ZN - 5.

B.- Actualmente en el domicilio del incidente permanecen 22 elementos de IM pertenecientes a BIM – 11 proporcionando seguridad.

C.- Personal de la 30/va Zona Militar movilizó tres bases de operaciones que están operando en Paraíso, manteniendo coordinación.

D.- Por información del personal de escolta que efectuó el traslado de los heridos a Villahermosa, manifestaron que observaron un vehículo Tsuru, color blanco con cristales polarizados como sospechoso, boletinando citada información a personal que se encuentra desplegado, incluyendo personal de la 30/va Zona Militar.

E.- Personas fallecidas: _____ de 44 años (madre del extinto), _____ de 22 años (hermana del extinto), _____ de 42 años (tía del extinto.) y _____ 31 años (hermano del extinto).

F.- Personas heridas: _____ de 24 años (hermana del extinto, que se encuentra en el Hospital particular Roviosa en Villahermosa Tab. con 7 elementos de seguridad de IM de BIM - 11) y Marisela Torres Flores de 32 años (familiar de la esposa del extinto, en SANAFRONT), ambas con herida de bala en la pantorrilla derecha.

G.- RN-3 informó que el evento se suscitó aproximadamente el **220000 "S"** como se describe en el **Anexo "A".**

II.- ACCIONES DE RN-3:

A.- **220130 "S"** salieron un oficial con 24 elementos de IM en apoyo a ZN – 5.

B.- **220430 "S"** salieron 13 elementos de IM con destino a ZN-5 en apoyo a citado mando.

PARA SUPERIOR CONOCIMIENTO DEL MANDO:

JHPG/JLVJLAES/ATCS/mcs.

"2009, Año de la
Reforma Liberal"

ARMADA DE MÉXICO
ESTADO MAYOR GENERAL
GUARDIA DE PERMANENCIA

Tarjeta Informativa número 971-C/09.
Anexo a Tarjeta informativa

México, D.F. a 22 de diciembre de 2009.
Hora de elaboración: 10:00 "S".

ASUNTO: Ampliación sobre agresión en domicilio particular del extinto 3/er. Mtre. C.G. F. ESP. Melquisedet Angulo Córdova.

I.- **INFORMACIÓN:**

De acuerdo a la información proporcionada en mi tarjeta informativa Núm. 971-B/09 inciso uno información, Sub inciso "A", las personas a las que se les da seguridad desde el **220250 "S"**, son la hermana, los dos hijos y la pareja sentimental del extinto 3/er. Mtre. C. G. F. ESP. Melquisedet Angulo Córdova; esta última se encuentra embarazada y esta siendo atendida en el Sanatorio Naval de Frontera, Tab.

PARA SUPERIOR CONOCIMIENTO DEL MANDO: _____

JHPG/JLVJ/LFLC/ATCS/mcs.

Índice onomástico

Acosta Chaparro, Arturo, 254

Aguilar, Armando, 279n, 280n-283n

Aguilar, Daniel, 174, 176, 322

Aguilar, Rafael, 217

Aguilar, Sarah, 302n

Aguilar Garza, Carlos, 217, 227

Aguilar Gaytán, Luis Omar, 112

Aguilar Valenzuela, Rubén, 274n, 302n

Aguinaga Ríos, Juan José, 194

Aguirre, Daniel, 170

Aguirre Plata, Diego, 114

Ahmadineyad, Mahmud, 300n

Alemán Valdés, Miguel, 234

Almanza, Ricardo, *el Gori 1*, 280

Almanza Morales, Octavio, *el Gori 4*, 101

Almazán, Alejandro, 322

Altuna, Emiliano, 298, 321

Álvarez, Bruno, 192

Álvarez, Julián, 289

Álvarez Bravo, Manuel, 13

Anda, Saúl de, 314

Anderson, Jon Lee, 39, 288, 299n-301n

Ando, Tadao, 74

Angulo Córdova, Benito, 280, 283

Angulo Córdova, Melquisedet, 275-279, 279n, 281-286

Angulo Córdova, Miraldeyi, 283

Angulo Córdova, Yolidavey, 279, 283

Angulo Flores, Josefina, 280, 283

Antúnez, Cuauhtémoc, 95

Arellano Domínguez, Braulio, *el Gonzo*, 329

Arellano Félix, Benjamín, 56

Arenas Gallegos, Alejandro, 193

Aridjis, Homero, 186

Aristóteles, 296n

Armendáriz, Juan Carlos, *el Topo*, 55, 65

Arredondo Verdugo, Javier Francisco, 293n

Arredondo, Rafael, 221

Askildsen, 320

Astorga, Luis, 16

Azuela, Mariano, 320

Barra Soto, Johan Said, 199

Barrera, Virgilio, 191, 192, 194

Beltrán Leyva, Arturo, *el Jefe de Jefes*, 18, 19, 56, 71, 77, 78, 83, 85, 86, 201, 269-272, 274, 275n, 277, 280, 282

Benavides, Héctor, 87

Benavides, Severo, 232

Bentham, Jeremy, 293

Berger, John, 320

Berman, Marshal, 322

Bermúdez, Darwin, 325, 326

Bolaño, Roberto, 33, 302n, 320

Bosch, Lolita, 322

Bowden, Charles, 19, 289, 322

Brecht, Bertolt, 240

Bremer, Rodrigo, 79

Buendía, Manuel, 217

Bush, George W., 288, 309

Cadena García, Christopher, 162

Calderón Hinojosa, Felipe, 14-16, 18, 31, 42, 56, 81, 91, 93-95, 99, 101, 120, 181, 206, 242, 254, 269, 273, 274n, 275n, 277, 278, 280, 280n, 281, 282, 286, 287, 289, 290, 291, 294, 295, 297, 297n, 298n, 300, 301n, 302, 312

Camacho, Óscar, 322

Camarena, Salvador, 250

Camarena Salazar, Enrique, 229, 230

Camou, Antonio, 285n

Cámpora, Héctor, 228

Campos, Casimiro, *el Cacho*, 218, 219, 221, 224, 227, 228

Canales, Felipe, 192

Canales Clariond, Fernando, 76, 81

Capone, Alphonse, 191

Cárdenas González, Enrique, 213

Cárdenas Guillén, Ezequiel, 53, 203, 205

Cárdenas Guillén, Osiel, 19, 53, 56, 102, 142, 149, 155, 197-201, 203-205, 329, 332

Carlin, John, 300n

Caro Quintero, Rafael, 217, 219, 229

Carr, Edward Hallet, 298n

Carrera, José Domingo, 310n

Carrera, Marco Antonio, 225

Carrillo Fuentes, Amado, 56, 102

Castañeda, Jorge, 274n

Castaño Cepeda, Valentín, 116

Castillo López, Jorge Alberto, *el Caballo*, 55, 65

Castrejón Peña, Víctor Nazario, 329

Castro López, Catalina, 274

Castro, Fidel, 82, 88

Castro, Jaqueline, 62, 63

Cavazos de Jesús, Edelmiro, 103

Cavazos de Jesús, Eugenio, 103

Cavazos de Jesús, Regina, 103

Cavazos González, Amalia Guadalupe, 115

Cavazos Leal, Arturo, 104

Cavazos Leal, Edelmiro, *el Güero Edy* y *Miro*, 103-105, 112, 113, 115-120

Cavazos Lerma, Manuel, 315

Cavazos Montalvo, Arturo, 103

Celestino, Teresa, 59

Cerda, Rogelio, 94

Chao López, Rafael, 217

Clouthier, Manuel, *Maquío*, 92

Clouthier, Tatiana, 86, 89, 92-94

Corbea, Juan Carlos, 88

Córdova Pérez, Irma, 279, 283

Cortés, Hernán, 74

Coss Rivera, Magda, 322

Costilla Sánchez, Eduardo, *el Coss*, 332

Cruz Ávila Gallardo, Emeterio de la, 114

Cruz Lara, Germán, 100

Cruz Magaña, Carlos Mario, *el Cati*, 326

Cruz Puente, Gilberto, 116

Cruz Santiago, Adán de la, 162

Cruz, Gabriel Alberto, 134

Cuéllar, Zeferino, 205

Dávila López, José Ramón, *el Cholo*, 327

De la O, Claudio, 232, 233

Di Blassio, Raúl, 174

Díaz, Porfirio, 216

Díaz de León, Álvaro, 194

Díaz García, Edder Missael, 100

Díaz López, Mateo, *Comandante Mateo*, 324-326

Díaz Ordaz, Gustavo, 88

Domingo, Placido, 310n

Duarte, Javier, 136

Echeverría Álvarez, Luis, 87, 230

Elizalde, Valentín, 324, 330

Elizondo, Jesús María, 310n

Elizondo Gutiérrez, Margarita, 184

Eminem, 136, 327

Encinas, Lorenzo, *Nicho Colombia*, 57, 63

Encinia Luna, José, 115

Enciso, Froylán, 195, 196, 320

Escamilla González, Gustavo, 113

Escobar, Pablo, 83, 300n

Escobedo, Marisela, 252

Esparragoza, Juan José, *el Azul*, 56, 217

Esparza Ordóñez, Roberto Rafael, 112

Espinoza, Jesús, 231

Estrada González, Eduardo, *Piti*, 330

Fanon, Franz, 320, 321

Fasci, Aldo, 101

Félix Gallardo, Miguel Ángel, 217

Fernández, Félix, 269n-273n

Fernández, José Antonio, 109

Fernández de Cevallos, Diego, 117, 286n, 287n

Fernández Garza, Alberto, 73

Fernández Garza, Alejandra, 73, 93

Fernández Garza, Álvaro, 73

Fernández Garza, Balbina, 73

Fernández Garza, Mauricio, 13-15, 61, 69, 70, 72-76, 78-82, 86, 89-96, 112, 115, 119, 298, 300

Fernández Ruiloba, Alberto, 78, 79

Fernández Zambrano, Martel, 82

Fernández Zambrano, Milarca, 83

Fierro, Amparo del, 219

Figueroa, José Manuel (Joan Sebastian), 275n, 276n

Fisk, Robert, 320

Flores Marroquín, Jorge, 120

Foucault, Michel, 286n, 290, 292, 293, 296, 322

Fox Quesada, Vicente, 31, 77, 290, 330

Franco, Martín, 162

Freud, Lucian, 240

Fuente, Juan Ramón de la, 295

Galán, Julio, 13, 74

Galtung, Johan, 288n, 289n, 292

Gárate, Antonio, 219, 220

García, Axel, 247-249, 251, 253-255, 257, 258

García, Benito, 205

García, César, 162

García, Ernesto, 192

García, Gerardo, 162

García, Natanael, 247-249, 251, 253-255, 257, 258

García Ábrego, Blanca Estela, 233

García Ábrego, Humberto, 220, 233

García Ábrego, Juan, 56, 154, 155, 195-197, 199, 204, 205, 211, 214, 215, 220-225, 227- 229, 232-235

García Ayala, Saúl, 162

García Cárdenas, Armando, 213, 223

García Cárdenas, José, *don Pepe*, 213, 214

García de Alba Barragán, Ruperto, 192

García del Fierro, José, *el Junior*, 214, 215

García Luna, Genaro, 119, 290n, 310n

García Márquez, Gabriel, 48, 300n

García Medrano, Luis, 197

García Mena, Gilberto, *el June*, 30, 184-186, 197, 270n

García Paniagua, Javier, 222

Garza, Julián, 192

Garza, Julián de la, 175

Garza, Laurita, 124

Garza Gutiérrez, Francisco, 193

Garza Guzmán, Fernando, 87

Garza Herrera, Salvador, 197

Garza Medina, Dionisio, 80

Garza Sada, Eugenio, 78, 86-88

Garza Sada, Márgara, 73, 78

Garza Sada, Roberto, 78

Garza y Garza, Marcelo, 58

Gastelum, Olga Patricia, 76

Getty, Paul, 231

Gibler, John, 38, 283n, 321

Godoy, Marcial, 322

Goethe, Johann Wolfgang von, 11

Goldman, Francisco, 38, 322

Gómez-Mont, Fernando, 21, 301, 302

González, Alberto, 172, 174, 175

González Calderoni, Guillermo, 196, 219, 229

González Castro, Gustavo, *el Erótico*, 328

González Durán, Jaime, *el Hummer*, 135, 206, 324

González Parás, Natividad, 56, 82, 94

González Puente, Matilde, 164

Gordillo, Elba Esther, 30

Gorospe, Guillermo, 230

Granados Chapa, Miguel Ángel, 92

Guerra, Jesús Roberto, 195

Guerra, Juan Nepomuceno, 154, 194-197, 205, 220, 221, 234

Guerra, Roberto, 224, 225

Guajardo, Juan Antonio, 204

Guerra Barrera, Gilberto, 213

Guerra Guerra, Ramiro, 213

Guerra Ramírez, Rogelio, *el Guerra*, 329

Guerrero Reyes, Luis Alberto, *el Guerrero*, 330

Guerrero Silva, Óscar, *el Winnie Pooh*, 331

Guevara, Ernesto, *el Che*, 302n

Guillermoprieto, Alma, 33, 39, 40

Gutman, Roy, 322

Guzmán Decena, Arturo, *Z1*, 199, 323

Guzmán, Joaquín, *el Chapo*, 19, 37, 62, 77, 78, 85, 90, 142, 143, 201, 270

Habermas, Jürgen, 296n

Hearst, William Randolph, 74

Herbas Camacho, Marcos Willians, *Marcola*, 60

Herbert, Julián, 43

Herlinghaus, Hermann, 287

Hernández Hernández, Rafael, 194

Hernández, David, 100

Hernández, Eugenio, 150, 315

Hernández, Francisco, 71

Hernández, Omar, 184, 185, 270n

Herrera, Yuri, 38

Hernández López, Eligio, 100

Hernández Rivera, Saúl, *el Güero*, 220, 223, 225

Hernández Román, Claudio, 99

Hernández Sánchez, Anastacio, 99

Hernández Santiago, Roberto, 100

Hidalgo, César, 322

Hitchens, Christopher, 320

Hurtado, Joaquín, 320

Ibarra, Epigmenio, 299n, 300n, 301n

Ibarrola, Javier, 270, 271

Infante, Pedro, 231

Jaramillo, Mauricio, 84

Jerezano Escribano, Gonzalo, *Z-18*, 328

Jesús Valdés, Verónica de, 103, 117, 120

Jiménez Ruiz, Óscar, 99

Juan Gabriel, 233

Juan Pablo II, 55

Junco de la Vega, Alejandro, 110

Kapuściński, Ryszard, 163, 320, 321

Karam, Daniel, 302

Kerouac, Jack, 315

King, Stephen, 257

Klein, Naomi, 322

Konzevik, David, 16

Kramer, Mark, 320

Lafuente Estefanía, Marcial Antonio, 320

Lagunas, Marco, 35, 321

Landell Monzón, Mauro, 142

Lara Flores, Isidro, *el Colchón*, 327

Lara Klahr, Marco, 287

Lazcano Lazcano, Heriberto, 155, 203, 206, 327

Leal, Víctor, 229

Leal Campos, Eduardo, 114

Lechuga, Norma, 123, 124

Lechuga Licona, Alfonso, *el Cañas*, 326

Leguineche, Manuel, 322

León, Noelia de, 233

Libertad, Tania, 115

López, Angélica, 182, 183

López, Jorge, *el Chuta*, 327

López Falcón, Edelio, *el Yeyo*, 71, 106

López Lara, Eduardo Salvador, *Z-48*, 326

López Obrador, Andrés Manuel, 31, 295, 311

López Olivares, Óscar, *el Profe*, 20, 154, 211, 212, 227

López Portillo, José, 229, 230

López Rodríguez, Miguel, 152

López Rojas, Juan Pablo, *el Halcón*, 83

López Velarde, Ramón 11

Lormendez Pitalúa, Omar, *el Pita*, 326

Loyzaga, Jorge, 74

Macías, Hermén, 134

Madrid, Miguel de la, 217, 222, 229

Magdaleno, Ángeles, 88

Mailer, Norman, 320

Malherbe, Óscar, 197

Mandela, Nelson, 300n

Marcos, Gilberto, 69

Mate, Reyes, 295n-297n

Margaín Berlanga, Fernando, 89

Margáin Zozaya, Ricardo, 88, 89

Martínez, Aracely, 62, 63

Martínez, Irma Rosa, 195

Martínez, José Concepción, 151

Martínez Berlanga, Guillermo, 50

Martínez Hernández, Jesús, 152

Martínez Nolasco, Guillermo, 105

Martínez Pérez, Javier, 143

Mbembe, Achille, 268, 272, 274n, 293, 322

McCarthy, Cormac, 320

Medina, Rodrigo, 64, 116, 118, 119

Medrano, Luis, 228, 231

Mejía Munera, Miguel Ángel, 83, 84

Mejía Munera, Víctor Manuel, 83, 84

Mellado Cruz, Galindo, *el Mellado*, 328

Méndez Santiago, Flavio, *el Amarillo*, 329

Mendívil Gastelum, Felipe Carlos, 76

Mendívil Gastelum, Felipe de Jesús, 76

Mendívil, Felipe de Jesús, 76

Mercado Alonso, Jorge Antonio, 293n

Molinar Horcasitas, Juan, 302

Monet, Claude, 230

Montalvo, Ricardo, 213

Montalvo Salas, Bladimiro, 119

Montané, Julio César, 302n

Montelongo, Herminio, 228

Montemayor, Bernardino, 194

Montiel, Agustín, 275n

Montiel, Fernando, 287n, 288n, 292-294, 320

Montoya, Roberto, 222

Morales Sarabia, Mauricio, 115

Moreno, Juan, 193

Morlett Borques, Tomás, 217, 220, 222, 225, 226

Mouriño, Juan Camilo, 206, 324

Müller, Heiner, 21

Mundell, Ricardo, 87

Naim, Moisés, 322

Nájera Talamantes, Sigifredo, *el Canicón*, 101

Naranjo, Óscar, 312

Natchwey, James, 300n

Nazar Haro, Miguel, 222

Noyola, Samuel, 320

Olivares, Héctor Hugo, 36

Olivo Salinas, Gregorio, 165

Olmos, Edward James, 59

Ortiz, Guillermo, 81

Osorno, Guillermo, 319, 320

Panetta, León, 300

Parra, Eduardo Antonio, 38, 56, 320

Pascual, Carlos, 18, 276n

Pavarotti, Luciano, 310n

Peña Nieto, Enrique, 298, 310-312

Peña, Ángel Álvaro, 229

Pérez, Alex, 227

Pérez Aquino, David, 100

Pérez Arellano, Raymundo, 159, 267-269, 269n, 272, 281, 294, 308

Pérez Bautista, Juan José, 100

Pérez Beltrán, Sergio, 103, 114

Pérez de la Rosa, José, *el Amable*, 197

Pérez Nieto, Leonardo, 143

Pérez Rojas, Daniel, *el Cachetes*, 324

Pérez Vallejo, Luis Daniel, 199

Piña, Celso, 48, 84

Poiré, Alejandro, 278n

Poveda, Chistian, 61

Quintanilla, Beto, 53, 187

Quintanilla, Lucila, 63

Quintero Meraz, Albino, *el Beto*, 143

Ramírez, María Isabel, 187

Ratzinger, Joseph, 55

Ravelo, Ricardo, 331

Rawls, John, 296n

Reagan, Ronald, 288

Reguillo, Rossana, 16, 276n, 293, 320, 322

Rejón Aguilar, Jesús Enrique, *el Mamito*, 328

Resa Nestares, Carlos, 194, 199, 200, 291n

Reséndez Bortolouce, Carlos, 214

Reséndez Muñoz, Eduardo, 77

Reyes, Carlos, 70

Reyes, Edmundo, 134

Reza Pahlevi, Mohamed, 222

Rieff, David, 322

Riva Palacio, Raymundo, 92

Rivera Garza, Cristina, 322

Rodríguez, José Alberto, 117

Rodriguez, Robert, 174

Rodríguez, Víctor, 233

Rodríguez Doria, Hilda, 114

Rodríguez González, Gregorio, *Goyo*, 113

Rodríguez Sánchez, Abdón, 194

Román García, Arturo, 247

Román García, Dionisio, 143

Romero Deschamps, Carlos, 134, 282, 285

Romo, Alfonso, 102

Rosas, Juan Antonio, 38

Rossini, Carlos, 298, 321

Rousseau, Jean-Jacques, 296n

Rubí, José Abel, 151, 152

Ruiz Tlapanco, Sergio Enrique, *el Tlapa*, 328

Rumsfeld, Donald, 42

Rushdie, Salman, 300n

Sabina, Joaquín, 87

Salazar, Alonso, 64, 322

Saldaña, Alan, 85

Saldaña, Héctor, *el Negro*, 70, 84, 85, 91, 95

Saldaña, Manuel, 87

Salinas, Hernán, 118

Salinas de Gortari, Carlos, 36, 154, 196

Sánchez, Cuco, 163

Sánchez, Gervasio, 322

Sánchez Borges, Ángel, 60

Sánchez Saldívar, Anselmo, 161

Santiago, Gerardo, 100

Santiago Vasconcelos, José Luis, 30, 185, 186, 271n, 272n, 273n, 276n, 324

Santos, Adrián, 87

Saucedo, Gregorio, *el Caramuela*, 332

Saynez, Mariano Francisco, 280

Scherer García, Julio, 298n

Scorsese, Martin, 52

Sepúlveda Maciel, Daniel, 113

Sicilia, Javier, 315

Siller Torres, Jesús Francisco, 114

Silva Herzog-Márquez, Jesús, 300

Siqueiros, David Alfaro, 230

Solares, Martín, 38, 173

Soto Parra, Miguel Ángel, *el Parra*, 323

Tamayo, Rufino, 74

Tamez Alanís, Ricardo, *Richie*, 83, 84

Tapia, Fernanda, 257

Tarantino, Quentin, 174

Tello Oyervides, César Luis, 114

Tello Peón, Jorge, 90

Tijerina, Mentor, 322

Toledo, Francisco, 82

Tomás de Aquino, Santo 296n

Toro Rosales, Salvador del, *Fiscal de Hierro*, 87, 88, 224

Torre Cantú, Rodolfo, 172

Torres, Efraín Teodoro, *Z-14*, 331

Torres, Juan, 80

Torres Martínez, José Raúl, 115

Tovar, Rigo, 163

Trejo Benavides, Raúl Alberto, *el Alvin*, 330

Treviño, Diego, 175

Treviño, Eloy, *el Licenciado*, 143
Treviño, Jorge, 69, 94
Treviño, Miguel Ángel, 203, 205, 206, 327
Troncoso, Sergio, 38

Valdés Madero, Gustavo, 93
Valdivia, Víctor Hugo, 183
Valencia Cornelio, Armando, 143
Valencia Valencia, Luis, 143
Valéry, Paul, 304n
Vargas García, Nabor, *el Débora*, 201, 202, 324
Vargas Llosa, Mario, 14
Vázquez Mota, Josefina, 311
Vega Pérez, Gabriela, 274
Vega Zamarripa, David, *el Ganso*, 133, 134
Vega Zamarripa, Hilario, 133, 134
Velasco, Xavier, 257
Velázquez, Santiago, 182
Vera Calva, Carlos, *el Vera*, 329
Villa, Francisco, 150, 220, 234
Villa Coss, Francisco, 196, 220
Villalón, Lauro, 223

Villanueva Chang, Julio, 302n
Villanueva, Raquenel, 71
Villarreal, Francisco, 112
Villegas, Jorge, 111
Villoro, Luis, 289n, 322

Wallace, David Foster, 320
Wallraff, Günther, 305n
Welles, Orson, 74
Woods, Tiger, 327

Yarrington, Tomás, 270n, 315

Zaldívar Lelo de Larrea, Arturo, 294, 301, 302
Zambrano, Lorenzo, 49, 110
Zambrano, Norma, 80, 82
Zapata, Francisco, 111
Zatarín Beliz, Ernesto, *el Traca*, 330
Zavala, Margarita, 120
Zorrilla, Juan Antonio, 217
Zuno Arce, Rubén, 230
Zúñiga, Martín, 162